工业赋能（第2版）

深度剖析工业互联网时代的机遇和挑战

王建伟◎著

人 民 邮 电 出 版 社
北 京

图书在版编目（CIP）数据

工业赋能 ：深度剖析工业互联网时代的机遇和挑战 / 王建伟著. -- 2版. -- 北京 ：人民邮电出版社，2021.9
ISBN 978-7-115-55897-8

Ⅰ. ①工… Ⅱ. ①王… Ⅲ. ①互联网络－应用－工业发展－研究 Ⅳ. ①F403-39

中国版本图书馆CIP数据核字(2021)第004946号

内 容 提 要

全书分为大势篇、体系篇、赋能篇、实践篇和未来篇：大势篇基于科技革命和产业变革的背景，界定工业互联网的内涵和特点，分析工业互联网在打造制造强国和网络强国中的地位和作用；体系篇详细阐述工业互联网的功能体系，重点解读工业互联网平台的体系架构和关键技术，介绍了典型的代表平台；赋能篇展示中国企业在工业互联网实践中的成功案例；实践篇从政策推进、应用推广、组织实施 3 个维度对工业互联网、制造强国的建设路径提出了建议；未来篇从技术、产业、战略 3 个维度描述了工业互联网发展的蓝图，提出打造完整的工业互联网体系，有助于我国更快地实现从制造网络化到网络化制造、从制造大国到制造强国的转变，实现历史的跨越。

◆ 著　　　　王建伟
　责任编辑　赵　娟
　责任印制　陈　犇
◆ 人民邮电出版社出版发行　　北京市丰台区成寿寺路 11 号
　邮编　100164　　电子邮件　315@ptpress.com.cn
　网址　https://www.ptpress.com.cn
　临西县阅读时光印刷有限公司印刷
◆ 开本：880×1230　1/32
　印张：14.25　　　　　　2021 年 9 月第 2 版
　字数：286 千字　　　　　2021 年 9 月河北第 1 次印刷

定价：108.00 元

读者服务热线：(010)81055493　印装质量热线：(010)81055316
反盗版热线：(010)81055315
广告经营许可证：京东市监广登字 20170147 号

推荐序

当前，新一轮科技革命和产业变革正蓬勃兴起，制造业加速向数字化、网络化、智能化方向延伸拓展，软件定义、数据驱动、平台支撑、服务增值、智能主导的特征日趋明显，加快发展工业互联网不仅是各国顺应产业发展大势、抢占产业未来制高点的战略选择，也是我国推动制造业质量变革、效率变革和动力变革，实现高质量发展的客观要求。

党中央、国务院高度重视互联网、大数据、人工智能等新一代信息技术和实体经济的融合发展。2017年12月8日，在中共中央政治局第二次集体学习中，习近平总书记强调，要深入实施工业互联网创新发展战略。李克强总理在2018年《政府工作报告》中提出要发展工业互联网平台。2017年11月，在《关于深化“互联网+先进制造业”发展工业互联网的指导意见》中，对发展工业互联网做出了重要部署，通过系统构建网络、平台、安全三大功能体系，提升大型企业工业互联网创新和应用水平，加快中小企业工业互联网应用普及，不断健全产业、生态、国际化三大支撑。

工业互联网作为新一代网络信息技术与现代工业融合发展催生的新事物，是实现生产制造领域全要素、全产业链、全价值链连接的关键支撑，是工业经济数字化、网络化、智能化的重要基础设施，是互联网从消费领域向生产领域、从虚拟经济向实体经济拓展的核心载体。加快工业互联网发展，对推动制造业与互联网深度融合，促进“大众创业、万众创新”和大中小企业融通发展，建设制造强国、网络强国意义重大。

我国工业互联网建设总体处于起步阶段，亟须针对工业互联网的理论体系、产业现状、应用需求等问题开展研究，统一认识、明确思路，共同推动工业互联网发展。本书系统地总结了工业互联网的内涵架构、技术体系和产业实践，用大量的案例阐述了工业互联网对于制造强国和网络强国建设的重要作用及赋能路径，观点鲜明、案例翔实。本书作者在编制过程中善于分析提炼与归纳总结，善于将工作积累与产业实践结合并上升为理论知识，为政府和产业界推动工业互联网发展提供了有益的参考。

发展工业互联网是一项具有前瞻性、探索性、系统性、融合性的重大工程，希望读者们能够从书中汲取经验、不断探索，共同推动工业互联网快速健康发展，为制造强国和网络强国建设做出新的更大贡献。

是为序。

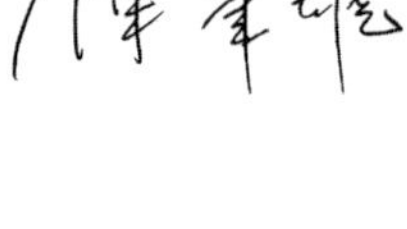

第 2 版序

一台挖掘机在山头作业，但其驾驶室内并没有操作员，开挖掘机的人正坐在山下的远程遥控仓内操作机器。

3 万平方米的“黑灯工厂”内，各类机器人精密配合，每天 10 万吨钢卷从这里发往全球，智能制造车间正着力打造全球最大的钢铁企业。

人迹罕至的大山深处，高压线发出了“突突”的报警声，远在万里之外的电气公司的工程维修人员马上通过液晶屏对设备进行数据分析，查看具体是什么零部件出了问题。

推进生产智能化、开展远程运维、打造柔性生产链……我国工业互联网方兴未艾，以数字化赋能制造业。未来，随着互联网信息技术和制造业的进一步融合发展，工业互联网将让工厂更“聪明”，让工人更“省力”。

2017 年 11 月底，国务院发布了《关于深化“互联网 + 先进制造业”发展工业互联网的指导意见》，工业互联网正式成为国家级战略，工业互联网是一个庞大的体系，是战略性变革的理念，不是简单的网络，不是简单的平台，也不是简单的模式，它是系统化的，是对工业制造业理念的大变革，可引导技术脉络、管理体系等变革。

2018 年 6 月，工业和信息化部印发了《工业互联网发展行动计划（2018—2020年）》和《工业互联网专项工作组2018年工作计划》。到2020年年底，初步形成各有侧重、协同集聚发展的工业互联网平台体系，在鼓励支持各省（自治区、直辖市）和有条件的行业协会建设本区域、本行业的工业互联网平台的基础上，分期分批遴选了10个左右跨行业跨领域平台，培育了一批独立经营的企业级平台，打造工业互联网平台试验测试体系和公共服务体系。推动30万家以上的工业企业上云，培育超过30万个工业App。

2020年2月21日，中央政治局会议再次强调，要推动工业互联网加快发展。3月4日，中央政治局常委会做出加快新型基础设施建设进度的重要部署。6月30日，中央全面深化改革委员会第十四次会议审议通过《关于深化新一代信息技术与制造业融合发展的指导意见》，强调要加快推进新一代信息技术和制造业融合发展，加快工业互联网创新发展，提升制造业数字化、网络化、智能化发展水平。

短短几年的时间，我欣喜地看到，在党中央、国务院的高度重视下，在各级政府、相关企业的共同努力下，工业互联网深度打造了人、机、物全面互联的新型网络基础设施，形成了智能化发展的新兴业态和应用模式，并且在一些相关优势产业落地，发挥出巨大的价值。

遥想2009年，工业和信息化部成立的第二年，部里正在加紧落实党中央、国务院确立的“大力推进信息化与工业化融合”战略部署，急需一位具备工业和信息化领域工作基础的干部，当时还在部装备工业司任职的我接到任务后欣然赴岗任职，谁曾想这一干就是十几个年头。在这期间，紧紧围绕信息化和工业化融合这一主线，我们深入开展调查研究、陆续出台政策文件、组织实施工程试点，推动“两化”融合工作体系从无到有地建立起来。尤其是从 2016 年开始，看到欧美主要国家以及大型跨国企业都将发展工业互联网作为抢占新一轮产业竞争制高点的重要方向，我们大胆开拓创新，将发展工业互联网作为新阶段推进“两化”深度融合的重要突破口。然而，在当前的工作中，我了解到地方主管工业互联网的政府官员、相关企业对工业互联网的概念、架构等还存在认知不足，为了向他们讲解宣贯，我有了创作一本关于中国工业互联网图书的打算，我的目标是用通俗易懂的语言、深入浅出地论述什么是工业互联网，工业互联网如何落地，能产生什么作用。为此，我策划并主编了《工业赋能：深度剖析工业互联网时代的机遇和挑战》，图书推出后，确实起到了向广大读者进行科普宣传的作用，我在不同场合和政府官员、企业家交流时，也得到了他们及时的信息反馈。

这本书已经出版 2 年多的时间了，出版社的编辑找到我，希望能够对新时代下工业互联网的相关内容进行更新。确实，新技术的发展越来越快，如何能够把新技术创造的价值落实于实际问题中，如何能够由浅入深不断推进工业互联网的发展，都是需要考虑的问题。基础打得牢，才能走得远，否则，只会如过眼云烟。工业互联网的架构已经到了2.0版本，我对相关内容进行了调整。发挥好工业互联网的赋能价值，重在一个“实”字。我也愿意用我的思考帮助企业夯实信息化与互联网融合的基础，用好技术红利，做好应用场景。沉淀才可能成就金字招牌。我也愿意与各级主管工业互联网工作的政府官员、企业深度交流，共同努力，打造互联网与制造业跨界融合新高地，助力建设制造强国，磨砺兴国之器，夯实强国之基。

王建伟

2021年3月15日

前言

随着以互联网、物联网、云计算、大数据、人工智能等为代表的新一代信息技术与传统行业的加速融合，全球新一轮科技革命与产业变革正蓬勃兴起，这可以称为人类历史上的“第四次工业革命”或者“新工业革命”。随着新工业革命的来临，新一代信息技术特别是互联网技术的应用，成为新一轮产业革命的重要动力。制造业正加快向数字化、网络化、智能化方向发展，信息技术从单一业务环节中的单项应用，到与业务系统的综合集成，再到与战略和发展模式的融合创新，引领着一二三产业、大中小企业融通发展。互联网从无到有，从小到大，从大到强，日益渗透到经济社会发展的方方面面，成为重要的新型基础设施和创新要素，在深刻影响我们生活的同时，也快速向工业领域延伸，推动着产业深刻变革，对制造模式和工业体系产生着深刻影响。无论是德国提出的“工业 4.0”战略还是美国倡导的“工业互联网”，本质上都是要将“互联网革命”的果实融合到“工业革命”的成果之中。

我国是工业大国，制造业门类齐全、市场空间巨大，先进制造业快速发展，企业数字化水平不断提升，目前，工业企业数字化研发设计工具的普及率已经达到 66.4%，关键工序数控化率达到 47.4%。我国也是互联网大国，光纤化进程基本完成，持续保持全球最大 4G 网络地位，在全球互联网企业市值前 30 强中，我国的互联网企业占10家，数字经济总量在2017年达到27.2万亿元。我国制造大国和网络大国的优势相互叠加，将为工业互联网的发展打下坚实基础，创造倍增效应。工业互联网作为新一代信息技术与制造业深度融合的产物，正日益成为新工业革命的关键支撑和新型工业化的超级引擎、深化“互联网＋先进制造业”的重要基石，是制造业实现数字化、网络化、智能化升级转型和高质量发展的有效路径，是制造强国和网络强国建设的焊接点和有力工具，支撑中华民族伟大复兴“中国梦”和“两个一百年”奋斗目标的实现。

当前，国际和国内的工业互联网发展已经度过了萌芽期，正在进入竞争局势更加复杂、发展路径更为多元的成长期，应用初具规模，开发者数量不断增加，基于工业互联网的制造业生态体系正在形成。总体来看，全球工业互联网正处于规模扩张的窗口期和抢占主导权的机遇期，两极多强格局初步形成，美国与德国在工业互联网发展方面处于领先地位，通过各自领先企业的布局路径引领全球工业互联网的建设方向，我国应发挥大国大市场体制机制优势，充分调动各方资源，突破一批核心短板，以大规模应用推动技术、产业在快速迭代中不断完善，打造具有国际竞争力的工业互联网。

本书深入阐述了工业互联网发展的背景和意义，全面梳理了工业互联网的体系、要素和典型应用，创新之处在于从大国发展的高度系统论述了我国工业互联网建设及推广的意义和方法论，并提供了大量鲜活的案例。全书分为大势篇、体系篇、赋能篇、实践篇和未来篇。其中，大势篇从科技革命和产业变革的背景入手，介绍国际国内蓬勃兴起的工业互联网，界定工业互联网的内涵和特点，分析工业互联网在打造制造强国和网络强国中的地位和作用；体系篇开篇分析发达国家工业互联网的发展态势，详细阐述工业互联网的功能体系，重点解读工业互联网平台的体系架构和关键技术，并对国际国内工业互联网平台发展的现状进行比较，分析若干个典型平台的发展路径；赋能篇选择中国企业在工业互联网实践中的成功案例，其中应用案例 41 个，涵盖边缘层、平台层、工业 App 层三类多种应用场景，突出工业互联网对产业、行业和企业的赋能作用；实践篇从政策推进、应用推广、组织实施 3 个维度对工业互联网、制造强国的建设路径提出了建议；未来篇从技术、产业、战略 3 个维度描述了工业互联网发展的蓝图，提出打造完整的工业互联网体系，有助于我国更快地实现从制造网络化到网络化制造、从制造大国到制造强国的转变，实现历史超越。

笔者在工作之余，认为有必要对工作中的研究成果和有价值的观点进行总结提炼、编制成册，以便能够为国内关心与从事工业互联网相关工作的读者提供参考。翻开此书，希望读者能够从中体会到身处变革时代的难得机遇，认识到工业互联网对大国赋能的重要作用，获取通过工业互联网实现优化与变革的实践经验，各方携手奋进、共同推动工业互联网的发展。

目　录

04 实践篇：工业互联网，制造强国的建设路径

05 未来篇：工业互联网，实现大国复兴百年梦想

01

大势篇：

工业互联网，新型工业化的超级引擎

21世纪以来，全球科技创新进入空前密集活跃的时期，新一轮科技革命和产业变革正在重构全球科技版图，重塑全球经济结构。科学技术从来没有像今天这样深刻影响着国家和民族的命运，从来没有像今天这样深刻影响着人民的生活。互联网、大数据、人工智能和实体经济正在深度融合，在创新服务业供给模式、提高供给质量的同时，也推动着工业供给体系的质量、效率和动力的变革，工业互联网正带动着制造业产业模式和企业形态发生根本性转变，促进我国产业迈向全球价值链的中高端。

新工业革命：蓄势待发

今天，互联网在生活领域的迅猛发展对我们产生了巨大影响，网上购物、随时分享，仅仅在手机屏幕上进行简单操作就能完成，无人驾驶汽车、无人超市、智能家居正走进我们的生活，互联网已经成为我们生活中必不可少的元素，极大地改变了我们的消费习惯、社交方式以及工作方式。我们在享受智能生活的同时，有没有思考过到底是什么塑造了今天的这一切？是的，答案并不复杂，我们感受到的一切都是信息科技发展带来的便利，我们享受着现代工业文明的恩惠。

（一）工业革命：变革世界的引擎

18 世纪 60 年代，一个崭新的工业时代在蒸汽机的轰鸣声中开启，这是人类认识和利用自然力的一个巨大进步。第一次工业革命不仅实现了因机器的使用而带来的产业快速发展，而且实现了人类社会从农业文明向工业文明的重大转变，蒸汽动力的运用进一步促使不同领域出现成千上万个发明，从纺织厂到轮船再到铁路，数量庞大的发明把人类带入了“蒸汽时代”。

机器打破了人类力量有限的桎梏，信息技术开始为人类的发展插上了飞翔的翅膀。如果说第一次工业革命中那些非凡的发明更多来自于各行各业具备卓越才能的技工的智慧，那么从1870年开始，随着自然科学研究取得重大进展，信息技术在工业的发展中起到了越来越重要的作用。随着19世纪中后期发电机的问世、内燃机的出现，以及电话和电报的发明，人类开始进入“电气时代”。电气时代的变化不仅在于电气动力开始代替蒸汽动力，还在于使用传送带方式的流水生产线，这些标志着大规模和大量生产成为可能，劳动分工成为常态，社会面貌随之发生了翻天覆地的变化。这发生的一切，我们把它叫作“第二次工业革命”。

有了信息技术的助推，工业发展势不可当。20世纪中叶，以美国为首的先进工业化国家产生了以电子计算机在工业领域的大规模应用为标志的“第三次工业革命”，与前两次工业革命相比，其涉及的技术和领域更多。第三次工业革命涉及的技术有原子能、计算机、空间技术和生物工程等，其中的核心技术为计算机，涉及的领域包括信息、新能源、新材料、生物、空间和海洋等。信息技术的发明和应用让生产高度自动化，从而对工业生产再次产生了巨大的改变和推动。这次工业革命规模巨大，影响至今，它将人类带入了史无前例的“信息时代”。第三次工业革命还有一个划时代的发明，就是我们今天使用的全球互联网（Internet）。互联网的出现和应用，让“万物互联”时代就此拉开了序幕。工业革命的 4 个阶段如图 1-1 所示。

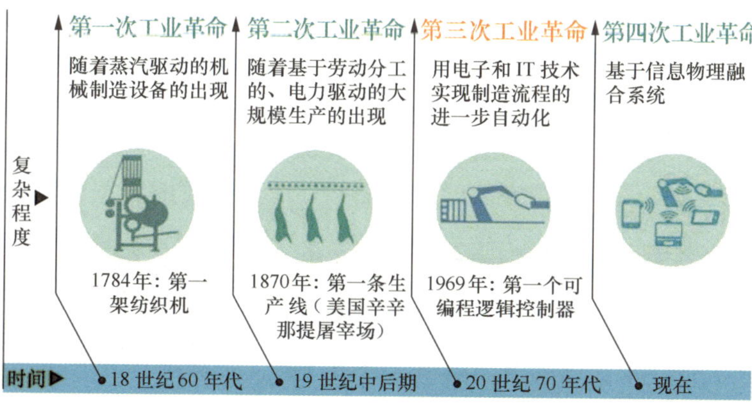

来源：德国信息技术、电信和新媒体协会（BITKOM）的《德国工业 4.0 战略报告》

图 1-1　工业革命的 4 个阶段

（二）新工业革命：在危机中悄然兴起

进入21世纪，互联网、物联网、云计算、大数据和人工智能等新技术不断发展，体验式消费、个性化定制、众包众筹和智能化生产等创新型生产组织形态不断产生，虚拟购物、移动支付等新兴技术不断重构人类的生活场景。我们不难发现，这些变化和前三次工业革命有一些相似之处，所有的变化都昭示着我们即将或者正在经历一场新的工业革命。

新工业革命是由新一代信息技术向传统产业的融合渗透所引发的一场信息控制下的制造模式、生产方式和组织形态的变革。新工业革命是在大数据和互联网全覆盖的信息革命推动下，基于信息技术的智能制造、网络制造和服务型制造等制造新模式，形成互联网与工业融合的新业态。互联网日益渗透到经济社会发展的方方面面，成为重要的新型基础设施和创新要素，成为驱动产业变革的主导力量。新工业革命以信息技术和互联网技术协同创新与应用为基础，以互联网和制造技术双向融合为动力，以新能源、新材料、生物技术、空间技术突破为补充。创新和共享成为新工业革命最重要的特点，彻底改变了整个生产、管理、治理和消费体系，是一场颠覆性革命，其发展结果将让人与机器、人与环境和谐共生。

与前三次工业革命相比，新工业革命将以互联化、绿色化、定制化等特征出现，表现为技术高端化、产品个性化、生产全球化和制造可持续化。新工业革命的核心在于工业、工业产品和生产性服务的全面交叉、渗透与融合，新工业革命主要集中在制造业，包括智能制造、3D 打印、智能机器人、网络制造、个性化定制和众包众筹等。各方必须进行自我调整，以适应新工业革命带来的变革。工业发展历程中始终伴随着信息技术的演进如图 1-2 所示。

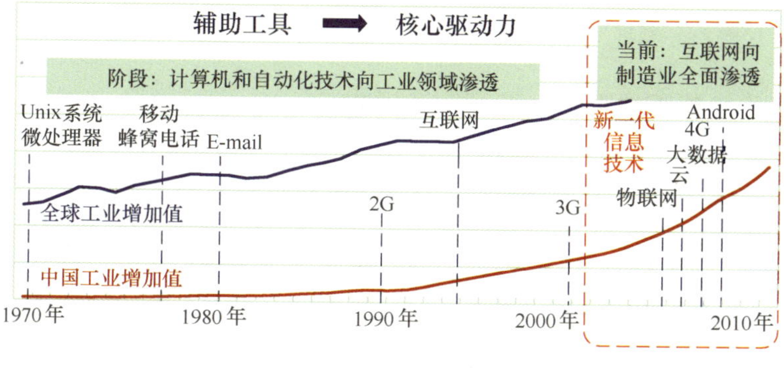

来源：中国信息通信研究院

图 1-2　工业发展历程中始终伴随着信息技术的演进

为了应对新工业革命，发达国家纷纷制定工业战略，推动信息技术广泛渗透到各个工业门类中，加速工业智能化变革。新一代信息技术特别是互联网技术的应用，成为新一轮产业革命的重要动力，工业化呈现定制化、智能化、柔性化、集成化等特征。产品设计、生产过程加速实现自动化、数字化、网络化和智能化，越来越多的工业产品在信息技术的赋能下，其价值得到大幅提升；企业资源规划、供应链管理、商业智能等管理软件极大地提高了管理效率，降低了管理成本。例如，美国的“再工业化”就是以高新技术为依托，让互联网、新材料、新能源等创新领域加速融合，发展具有“两化”深度融合特征的高附加值新兴产业。

（三）新工业革命：变革制造模式

近年来，全球制造业呈现出三大特征：一是生产效率增长逐渐放缓甚至趋于停滞；二是发达国家制造业空心化，即在劳动力成本的驱使下，制造业向发展中国家转移，发达国家试图通过智能制造促使制造业以更高水平回归；三是发展中国家高污染、高耗能的问题日益严重，资源环境压力使成本优势逐渐散失，现有的粗放式发展方式难以为继。因此，无论是对发达国家还是发展中国家而言，通过创新技术与创新模式为制造产业注入新的增长动力已是大势所趋。金融危机后，发达国家纷纷提出再工业化战略，力图发挥信息技术的领先优势，重新获得全球制造业的竞争优势。德国的工业 4.0、美国的先进制造战略、英国的高价值制造等再工业化战略，促进了新工业革命在全球的迅速兴起。

从根本上来说，正是在全球化的市场环境、科技革命和产业变革浪潮的共同影响下，全新的制造模式变革正在制造业内部和外部酝酿成形，智能化生产、个性化定制、网络化协同、服务化延伸正成为制造模式的变革趋势。制造模式变革重塑工业体系如图 1–3 所示。

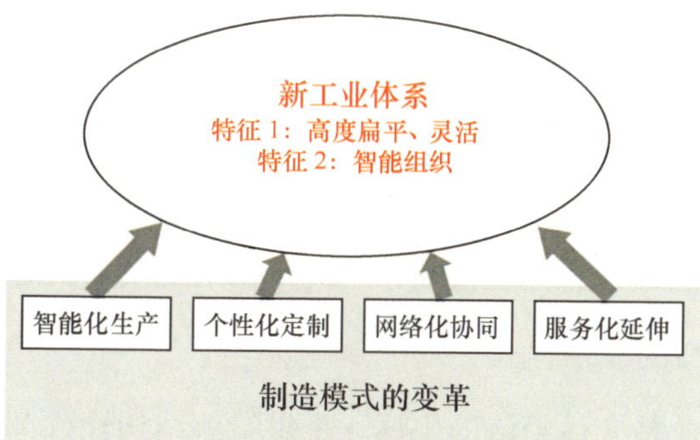

图 1-3　制造模式变革重塑工业体系

制造模式由自动化、数字化向智能化转变，智能化生产利用先进的制造工具和网络信息技术对生产流程进行智能化改造，大幅提高生产效率和质量；**产品生产方式**由大规模定制向个性化定制转变，个性化定制利用互联网平台和智能工厂，将用户需求直接转化为生产排单，实现以用户为中心的个性化定制与按需生产，有效满足市场的多样化需求，解决制造业长期存在的库存和产能问题；**生产组织方式**由地理集聚向网络集聚转变，网络化协同借助互联网、大数据和工业云平台，发展企业间协同研发、众包设计、供应链协同等新模式，能有效降低资源获取成本，大幅延伸资源利用范围，打破封闭疆界，加速从单打独斗向产业协同转变，促进产业整体竞争力的提升；**企业商业模式**由卖产品向卖服务拓展，通过在产品上添加智能模块，实现产品联网与运行数据采集，并利用大数据分析提供多样化智能服务，有效延伸价值链条，扩展利润空间。最终，制造模式的变革会重塑工业体系，新的工业体系将以高度扁平、灵活和智能组织为主要特征，这既是制造业发展的趋势，也是新工业革命的成果。

制造业是实体经济的主体，是供给侧结构性改革的重要领域。依托信息技术可以打破传统固化的制造与服务模式，结合人的科技创新与网络化的制造系统，实现智能化制造与服务化增值，推动制造业供给侧改革，还能够孵化各类新模式和新业态，为制造企业创造新的价值。当前，我国经济正在由高速增长阶段转向高质量发展阶段，制造业面临从数量扩张向质量提高的战略性转变，提高供给侧质量成为主要方向。工业互联网作为新一代信息技术与制造业深度融合的产物，正日益成为新工业革命的关键支撑和深化“互联网＋先进制造业”的重要基石，是制造业实现数字化、网络化、智能化改造升级和高质量发展的有效路径。抓住科技革命和产业变革的契机，增强我国经济质量优势，从制造大国向制造强国转变已经成为我国经济发展的重要目标。

（四）新工业革命：带来无限机遇

在 2016 年 9 月杭州二十国集团峰会的开幕词和闭幕词中，习近平总书记都提到了“新工业革命”的概念，引起热烈反响。在中国的大力倡导和推动下，这次峰会通过了《二十国集团新工业革命行动计划》，以促进新工业革命发展并将其作为经济发展的主要动力。会议特别提出：“我们致力于按照行动计划做出的承诺，加强新工业革命领域的沟通、协调及相关研究，促进中小企业从新工业革命中获益，应对就业和劳动力技能领域的挑战，鼓励在标准、根据各方加入的多边协议实现知识产权的充分有效保护以及新工业基础设施等领域开展更多合作，并支持工业化发展。”

前几次工业革命分别以蒸汽机、电力、计算机和互联网的发明和应用为标志；正在兴起的这场新工业革命，以人、机器和资源间实现智能互联为特征，由新一代信息技术与先进制造技术融合发展并推动，正在日益模糊物理世界和数字世界、产业和服务之间的界限，为利用现代科技实现更加高效和环境友好型的经济增长提供无限机遇。历史上，每一次工业革命都是后发国家实现“弯道超车”的战略机遇，美国在电气时代成为世界第一经济大国，日本在信息时代成为工业强国。当前，全球格局和产业分工体系正在发生深刻变革，新工业革命孕育兴起并蓬勃发展，我国迎来了实现全球价值链攀升、推动产业由大到强的窗口机遇期。

一方面，全球经济增长放缓，上一轮科技和产业变革所提供的动能逐渐减弱，发达国家推动制造业持续回流、贸易保护和摩擦不断抬头，拉美、东南亚等地新兴市场国家凭借低成本优势吸引制造业大量转入，中国制造业面临双向挤压；另一方面，中国已经成为全球第二大经济体，正处在转变发展方式、优化经济结构、转换增长动力的攻关期，经济增速放缓巨大的国内市场将为制造业的发展带来强劲拉动力。在以上两大背景下，新工业革命驱动下的科技革命和产业变革迅猛发展，为包括中国在内的世界各国寻找新的增长点，为满足巨大的市场需求提供了动力。

从国外来看，发达国家正围绕新工业革命积极加强战略布局，推动“再工业化”和“制造业回归”。德国工业 4.0 基于其制造业优势，利用信息技术等手段“自下而上”地改造制造业；美国先进制造战略则基于其网络空间的竞争优势，利用互联网、大数据等新一代信息技术“自上而下”地重塑制造业。二者发展思路虽不尽相同，但与英国高价值制造战略、新工业法国战略和韩国制造业创新 3.0 战略等一致，均将新工业革命作为战略的着力点。这与我国的工业互联网在发展理念、工作任务、推进方法等方面异曲同工，其实质是通过新工业革命推动制造业发生深刻变革，提升制造业竞争力。

从国内来看，我国制造业规模虽然稳居全球第一，但大而不强、基础不牢的问题依然突出。与发达国家相比，我国钢铁、轻工、机械等传统制造业存量庞大，单靠学习、模仿难以实现制造大国向制造强国的跨越。在全球处于互联网从消费领域向生产环节拓展的关键时期，我国互联网发展不断创新与超越。作为世界制造大国和网络大国，我国具备了通过工业互联网推进新工业革命，进而抢抓“换道超车”机遇的独特优势。

工业互联网：风起云涌

当前，互联网创新发展与新工业革命正处于历史交汇期。发达国家抢抓新一轮工业革命发展机遇，围绕核心标准、技术和平台加速布局工业互联网，构建数字驱动的工业新生态，各国参与工业互联网发展的国际竞争日趋激烈。我国拥有完备的工业体系、坚实的网络基础、活跃的互联网创新生态以及全球最大的工程师队伍，蕴含超大规模的工业互联网应用市场需求，具备加快建设工业互联网的基础和优势，当前各种工业互联网的探索和实践风起云涌。

（一）工业互联网：全球竞争的新焦点

早在 2000 年，美国一家针对全球企业增长的咨询公司在一份报告中开创性地提出了“工业互联网”的概念——用以指代复杂物理机器和网络化传感器及软件的集成。这个概念和今天被大众熟知的工业互联网并没有本质的冲突，只是后来的内涵更丰富了。这家公司就是沙利文（Frost & Sullivan）公司。

2012年11月26日，通用电气公司（General Electric Company，GE）发布了《工业互联网：打破智慧与机器的边界》，提出“工业互联网”的概念，指出工业互联网的目的是提高工业生产效率，提升产品和服务的市场竞争力。2014年3月，GE联合AT&T、思科、英特尔和IBM在美国波士顿发起成立了工业互联网联盟（Industrial Internet Consortium，IIC）。这个联盟的成立是“为了推进工业互联网技术的发展、应用和推广，特别是在技术、标准、产业化等方面制定前瞻性策略”。当然，它的实质在于这些公司都看好工业互联网的发展前景，想要抢占主要市场份额。与此同时，由工业互联网主导的技术变革也如火如荼地进行着，成为美国“制造业回归”的中流砥柱。

GE研究报告认为，未来工业互联网有望影响46%的全球经济，工业部门将成为工业互联网发展的基础。另外，工业互联网还包含比传统经济分类更广泛的部门。例如，它涉及大量的交通运输部门，包括航空、铁路、海运、公路运输等大型物流行业，而其他商业和政府服务部门也将因工业互联网的快速发展而受益。例如，在医疗领域，海量的健康数据将优化诊疗流程；而在公共交通领域，各类数据可以让人们的交通出行更加便捷、高效。

当前，新一轮科技革命和产业变革正孕育兴起，全球工业互联网正加速发展。发展工业互联网已成为各国抢占全球产业竞争的新制高点、重塑工业体系的共同选择，成为全球主要国家、产业界和领先企业战略布局的共同方向。世界主要发达国家采取了一系列重大举措推动制造业转型升级：德国依托雄厚的自动化基础推进工业 4.0 的应用；美国在实施先进制造战略的同时，大力发展工业互联网；法国、日本、韩国、瑞典等国家也纷纷推出制造业振兴计划。从各国先进制造战略的任务来看，工业互联网是先进制造战略的重要组成部分，是实现先进制造战略的关键要素。一些发展中国家则凭借更低的人力和资源成本，加快对外开放和结构调整的步伐，积极承接劳动密集型产业和资本转移。各国在高端和中低端领域给我国带来“双向挤压”的严峻挑战。

（二）工业互联网：融合发展的“升级版”

互联网更加开放、容量更大、方便好用的特点促进其在消费领域的蓬勃发展并引起了巨大变革。互联网与消费领域的融合发展，催生了阿里巴巴、京东等互联网企业，打破了沃尔玛、家乐福等企业垄断的传统商业格局。

进入2015年，云计算、物联网、大数据、人工智能等新技术开始与经济社会各领域深度融合，互联网从消费互联网向工业互联网转变，并迅速转化为生产力，从生活到生产，从下游到上游，从外围到内部，从媒体、娱乐、商贸等服务业延伸到关乎国计民生的工业和农业，互联网也从浅层次的工具产品深化为重塑服务模式、变革生产方式的基础设施和创新要素，传统产业的产品和服务正在被互联网深刻改变着。

随着技术的成熟和企业信息化水平的不断提升，以互联网为代表的新一代信息通信技术加速向制造业渗透融合，推动了机器、车间、工厂、信息系统、人乃至产业链与价值链各个环节的全面深度互联，为制造业注入信息化的基因，插上互联网的翅膀，培育出柔性制造、网络制造、绿色制造、服务制造等新模式、新业态。新一代信息技术与工业融合发展历程如图1–4所示。基于互联网

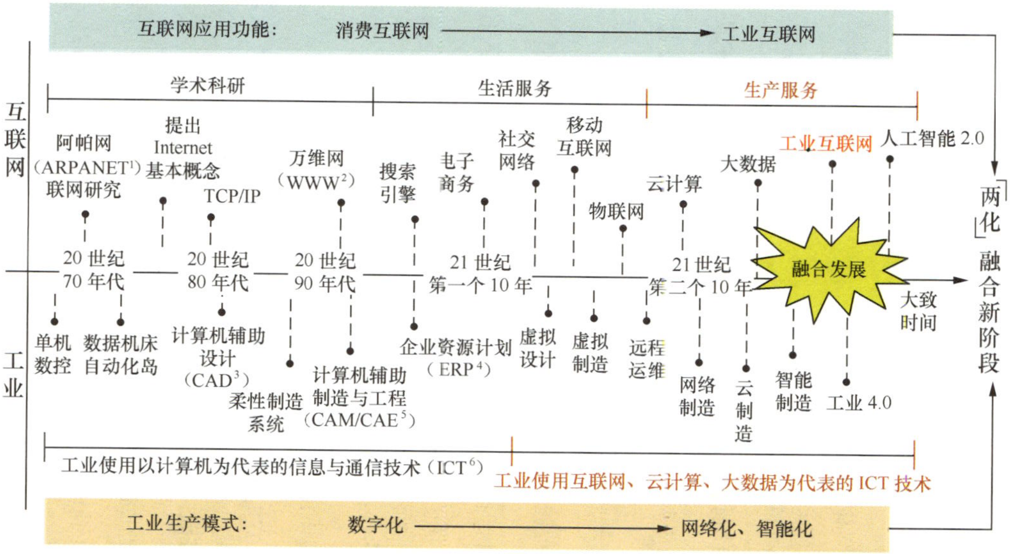

来源：中国信息通信研究院

1. 阿帕网（Advanced Research Projects Agency Network，ARPANET）
2. 万维网（World Wide Web，WWW）
3. 计算机辅助设计（Computer Aided Design，CAD）
4. 企业资源计划（Enterprise Resource Planning，ERP）
5. 计算机辅助制造与工程（Computer Aided Manufacturing，CAM）/ 计算机辅助工程（Computer Aided Engineering，CAE）
6. 信息与通信技术（Information and Communications Technology，ICT）

图 1-4　新一代信息技术与工业融合发展历程

平台的赢者通吃竞争模式正在加速从服务业向制造业演化，通过提高工业知识复用水平，构筑工业知识创造、传播和应用的新体系，集中力量提升中高端供给能力和生产力布局调控能力，促进制造业数字化、网络化和智能化。

随着技术的成熟和企业信息化水平的不断提升，互联网开始从“消费型”领域拓展到“生产型”领域，围绕客户和企业的各种产业互联网应用开始出现，我国长期以来推动的“两化”融合也有力促进了工业互联网在国内的兴起。从发展基础来看，过去十年，“两化”融合的工作不断深化，成效不断显现，对产业发展的提升作用日益显著，为工业互联网的发展奠定了良好的数字化基础。

无论是企业设备的连接数量，还是工业原理、特征模型、决策规则等工业知识的模型化、软件化和模块化，都有了显著进步，为发展工业互联网提供了较为坚实的基础。

工业互联网的概念一经出现，就引起了各方关注，我国各种工业互联网的理论和实践如雨后春笋般涌现。如今，在百度上输入“工业互联网”，可以找到相关结果约8650万个，赛迪网等均在搜索首页的显著位置辟出专栏发布该领域的研究成果。从2016年2月中国工业互联网产业联盟成立开始，尤其是2017

年11月国务院印发了《关于深化“互联网+先进制造业”发展工业互联网的指导意见》以后，工业互联网的概念开始被人们熟知，成为当前融合发展的切入点，成为中国制造业发展的一个重要方向。

（三）工业互联网：智能制造

工业互联网是互联网、大数据、人工智能等新一代信息技术与工业系统全方位深度融合所形成的产业和应用生态，是工业智能化发展的关键综合信息基础设施。工业互联网连接工业全系统、全产业链和全价值链，是互联网从消费领域向生产领域、从虚拟经济向实体经济拓展的核心载体。

工业互联网整合了工业革命与网络革命两大优势，即将工业革命及其成果——机器、机组和物理网络与近年来发展迅速的互联网革命及其成果——智能设备、智能网络和智能决策融合到一起。当前，制造业正处在由数字化、网络化向智能化发展的重要阶段，其核心是基于海量工业数据的全面感知，通过端到端的数据深度集成与建模分析，实现智能化的决策与控制指令，形成智能化生产、网络化协同、个性化定制和服务化延伸的新型制造模式。工业互联网的形成有利于加速智能制造发展，更大范围、更高效率、更加精准地优化生产和服务资源配置，加快互联网和工业融合进程，最终促成制造业变革与数字经济发展实现历史性交汇。

工业互联网是继桌面互联网、移动互联网之后的“第三张网”，是桌面互联网、移动互联网迭代演进、渐次优化的结果，前两张网对工业互联网的建设及推广具有重要的参考意义。通过万物互联和人机互联，工业互联网将推动制造业变革，实现网络化制造，满足个性化需求。工业互联网无论是在连接对象、连接数量还是业务场景方面均远比桌面互联网和移动互联网更复杂。桌面互联网、移动互联网与工业互联网三者的比较见表 1–1。

表 1-1　桌面互联网、移动互联网与工业互联网的比较

	桌面互联网	移动互联网	工业互联网
连接对象	人与个人计算机	人与移动终端设备（手机、Pad）	设备、软件、工厂、产品、人等工业全要素
连接数量	35 亿 增速稳定		2020 年达到 260 亿 指数增长
业务场景	办公、娱乐、教学、电子商务等	支付、出行、理财、社交等	研发设计、生产制造、经营管理、运行维护、产业链协同、现代物流等
典型平台	Windows、Unix	iOS、Android	Predix、MindSphere 等

（续表）

	桌面互联网	移动互联网	工业互联网
算法模型	传统软件开发模型并伴有少量的智能算法模型	以数据挖掘、机器学习、数据优化等智能算法模型为主	除包含基本软件开发模型、智能算法模型，更关注复杂的行业机理模型与微服务
App 数量		600 万以上	预计 6000 万以上
开发者社区	几百款开发工具，上千万研发人员，数以亿计软件开发人员	开发工具＋开发社区＋研发人员，仅苹果就开发了超过 200 万款 App	尚未建立具有一定规模的开发者社区
窗口期	20 世纪 90 年代初	2007—2009 年	2014 年至今
共性特性	赢者通吃、多边市场、参与者多样性		

全球制造业在经历了蒸汽时代、电气时代和信息时代共 3 个历史阶段后，当前正朝着网络化和智能化时代迈进，其前提是构建一张打通制造业信息孤岛、支撑工业大数据安全有序流动的“高速公路网”。工业互联网的跨界融合特征必然会带来一系列新的技术创新，不仅有力支撑大规模个性化定制、开放式协同制造、服务型制造等新模式和新业态得以深度应用和全面普及，还将带来商业运营逻辑、企业管理方式、生产制造模式乃至工业体系的全面优化，驱动工业制造产生质的飞跃。

现代制造业的演进史就是信息通信技术与工业不断融合的发展史，新的信息通信技术几乎会在每个十年为制造业带来新的变革。当前，互联网作为创新最活跃、赋能最显著、渗透最广阔的产业，正在通过“互联网＋制造”延续已有的融合，加速向制造业的各个环节渗透，驱动新产品、新应用、新市场与新业态不断涌现，给传统行业的发展赋予了网络化、服务化、个性化与智能化的新特征，推动工业发生深刻变革。

当前，全球工业互联网正在加速发展。互联网与传统产业的融合从第三产业起步，对经济社会各个领域的影响日渐加深，很多已经迅速转化为现实生产力，并已经深深影响到第二产业。从产业链下游到上游，从企业外围到内部，互联网与工业正在深入融合，并且已经催生了不少成功的事例。GE 预测，到 2030 年，工业互联网将为全球 GDP 带来 15 万亿美元的贡献。发展工业互联网已经成为全球主要国家、产业界和领先企业战略布局的共同方向，也为我国推动工业供给侧结构性改革、促进实体经济转型升级提供了新的手段。

（四）工业互联网：支撑制造强国和网络强国建设

21 世纪以来，我国在互联网发展方面取得了长足的进步，成为具有全球影响力的网络大国，建成了全球规模最大的宽带网络基础设施，形成了互联网领域较为完整的产业体系，并形成了全球最大的互联网市场，我国互联网产业具备了跨越发展、跨界拓展的条件。从我国自身的发展来看，随着经济发展进入新常态，增长速度、经济结构和发展动力都在发生重大变化，制造业发展站到了新的历史起点上。今天，大力发展工业互联网，对推动互联网和实体经济深度融合、大力发展数字经济，以及建设制造强国和网络强国具有重大意义。

第一，工业互联网为建设制造强国提供了关键支撑。建设制造强国以推进智能制造为指导方向，是实现数字化、网络化和智能化的先决条件，通过网络连接和数据互通，服务环节由单点数字化向全面集成演进，实现数据驱动的智能制造转变，进而促进制造业开放创新，推动传统工业转型升级，加快新兴产业的培育壮大。

第二，工业互联网为建设网络强国提供了重要机遇。工业互联网作为新型网络基础设施，将互联网应用领域由虚拟扩展到实体，由生活延伸到生产，极大地开拓了网络空间的边界，加速了网络演进升级，促进了人、机、物全面互联，加速了工业数字经济的发展，拓展了网络经济的发展空间，为建设网络强国提供了历史性机遇。

第三，工业互联网为经济转型升级提供了新动力。工业互联网具有较强的渗透性，可以与能源、交通、物流、医疗、农业等实体经济的各个领域融合，促进各个领域由自动化向网络化、智能化方向发展，成为实现产业上下游跨领域广泛互联互通必不可少的基础设施。它将打通各行业、各领域的信息孤岛和数据要道，从而加速新旧动能接续转换，支撑实体经济全面转型升级，助力打造现代化经济体系。

当前封闭、孤立、多层级组织的传统经济体系正走向开放、协同、扁平化组织的现代经济体系。对我国而言，现代经济体系是转变经济发展方式、转换发展动能和全面均衡发展的迫切需要，适应中国经济由高速增长阶段转向高质量发展阶段的需要，其重要特征是具有高质量的经济增长方式和完善的现代化产业体系。

在经济高质量增长方式方面，工业互联网平台是工业资源集聚、管理与再配置的载体，能够通过软件定义的方式优化资源配置效率，降低企业信息化部署的成本和难度，实现集约、绿色和智能化生产，推动制造业走向体系重构、动力变革和范式迁移的新阶段；在完善现代化产业体系方面，工业互联网平台能够广泛汇聚研发创意、开发工具和开发者，有效支撑各类智能化产品和工业应用的开发创新，激发经济的活力、创新力和竞争力，形成面向制造业数字化、网络化和智能化的新一轮创新创业浪潮，构建经济增长新动能。

在目前的工业互联网发展进程中，我国与美国以及欧洲基本保持同步，正面临着千载难逢的战略机遇。推动工业互联网发展，有利于充分释放我国制造大国和互联网大国的优势，实现我国制造业的“换道超车”，对于加快我国制造强国和网络强国建设具有重要意义。2017 年，国务院印发《关于深化“互联网 + 先进制造业”发展工业互联网的指导意见》，提出“加快建设和发展工业互联网，推动互联网、大数据、人工智能和实体经济深度融合，发展先进制造业，支持传统产业优化升级，具有重要意义”，明确指出工业互联网作为互联网、大数据、人工智能和实体经济融合抓手的重要地位。

当前，我国制造业与互联网融合的步伐不断加快，在激发“双创”活力、培育新模式和新业态、推进供给侧结构性改革等方面已初显成效，以海尔、三一重工、宝钢等为代表的制造企业以智能制造为主攻方向，通过建立智能工厂，正在实现向数字化、网络化和智能化的转型。在这一过程中，工业互联网作为智能工业的超级引擎，将会创造新的生产力，构建新的生产关系和重塑新的生产体系。

工业互联网：开创未来

工业互联网作为新工业革命的基础设施，正在重新定义产业基础、创新生产力、变革生产关系和重塑工业体系，并引领工业的未来。

（一）定义产业基础：软件定义、数据驱动、平台支撑、服务增值和智能主导

互联网在产业变革中的作用正在从浅层次的工具产品升格为重塑产业的基础设施和创新要素，融合、跨界、智能、绿色和创新成为新工业革命的特征，而这些特征无一能离得开互联网。互联网开放、共享和协同的特征正在带来各个产业的深刻变革，工业互联网软件定义、数据驱动、平台支撑、服务增值和智能主导的特征日趋明显。

1. 软件定义

软件定义是新工业革命的重要标志，通过软件定义推动技术进步和产业发展已在业内逐渐达成共识。同时，软件定义也是工业互联网的一个重要特征。软件定义主要体现在采用可编程的软件“诠释”实体的产品，并通过软件系统赋予产品更多的应用功能和使用价值，使产品满足信息时代多样化需求。软件就像人体的细胞一样无处不在，它采集营养、消化吸收、转换能量、赋能肌体、吐故纳新，为人体的正常运转默默贡献自己的力量。工业互联网体系用“软件”为“硬件”赋能，增加其功能和价值，进而实现智能化，同时孕育新的商业模式。

软件定义正在向传统行业，特别是工业制造业转变，软件定义加速驱动制造业的数字化。研发生产环节体现在生产知识的软件化，产品的设计、仿真、工艺、制造的技术和经验不断增长，这些生产知识通过软件固化沉淀下来，使工业知识和专家经验基于软件的使用更加显性化、复用化和智能化。在运营管理环节，通过生产制造全生命周期的数字化实时地采集和分析数据，支持智能决策软件，使企业的生产运营更多地依靠基于工业大数据分析的软件化解决方案并进行优化。软件同样被应用于产品服务环节，例如，GE 于 2015 年发布 Predix2.0，实现对 35000 台航空发动机的全生命周期管理服务，目前在全球建成 4 个云计算中心，形成近 2 万人的开发者队伍，创建超过 160 种工业 App。

全球诸多跨国软件企业一致认为，未来制造业将由软件支撑和定义。软件早已不再是过去的软件，而是设备的软零件、软部件，并最终发展成软装备。它不仅定义产品的结构和功能，而且定义企业生产流程和生产方式。正如西门子所称："软件是工业的未来，数据是未来的原材料。"其软件研发费用约占整个集团研发费用的 40%。AutoDesk 通过衍生式设计软件为空客设计了具有内部晶格结构的仿生隔断，比原来设计的结构重量轻 45%，这是软件在研发设计环节的应用。在生产制造环节，西门子于 2016 年推出了 MindSphere 平台测试版，围绕高端智能装备和智能工厂运营，初步形成约 50 种工业 App，在北美和欧洲的 100 多家企业进行了试用。

2. 数据驱动

新工业革命将推动制造业从传统生产要素驱动向新型生产要素驱动转变。通过"互联网 + 制造"，新一代信息通信技术不断向生产要素领域深度渗透，不仅改造了土地、资本、劳动工具等传统的生产要素，而且催生出数据这一新型的生产要素。工业大数据的及时性、完整性和开发利用水平，以及数据流、物质流和资金流的协同集成能力，决定着制造资源的优化配置效率，引领着生产方式和产业模式的变革。

数据驱动是新一代信息技术的关键，也是新工业革命的创新变革源泉。在制造行业，数据是企业研发、采购、生产和销售等经营活动不可或缺的信息，其正在成为最宝贵的资源。数据是制造业转型升级的核心，依托信息技术可将企业研发、采购、制造、物流和服务各个环节的数据进行全面采集、分析与决策，构建面向企业特定需求的基于网络的制造系统，通过工业数据全周期的应用，可以驱动工业系统的决策部署，实现机器弹性控制、运营管理优化、生产协同组织与商业模式创新，进而实现工业智能化发展。

制造系统在发生问题和解决过程中会产生大量数据，这些工业数据除了具有一般大数据的特征（数据量大、多样、快速和价值密度低）外，还具有时序性、强关联性、准确性和闭环性的特征。通过对这些数据的分析和挖掘可以了解问题产生的过程、造成的影响和解决的方式，这些信息被抽象化建模后转化成知识，再利用知识去认识、解决和规避问题，核心是从以往依靠人的经验，转向依靠挖掘数据中隐性的线索，使制造知识能够被更加高效且自发地产生、利用和传承。在制造系统和商业环境变得日益复杂的今天，数据驱动几乎成为高效、便捷地解决问题和积累知识的唯一途径和手段。

3. 平台支撑

互联网的发展为平台提供了前所未有的契机，使其以令人难以置信的速度和规模席卷全球各个产业。谷歌、苹果等跨国企业凭借强大的消费互联网平台掌控力，主导了全球互联网应用与产业生态发展。伴随新一代信息通信技术和制造业的融合发展，以平台为核心的产业竞争正从消费领域向制造领域拓展。

在新工业革命的几大趋势特征中，软件定义、数据驱动、服务增值和智能主导均要依托平台来实现。其中，固化和沉淀了大量工业知识机理的软件需要在平台上开发、应用和迭代；驱动制造业转型升级的海量工业数据需要通过平台采集，进行清洗、存储、分析和应用；面向各个复杂的工业场景的系统化服务和综合解决方案需要在平台上实现和增值；平台成为制造资源集聚与协同的载体，智能主导的新工业革命最终要依靠平台支撑其不断发展。

工业互联网平台推动行业知识和经验的云端共享、积累沉淀和复用推广，运用模型和微服务实现对知识和经验的封装调用，通过开发针对各类场景的工业 App，建立创造、扩散和应用工业知识的新模式。随着工业互联网平台的广泛应用，工业知识创造、积累、共享、传播和复用体系从过去的单一学科和单一领域走向跨学科、跨领域，从师徒传承和书本传承走向知识自动化传承。

当前，平台支撑已经成为推动制造业与互联网融合的重要抓手，全球主要国家、产业界和领先企业纷纷加快战略布局，抢占平台竞争制高点。作为工业互联网、工业 4.0 的倡导者和主导者，GE 和西门子分别推出了 Predix 和 MindSphere 工业互联网平台，领军企业围绕“智能机器 + 云平台 + 应用 App”功能架构，整合“平台提供商 + 应用开发者 + 用户”生态资源，抢占工业大数据入口的主导权，培育海量开发者，增强用户黏性，其本质都是以开放平台为核心，向下整合硬件资源，向上承载软件应用，构建基于工业云的制造业生态，引领未来工业的发展方向。

4. 服务增值

当前，随着软件和信息技术服务业规模的迅速扩大，全社会的创新能力不断增强，大数据、云计算、人工智能、数字经济等新技术、新业态的发展方兴未艾，软件和信息技术服务加速向经济社会的各行业、各领域渗透应用。新工业革命中的互联网、新一代信息技术等核心技术在第二产业出现，在第三产业发展壮大，第三产业极具代表的服务理念和服务导向根植其中，这在新工业革命对制造业的变革中也有深刻体现。从卖产品到卖服务，从提供标准服务到提供增值服务的转变趋势，服务增值已从第三产业迅速拓展到了第二产业。

新一代信息技术针对制造业提供的本质是一系列面向制造业数字化、网络化、智能化需求，构建基于采集、汇聚、分析海量数据的服务体系。这套服务体系在提供产品和系统解决方案的基础上，必须拓展服务增值，实现服务效应最大化，不断优化研发设计、生产制造、运营管理等资源配置效率，形成资源汇集、多方参与、合作共赢和协同演进的制造业新生态。

随着制造和服务之间的界限越来越模糊，以产品制造为核心的传统发展模式正在向提供产品服务的系统转变，服务型制造将是未来工业的重要方向之一。罗尔斯 · 罗伊斯（Rous Royce）与微软合作，开展航空发动机预测性维护服务，大大增加了维修航空发动机的间隔时间，降低了维修费用。约翰迪尔

（John Deere）与 IBM 合作，开展农业机械的远程监控和运行维护服务，增强了客户黏性。

5. 智能主导

新一代信息通信技术的融合发展正将制造业带入一个感知无所不在、连接无所不在、数据无所不在的新时代；带入一个独立要素不断整合为小智能系统、小智能系统不断融入大智能系统、大智能系统不断演进为超级复杂智能系统的新时代。智能的本质是以数据在闭环系统的自动流动，实现要素资源配置的优化。智能的核心是以信息流优化物质世界的资源配置效率。

制造业转型升级的最终目的是从数字化、网络化最终实现智能化。新工业革命的理念、技术和应用服务，也是以智能化为方向和目的的。其中，软件定义的工业知识和机理可以获得比传统工业软件提供的可视化分析或简单指标分析更显著的智能化效果，数据驱动可以基于海量的工业数据和各种复杂的数据挖掘技术进行多领域数据的综合集成分析，平台支撑向下连接和汇聚海量的工业资源，向上承接和提供各种智能化的应用服务，同时进一步实现智能化的服务增值，满足制造企业的智能化转型升级需求。

从自动化到智能化，是从局部优化到全局优化的过程。在时间上，资源优化只有起点，没有终点；在空间上，参与优化的资源沿着点、线、面、体、大系统、巨系统方向不断拓展；在频率上，优化的频率越来越快，零库存等概念本质是库存周期的变化。自动化是单点、低水平、有限的资源优化，智能化是多点、高水平、全局的资源优化。

新工业革命的核心技术不仅可以满足制造业多种不同场景的智能化分析需求，还可以面向制造企业的智能化运营决策，以及企业间的制造资源与供应链的智能化协同。信息技术取代传统制造技术成为制造业的核心价值来源，传统产业向互联网生态系统转移，标志着继移动互联网之后的新一轮技术创新浪潮，即泛智能化时代已经来临，智能主导下的制造业转型升级大幕已经拉开。

（二）创新生产力：数据与软件

对新工业革命而言，工业大数据就像是20世纪的石油。工业变革中依托互联网，通过产业链和价值链上的各个单元、各个环节间的重组与优化，将产生贯穿全层级、全周期的信息数据链。通过打造贯穿从设计部门、智能机器、智能产品到决策平台之间的信息数据链，将工业系统的各组成部分有机连接，并在虚拟现实中并行实施生产组织，从而实现对生产组织全过程的高效精准把控。GE 指出，工业互联网实现的三大要素是智能联网的机器、人与机器协同工作和先进的数据分析能力。工业互联网的核心是通过智能联网的机器感知机器本身的状况、周边环境以及用户操作行为，并通过深入分析这些数据提供诸如资产性能优化等制造服务。没有数据，新工业革命就是无源之水、无本之木，数据成为实实在在的生产力。

软件作为一种工具，能够把海量的数据转化为信息，信息转化为知识，知识转化为科学决策，并不断提高制造资源的配置效率，实现对设计、制造和服务全过程的智能化统筹，为跨设备、跨系统和跨企业的高级分析决策和控制提供方法。

在数据和软件的作用下，工业变革依托互联网，通过产业链和价值链上的各个单元、各个环节间的重组与优化，将产生更多的创新应用模式和理念驱动制造业的转型升级。

一是生产组织服务化。在互联网思维与智能生产的系统框架中，按需生产、大规模个性化定制将成为常态，市场的个性化需求被企业实时掌握，柔性自适应的生产线将被广泛使用。

二是制造能力软件化。基于产品设计、工艺、制造和维护流程的知识和经验将通过特征提取的方式形成复杂系统模型并在工业软件中被固化，同时企业的生产运营和决策将更多依靠基于工业大数据分析的软件化解决方案进行优化。

三是网上能力聚集。在互联网的集聚和普惠效应下，研发能力、制造能力和市场资源不再是限制制造业发展的瓶颈，跨界、跨地区的企业间将通过互联网平台形成能力聚集、优势互补、资源共享的智能生产大系统，在生产组织过程中相互联动，共同提升企业核心竞争力。

工业互联网平台把制造企业、供应商和消费者连接在一起，通过数据的挖掘利用和软件化的配置定义，推动从单个设备、生产线到制造企业的集成优化，从供应商、生产者到消费者的充分对接，打破企业的信息孤岛，整合产业链的上下游资源，打通生产与消费，实现生产工艺从传统试错到模拟择优，生产载体从传统自动化装备到智能工厂，生产组织从分散式生产到网络化协同制造，生产方式从单一化大规模制造到用户体验式消费和产品个性化定制，实现制造企业质的飞跃。

（三）变革生产关系：智能协同

在传统生产制造体系下，企业内部的各个生产单元是相互独立的，存在大量的信息孤岛，基于数据驱动的智能化是有限的。在企业外部，企业与供应商、用户之间的交互是有限的，对供应商和用户而言，企业的生产过程是一个“黑箱”，供应商的生产能力以及用户的差异化需求难以被企业及时响应，造成企业生产投入与市场需求的不平衡、库存积压滞销或产品供不应求等矛盾，制约着企业的发展。

协同制造原本不是新的概念，航空、汽车等行业实施企业内的协同制造已有十几年的历史。但是，云计算、大数据、移动互联网等新一代信息技术的发展赋予了协同制造新的内涵和应用。借助工业互联网，智能协同将发展企业间协同研发、众包设计、供应链协同等新模式，可有效降低资源获取成本，大幅延伸资源利用范围，打破封闭疆界，加速从单打独斗向产业协同的转变，促进产业整体竞争力的提升。智能协同贯穿产品的设计、制造和销售的各个环节，主要应用包括协同设计、云制造和供应链协同。

协同设计又称众包设计，通过开放网络平台，实现研发设计由企业内部集中控制向企业外部分散控制的转变。例如，宝马汽车在德国本部开通了客户创新实验室，通过为用户提供在线工具，让用户参与设计汽车的过程；乐高公司建立了资助体系，鼓励用户参与公司的各项设计任务。

云制造基于云计算理念，在工业设计与制造领域，实现资源与需求最合理、最高效的匹配。云制造整合制造活动中需要的各类制造服务（制造资源和制造能力），形成制造服务云池，供用户在线租用；提供制造服务的在线对接交易，实现制造服务的发布、选比、搜索和评价功能。

供应链协同通过组织层面的协同，明确供应链上各家企业的分工与责任，实现优势互补和资源整合；通过业务流程层面的协同打破企业界限，通过流程重组更好地满足用户需求；通过信息层面的协同，实现供应链各成员企业的运营数据、市场数据的共享，提高响应用户需求的速度。

采用工业互联网可以建立互惠互利的动态企业协作关系，实现研发、设计、生产和销售各种资源的重组，其本质是对企业生产过程各个环节的解耦重组，突破空间对企业生产经营范围和方式的约束，实现企业间的协同和各种社会资源的共享与集成，高速度、高质量、低成本地为市场提供所需的产品和服务。

（四）重塑工业体系：扁平、灵活

随着数字化、智能化制造技术、物联网等在制造业中的应用，工厂和企业之间可以实现业务流程横向以及纵向贯穿整个价值链的端到端的集成，企业间的集成将不再依赖改变所有权。以智能工厂为核心的全球生产网络将使社会生产表现出显著的网络经济特征，产业组织形态由大企业主导型和供应链主导型向产业生态主导型转变，生产体系更加扁平、灵活，企业之间横向联系，实现技术、产品和业务的优势互补。整体组织形式由大规模生产向分布式生产转化。企业间建立灵活有效、互惠互利的动态协作关系，实现研发、设计、生产和销售各种资源的重组，提高企业的市场快速反应和竞争能力，其本质是对企业生产过程中的每个环节的解耦和重组、对企业与用户关系的打通和整合，以及对制造与服务模式的创新和变革。

工业互联网有助于打通生产和消费，重塑更加扁平、灵活的制造体系。一方面，制造业实施工业互联网能够带来更大的生产灵活性，使小批量生产和定制生产成为可能，从而以更大的灵活性对市场的变化做出反应，实现更高的生产效率。随着企业发展和制造系统更加复杂，上下游企业生产效率的提升速度不一，零件错配、生产浪费等现象逐步加重。另一方面，消费者的需求多样且多变。在传统的生产、零售模式中，生产者与消费者之间的信息严重不对称。工业互联网平台可以汇聚产业链的上下游企业，打通生产者与消费者之间的联系。企业可以快速感知用户需求的变化，并通过产业链的上下游企业共享生产数据，匹配生产节奏，从而达到降低零件库存、提升资金周转率、降低资源浪费、提高整体生产效率的目的，实现用户以及产业链的上下游企业连通。

在工业互联网的快速发展中，人们已经可以体验个性化定制生产的服务了：苹果公司开始为用户提供在平板电脑等产品上镌刻姓名等服务；耐克的服装也可以定制用户的个性化信息；青岛红领集团在数年前就已经实现了以制式成衣的价格生产“量体裁衣”的定制西服；奥利奥饼干开始提供“花样表情自造工厂”，可以将自己珍藏的表情或者意中人的脸谱印在饼干上，同时还有多种饼皮可选，开启了饼干界的定制化进程。

服务化延伸是新的生产体系的重要表现。服务化延伸是指企业通过在产品上添加智能模块，实现产品的联网与运行数据的采集，并利用大数据分析为客户提供多样化智能服务，实现由卖产品向卖服务拓展，有效延伸价值链条，扩展利润空间，三一重工在这方面做了很好的尝试。三一重工把分布在全球各地的30万台设备接入“根云”平台，实时采集近1万个运行参数，远程监控和管理设备群的运行，实现了故障维修人员2小时内到现场、24 小时内完成维修的目标，同时减轻了零组件的库存压力。在这个过程中，制造企业的价值链延伸为服务提供商。在另一个例子中，普天新能源本是一家新能源汽车充电网络建设、运营和服务的企业，它在充电桩网络中集成和整合了物联网、互联网和大数据技术，构建了新能源汽车产业生态创新体系。该创新体系每天把数万辆电动车运行的工况、充电频次和电池耗损的海量数据汇集到平台，借助大数据分析技术，既服务于企业自身运营，又可为消费者、电动车和电池生产企业、公共管理部门提供决策信息。

02

体系篇：

工业互联网，新工业革命的强大支柱

当前，全球范围内的新一轮科技革命正在引领新工业革命蓬勃兴起。工业互联网作为新一代信息技术与制造业深度融合的产物，日益成为新工业革命的关键支撑和深化“互联网+先进制造业”的重要基石，将对未来工业发展产生全方位、深层次、革命性的影响。党中央、国务院高度重视工业互联网的发展，在《关于深化“互联网+先进制造业”发展工业互联网的指导意见》中，对工业互联网的体系发展做了深入研究和部署，将构建网络、平台、安全三大工业互联网功能体系作为制造强国建设的重要依托。网络是基础、平台是核心、安全是保障已成为工业互联网发展的金科玉律。除此以外，架构作为工业互联网体系的“灵魂”，是我们开展技术研究和国际对接的重要手段；标准作为工业互联网体系的“法则”，已成为各国工业互联网战略发展的布局重点。

架构：工业互联网的“灵魂”

当前，全球正进入新一轮科技革命和产业变革期。由于工业互联网尚处于发展的初期阶段，其内涵、功能与系统架构尚不清晰，德国于 2015 年 4 月发布了工业 4.0 参考架构，美国工业互联网联盟于同年 6 月发布了工业互联网参考架构，希望以此推动相关标准的制定与应用实践，促进工业互联网的发展。通过分析并借鉴美、德两国的工业互联网参考架构，我国工业互联网产业联盟也提出了搭建我国的体系架构，为推进工业互联网研究、综合标准化与试点示范等工作提供参考。

（一）德国：从工业出发搭建架构

德国于 2015 年 4 月发布了《工业 4.0 实施战略》，其中一项重要的内容是提出“工业 4.0 参考架构”（Reference Architecture

Model Industry 4.0，RAMI4.0），并对工业 4.0 的内涵与体系进行了直观和具体的描述。

工业 4.0 的总体视图包含 3 个维度，分别是功能维度、价值链维度和工业系统维度。其构建思路：从工业角度出发，结合已有的工业标准，将以“信息物理系统”为核心的智能化功能映射到产品全生命周期价值链和全层级工业系统中，突出以数据为驱动的工业智能化图景。工业 4.0 参考架构具体模型如图 2–1 所示。

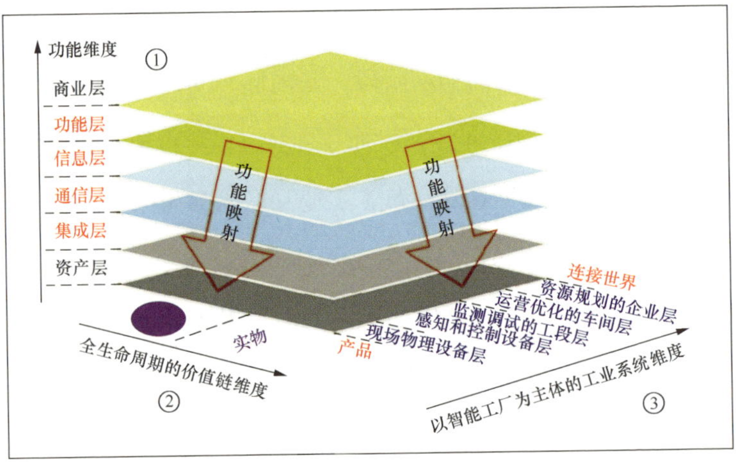

来源：中国信息通信研究院

图 2-1　工业 4.0 参考架构具体模型

功能维度包括资产层、集成层、通信层、信息层、功能层和商业层 6 个层级，是“信息物理系统”的分层体现。

价值链维度是以零部件、机器和工厂为代表，从生命周期视角描述了其从虚拟设计到生产制造，再到运营优化的价值生成过程，其有 3 个突出特点：一是重点强调了虚拟仿真技术在工业 4.0 中的重要作用；二是突出零部件、机器和工厂这类工业生产要素中虚拟和现实的两个过程，体现全要素“数字孪生”的特征；三是在构建价值链的过程中，工业生产要素之间需要依托数字系统紧密耦合，实现工业生产要素的“端到端集成”。

工业系统维度是在“现场物理设备层—感知和控制设备层—监测调试的工段层—运营优化的车间层—资源规划的企业层”5 层架构体系的基础上，进一步加入“产品”和“连接世界”两个层级，从而构建更全面的工业生态系统。这 5 层架构体系体现了从现场物理设备到企业规划管理平台的纵向集成，而对产品和连接世界的拓展，体现了以企业协同为核心的横向集成，横向集成和纵向集成共同构成了完整的工业系统。

（二）美国：以商业为目标形成架构

美国工业互联网联盟（Industrial Internet Consortium，IIC）是由 GE、IBM、思科、英特尔和 AT&T 5 家企业于 2014 年发起成立的产业联盟，该联盟于 2015 年 6 月发布了《工业互联网参考架构》（Industrial Internet Reference Architecture，IIRA），该架构成为指导企业开发部署工业互联网解决方案的指导框架。

《工业互联网参考架构》包括商业视角、使用视角、功能视角和实现视角 4 个层级。其构建思路是从工业互联网系统要实现的商业目标出发，明确工业互联网系统运行和操作的主要任务，进而确定工业互联网的核心功能、关键系统模块及相互关系。美国工业互联网参考架构的总体框架如图 2-2 所示。

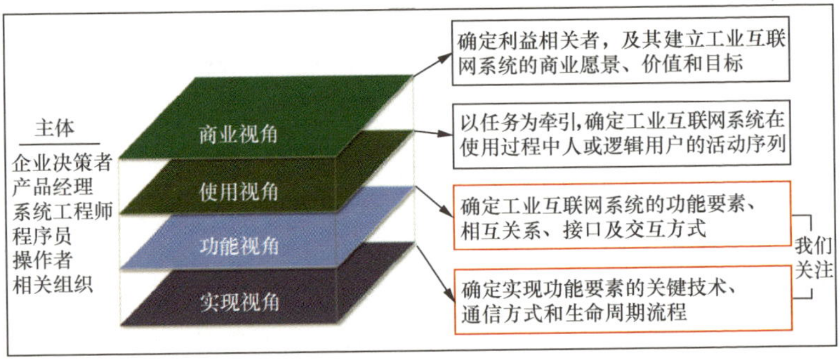

来源：中国信息通信研究院

图 2-2　美国工业互联网参考架构的总体框架

商业视角描述了企业基于工业互联网系统所希望实现的商业愿景、价值和目标。具体来说，企业决策者和系统工程师需要根据工业互联网系统的价值和以往经验提出系统开发部署的愿景，确定关键目标，并评估企业开发系统的基础能力，进而指导使用系统开发的具体任务和要求。

使用视角描述了工业互联网系统的操作使用流程。工业互联网系统的运行、授权、分工及目标分解是其核心关注点，体现系统操作导向下各系统组件、各单元的协同活动内容，用于指导系统的实施、部署和操作。

功能视角确定的是工业互联网系统需要具备的关键功能及其相互关系，包括控制、运营、信息、应用和商业 5 个功能领域。

从各功能模块的实现要素来看，工业互联网系统包含由边缘层、平台层和企业层构成的 3 层架构。其中，平台层中的信息模块是核心驱动和关键要素，其本质是通过数据实现工业系统的智能化。

（三）中国：对标美、德两国的新实践

1. 工业互联网体系架构 1.0

美、德两国提出的工业参考架构都面向制造业数字化、网络化、智能化领域，均强调数据在工业智能化中的核心作用，通过数据感知、传输、集成、处理、分析、决策与反馈，形成设备和运营优化的数据驱动闭环，促进工业系统全层级、全价值链的智能化。但两

者的具体内容略有差异。美国工业互联网参考架构是从IT的角度出发，提出面向工业IT系统的智能制造参考架构，以IT技术的应用模块为主要框架，将信息技术驱动的机器控制、运营管理和商业重优化作为主要目标，突出了数据从感知、集成、分析与决策反馈的流动闭环，强调物理实体与信息系统的交互，以及基于数据分析的深层次优化，侧重IT系统在工业中的应用；德国工业4.0参考架构是从工业角度出发，提出面向工业标准的智能制造参考架构，以制造系统为主要框架，将“信息物理系统”功能映射到工业系统层级和工业价值链两个视角，突出数据对工业领域的优化功能，强调虚拟仿真的重要性和三大集成特点，侧重与现有工业标准的对接。

通过构建通用的参考架构，美、德两国希望以此统一社会各界对国家战略理念的共识，指导相关技术研发、标准设立和应用推广。我国当前正处在工业互联网发展的关键时期，也应加快制订工业互联网、工业互联网参考架构，以具象化顶层设计推动相关战略的落地实施。美、德两国的参考架构有以下3点值得借鉴。

第一，立足于通用性参考架构的设计。参考架构设计的核心目的是明确工业互联网的内涵，统一各界对工业互联网的认识，并以此指导工业互联网的发展，因此应重点反映通用体系和共性功能要素。工业互联网参考架构的形成可基于各领域、各行业的智能化体系架构进行提炼，但最终结果应具有普遍适用的特点。

第二，参考架构设计应与标准化工作充分结合。参考架构设计的一个重要目的是指引工业互联网的标准化工作。因此，我国设计工业互联网参考架构既要与现有的国际国内工业标准对接，提升参考架构的实用性，又要重点关注目前标准尚未覆盖的领域，以构建工业互联网综合标准化体系。

第三，参考架构应与工业互联网试点示范工作形成联动。参考架构明确了工业互联网的内涵、体系与关键功能要素，应对企业开展工业互联网试点示范起到一定的指引作用。同时，企业通过试点示范发现的问题、总结的经验，也能反馈到参考架构的设计工作中，以推动参考架构不断成熟、完善，为未来制造业智能化发展提供更强的指引作用。

工业互联网的概念最早是由美国 GE 公司于 2012 年正式提出的，发展到今天，其内涵更加丰富。工业互联网为工业智能化发展提供了核心的信息资源设施，包含工业的各个过程和要素，形成一个全新的生态系统，是一项全局性的系统工程。

2016 年，工业互联网产业联盟（Alliance of Industrial Internet，AII）发布了《工业互联网体系架构（版本 1.0）》。工

业互联网体系架构如图 2-3 所示，为开展工业互联网实践提供了参考依据。工业互联网通过系统构建网络、平台、安全三大功能体系，打造人、机、物全面互联的新型网络基础设施，形成智能化发展的新兴业态和应用模式。

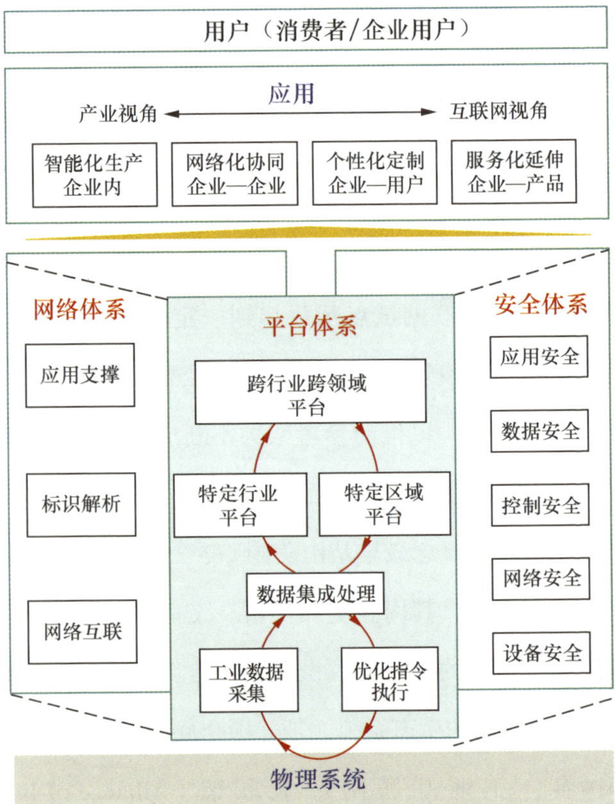

图 2-3　工业互联网体系架构

工业互联网体系架构1.0自发布以来，在凝聚我国政、产、学、研、用各界共识，指导技术研究、产品开发、实践应用、产业发展、生态打造、国际合作等诸多领域发挥了重要作用。**一是推动工业互联网相关基础研究。**基于工业互联网体系架构1.0，AII编写了49份研究报告，涵盖网络、数据、平台、安全、应用等各领域，基本形成了对工业互联网的体系化认识。**二是促进工业互联网技术创新与产品开发。**AII设立了51个测试床，重点开展了5G、大数据、人工智能、区块链、边缘计算等技术在制造场景的测试验证，并结合工业互联网体系架构1.0提出的网络、数据、安全等方向，输出了数百项产品和解决方案。**三是指导工业互联网标准体系建设。**工业互联网体系架构1.0为工业互联网标准化工作提供了理论框架与方向指引，推动《工业互联网综合标准化体系建设指南》的出台，助力AII陆续建立起工业互联网标准体系1.0和2.0版本，并已成功立项平台通用要求、安全总体要求等8项联盟标准，形成对新兴领域关键技术、核心架构、测试评估、成果转化等方面的规范和指引。**四是引导工业互联网应用探索与实践。**AII遴选出78个优秀示范案例，在钢铁、石化、汽车、家电、信息电子、高端装备等十余个行业和典型制造场景开展了网络、平台、安全等方面的应用试点，以标杆试点强化应用推广，推进体系化应用探索与落地。五是推进国际对接与开放合作。AII 与美国 IIC 基于顶层架构的共性开展了 IIRA 与工业互联网体系架构 1.0 的对接和映射，也在积极与德国对接开展工业互联网体系架构互认并联合发布实践报告等成果，组建工业互联网专家工作组等多个执行对接组，为工业互联网的技术、产业、标准等层面的国际合作与共识奠定基础。

2. 工业互联网体系架构 2.0

通过几年来的理论和实践探索，工业互联网已从概念形成普及阶段进入应用实践推广的新阶段，业界对工业互联网的发展方向已有高度的共识。在这个过程中，国内外均形成了大量的探索实践，工业互联网几乎涵盖了工业的各个行业、大中小各类企业乃至实体经济的各个领域，新一代信息技术与制造、能源、交通、医疗、服务等技术的融合集成初步显现了其巨大的生命力和创造力，为进一步创造新的生产力和发展动能奠定了基础。

正因如此，丰富和多样化的企业实践和各类新技术的应用也对工业互联网的体系架构提出了新的需求：如何定义一个更加通用化的架构体系以指引各个领域的系统性布局，如何打通数字化转型、业务体系、商业变革和工业互联网技术架构的关系以更好地指导企业的发展实践，如何充分考虑技术的发展演进和落地实施部署需求以更好地定义工业互联网的层次架构、功能划分和接口关系，从而为产业界提供科学、清晰和可操作的指南。基于此，AII 在工业和信息化部的指导下，凝聚产业界共识，研究制定了《工业互联网体系架构（版本 2.0）》。工业互联网体系架构 2.0 如图 2-4 所示。

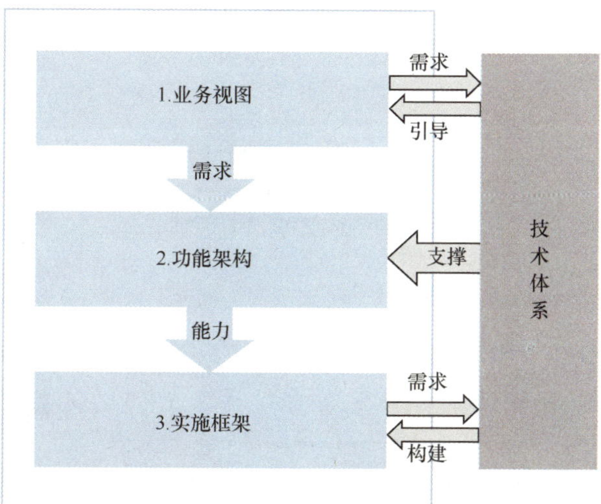

图 2-4　工业互联网体系架构 2.0

在继承体系架构1.0的核心理念、要素和功能体系的基础上，AII从业务、功能、实施3个视图重新定义了工业互联网的参考体系架构，并逐一展开，希望工业互联网体系架构2.0作为当前阶段的一个认识，为政府、企业、科研机构、投资者等提供引导和参考，共同推动工业互联网的创新和发展。

工业互联网体系架构 2.0 包括业务视图、功能架构、实施框架三大板块，形成以商业目标和业务需求为牵引，进而明确系统功能定义与实施部署方式的设计思路，自上向下层层细化和深入。

业务视图包括产业层、商业层、应用层、能力层 4 个层次。工业互联网体系架构 2.0——业务视图框架如图 2-5 所示。

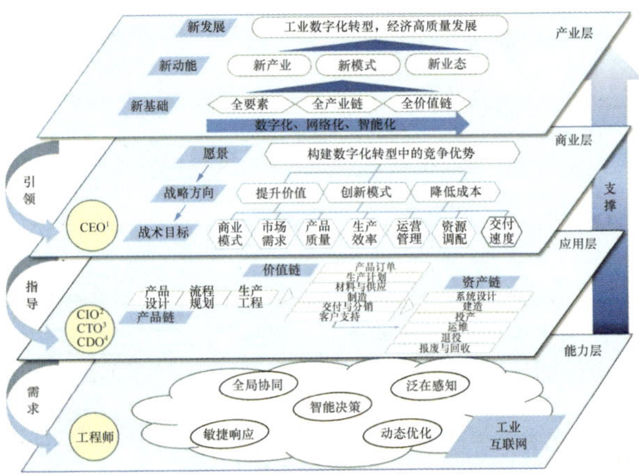

1. CEO：首席执行官（Chief Executive Officer）
2. CIO：首席信息官（Chief Information Officer）
3. CTO：首席技术官（Chief Technical Officer）
4. CDO：首席数据官（Chief Data Officer）

图 2-5　工业互联网体系架构 2.0——业务视图框架

其中产业层主要定位于产业整体数字化转型的宏观视角，商业层、应用层和能力层则定位于企业数字化转型的微观视角。4个层次自上而下来看，实质就是在产业数字化转型的大趋势下，企业如何把握发展机遇，实现自身业务的数字化发展并构建关键数字化能力；4个层次自下而上来看，也反映了企业不断构建和强化的数字化能力将持续驱动其业务乃至整个企业的转型发展，并最终带来整个产业的数字化转型。

工业互联网的核心功能原理是基于数据驱动的物理系统与数字空间全面互联与深度协同，以及在此过程中的智能分析与决策优化。通过网络、平台、安全三大功能体系构建，工业互联网全面打通设备资产、生产系统、管理系统和供应链条，基于数据整合与分析实现信息技术（Information Technology，IT）与运营技术（Operational Techonlogy，OT）的融合和三大体系的贯通。

网络体系由网络互联、数据互通和标识解析3个部分组成。网络互联实现要素之间的数据传输，数据互通实现要素之间传输信息的相互理解，标识解析实现要素的标记、管理和定位。工业互联网体系架构2.0——网络功能视图框架如图2-6所示。

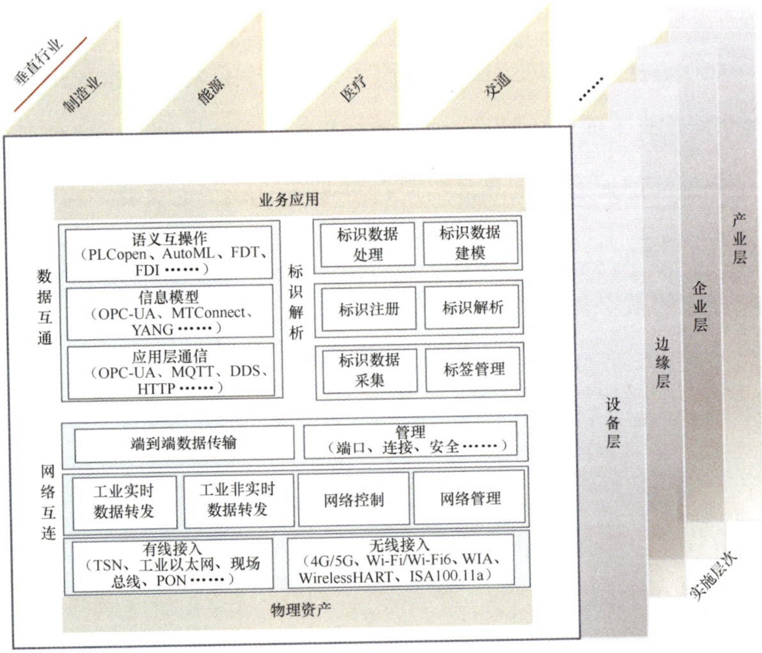

图 2-6　工业互联网体系架构 2.0——网络功能视图框架

为实现数据优化闭环，驱动制造业智能化转型，工业互联网需要具备海量工业数据与各类工业模型管理、工业建模分析与智能决策、工业应用敏捷开发与创新、工业资源集聚与优化配置等一系列关键能力，这些传统工业数字化应用所无法提供的功能，正是工业互联网平台的核心。按照功能层级划分，工业互联网平台包括边缘层、PaaS 层和应用层 3 个关键功能组成部分。工业互联网体系架构 2.0——平台功能视图框架如图 2-7 所示。

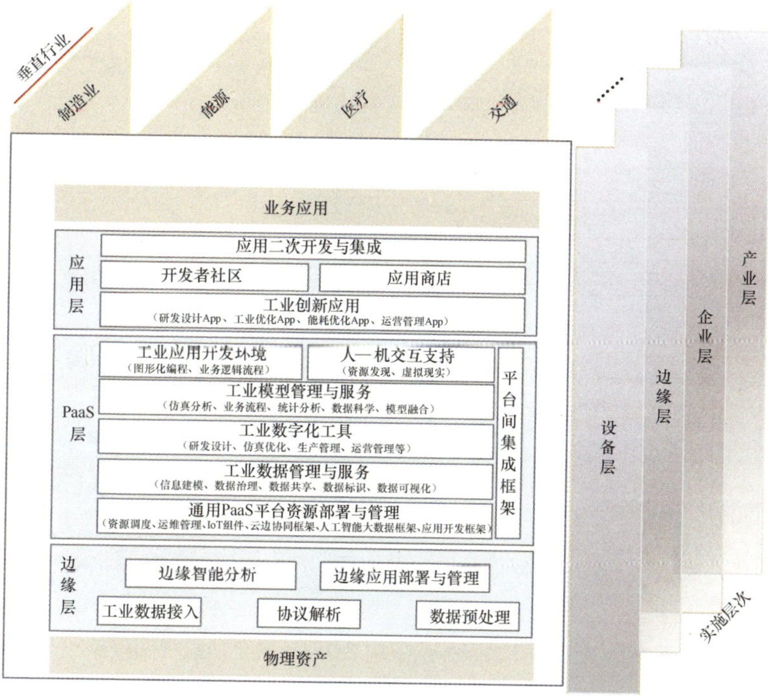

图 2-7　工业互联网体系架构 2.0——平台功能视图框架

为解决工业互联网面临的网络攻击等新型风险，确保工业互联网健康有序发展，工业互联网安全功能框架充分考虑了信息安全、功能安全和物理安全，聚焦工业互联网安全所具备的主要特征，包括可靠性、保密性、完整性、可用性、隐私和数据保护。工业互联网体系架构 2.0——安全功能视图框架如图 2-8 所示。

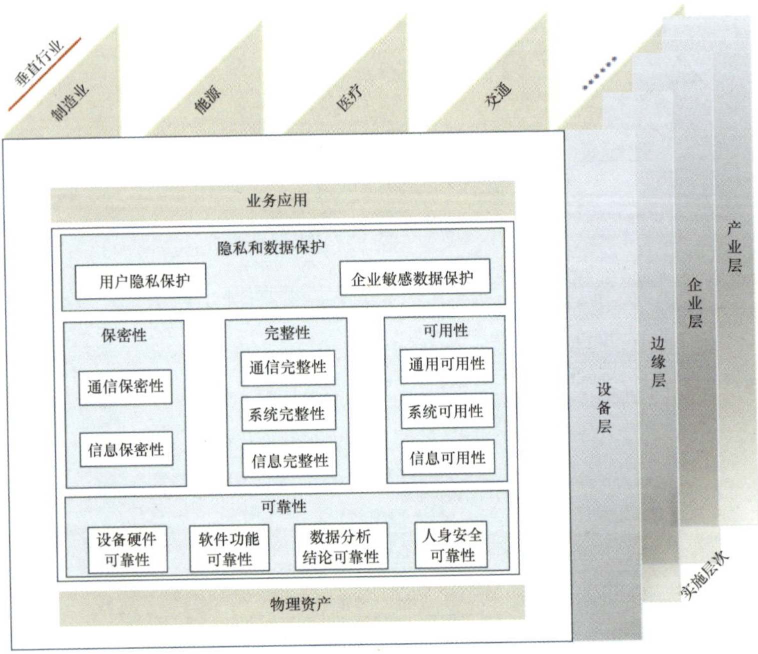

图 2-8　工业互联网体系架构 2.0——安全功能视图框架

工业互联网实施框架是整个工业互联网体系架构 2.0 中的操作方案，解决“在哪做”“做什么”“怎么做”的问题。当前，工业互联网的实施以传统制造体系的层级划分为基础，适度考虑未来基于产业的协同组织，按“设备、边缘、企业、产业”4 个层级开展系统建设，指导企业整体部署。工业互联网体系架构 2.0——实施框架如图 2–9 所示。

设备层对应工业设备、产品的运行和维护功能，关注设备

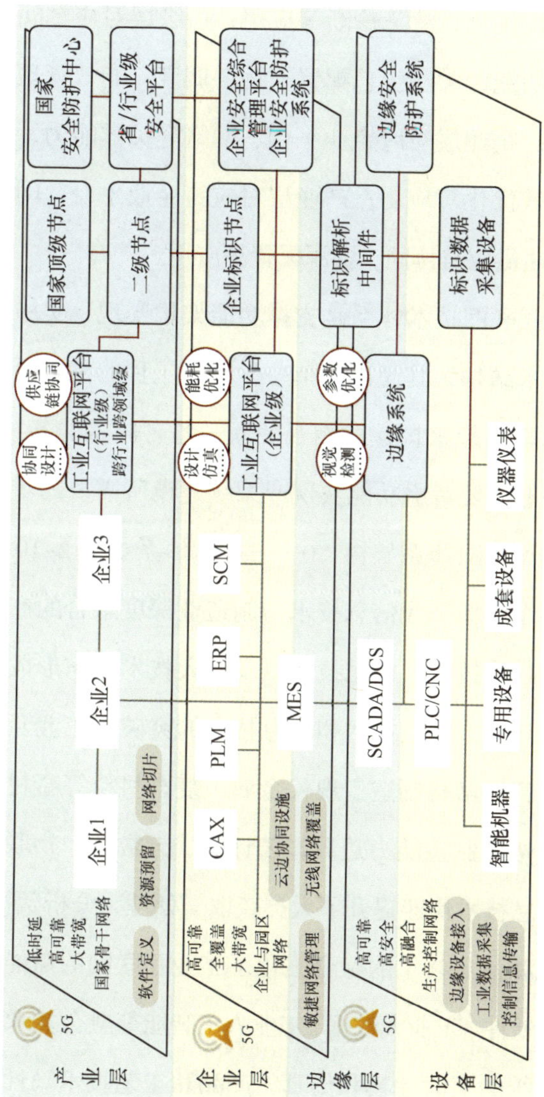

图 2-9　工业互联网体系架构 2.0——实施框架

底层的监控优化、故障诊断等应用；边缘层对应车间或产线的运行维护功能，关注工艺配置、物料调度、能效管理、质量管控等应用；企业层对应企业平台、网络等关键能力，关注订单计划、绩效优化等应用；产业层对应跨企业平台、网络和安全系统，关注供应链协同、资源配置等应用。

工业互联网技术体系是支撑功能架构实现，实施架构落地的整体技术结构，其超出了单一学科和工程的范围，需要将独立的技术联系起来构建成相互关联、各有侧重的新技术体系，在此基础上需要考虑功能实现或系统建设所需要的重点技术集合。工业互联网体系架构2.0——技术体系如图2-10所示。工业互联网作为新一代信息技术与制造业深度融合的产物，其技术体系由制造技术、信息技术以及两大技术交织形成的融合技术组成。其中，制造技术和信息技术的突破是工业互联网发展的基础，例如增材制造、现代金属、复合材料等新材料和加工技术不断拓展制造能力边界，云计算、大数据、物联网、人工智能等信息技术快速提升了人类获取、处理、分析数据的能力。制造技术和信息技术的融合强化了工业互联网的赋能作用，催生了工业软件、工业大数据、工业人工智能等融合技术，使机器、工艺和系统的实时建模和仿真，产品和工艺技术隐性知识的挖掘和提炼等创新应用成为可能。

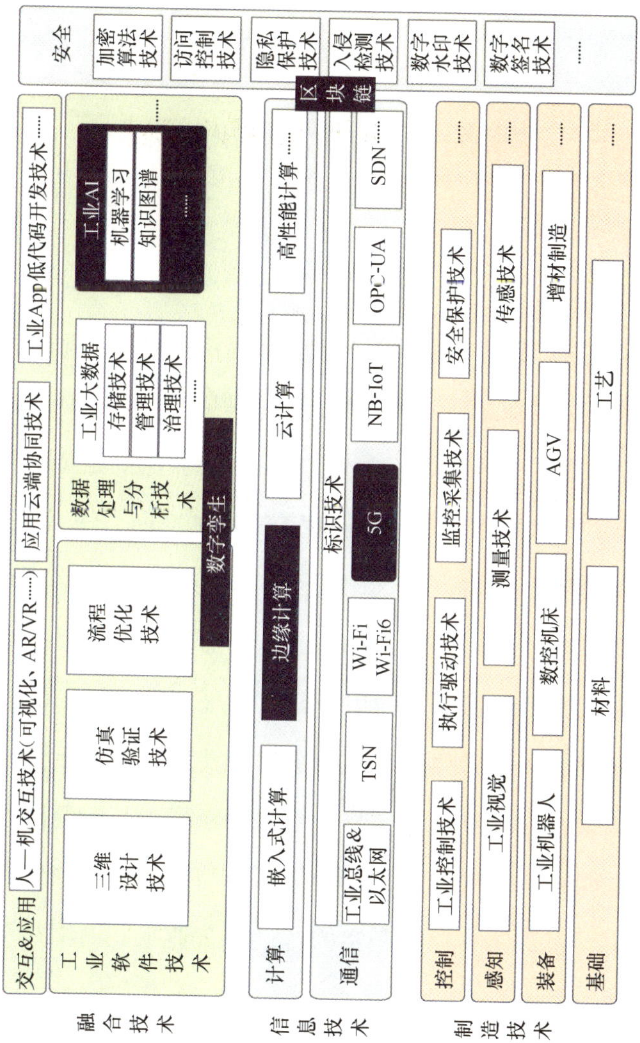

图 2-10 工业互联网体系架构 2.0——技术体系

网络：工业互联网的基础

网络基础设施是互联网时代支撑经济社会信息化的关键基础设施，是实施国家创新驱动战略的基础平台，也是维护国家网络与信息安全的主战场之一。近年来，我国固定宽带网络全面向光纤网络接入升级，移动宽带网络加速向 LTE 演进升级，网络互联互通和国际出入口的通信能力持续提升，互联网应用基础设施能力大幅增强，中国已建成全球规模最大的宽带网络基础设施。我国互联网用户普及水平和发达国家的差距在逐步缩小，固定和移动宽带的平均资费水平持续下降，高速宽带接入占比持续扩大，产业地位不断提升，业务应用创新活跃，网络安全保障能力持续提高，为工业互联网的开展实施提供了有力的支撑和坚实的基础。工业互联网网络基础设施建设布局如图 2-11 所示。

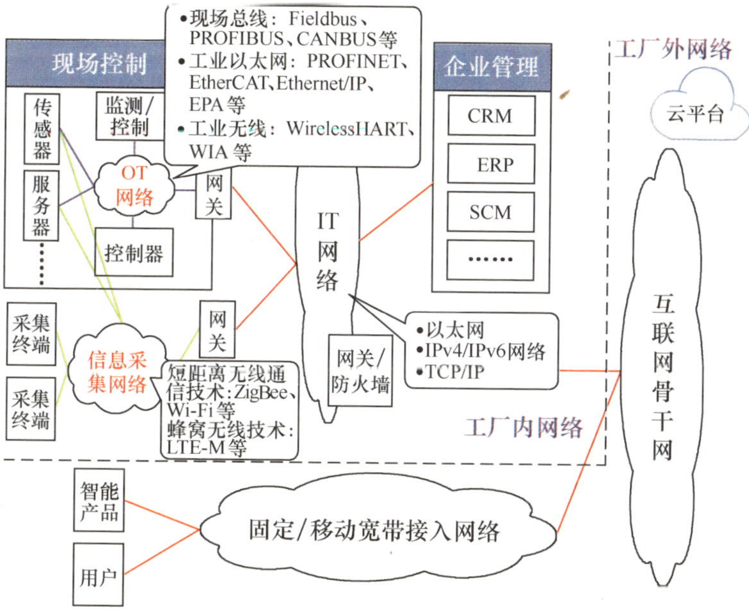

来源：中国信息通信研究院

图 2-11　工业互联网网络基础设施建设布局

（一）互联互通是基础

工业互联网将连接对象延伸到工业全系统，可实现人、物品、机器、车间、企业以及设计、研发、生产、管理、服务等产业链价值链全要素各环节的泛在深度互联与数据的顺畅流通，形成工业智能化的“血液循环系统”。

网络是工业互联网体系结构的基础。工业通信网络通过物联网、互联网等技术实现工业全系统的互联互通，是工业数据传输交换的支撑基础，表现为通过人、机、物全面互联，实现信息数据在企业内、企业间及产业链的上下游各主体之间的无缝传输，支撑形成实时感知、协同交互的生产模式。随着互联网与工业的深度融合，机器数据的传输方式由局域网络迈向广域网络，从管理企业内部的机器拓展到管理企业外部的机器，支撑人类和机器边界的重构、企业和社会边界的重构。

AII编制的《工业互联网体系架构（版本1.0）》研究表明，与现有互联网包含互联体系、DNS体系和应用服务体系3个体系类似，工业互联网也包含3个重要体系。首先是网络互联体系，即以工厂网络IP化改造为基础的工业网络体系，包括工厂内部网络和工厂外部网络“两大网络”。工厂内部网络主要用于连接在制品、智能机器、工业控制系统、人等主体，包含工厂IT网络和工厂OT（工业生产与控制）网络。工厂外部网络主要用于连接企业的上下游资源、企业与智能产品、企业与用户等主体。其次是地址与标识解析体系，即由网络地址资源、标识、解析系统构成的关键基础资源体系。其次是工业互联网标识，类似于互联网域名，用于识别产品、设备、原材料等物体。工业互联网标识解析系统，用于实现对上述物体的解析，即通过把工业互联网标识翻译为该物体的地址或其对应信息服务器的地址，从而找到该物体或其相关信息。最后是应用支撑体系，即工业互联网业务应用交互和支撑能力，包含工业云平台和工厂云平台，及其提供的各种资源的服务化表述、应用协议等。工业互联网整体网络体系目标框架如图 2-12 所示。

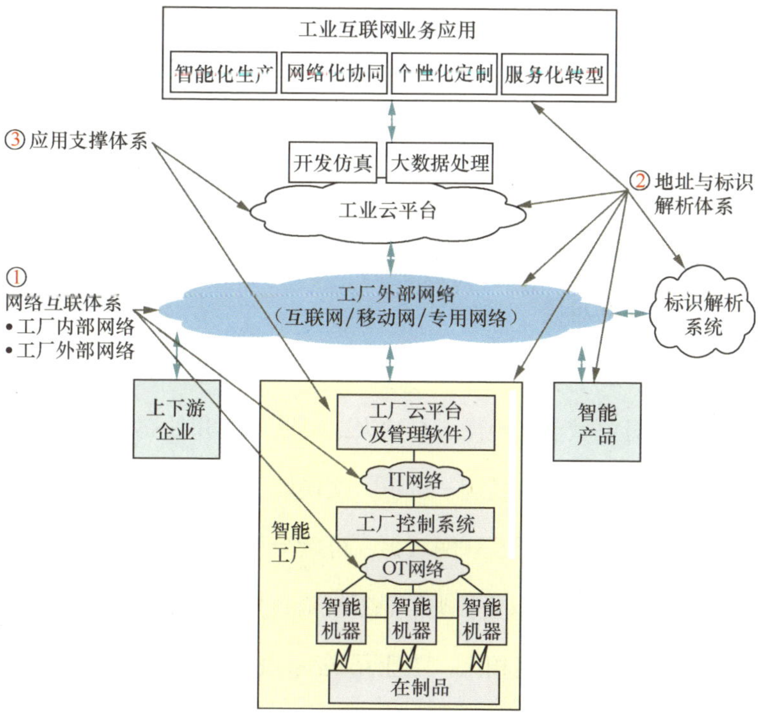

来源：《工业互联网体系架构（版本 1.0）》

图 2-12 工业互联网整体网络体系目标框架

（二）标识解析是关键

1. 标识解析意义重大

工业互联网标识解析体系是实现工业全要素、各个环节信息互通的关键基础，是工业互联网的中枢神经，已上升为贯彻落实国家和地方工业互联网工作部署的战略资源。2017年11月，国务院印发了《关于深化“互联网+先进制造业”发展工业互联网的指导意见》，明确提出“构建标识解析服务体系，支持各级标识解析节点建设，利用标识实现全球供应链系统和企业生产系统间精准对接”。

工业互联网标识解析体系由“标识”和“解析”两个部分组成。标识是为对象赋予有规律、易被人或机器识别和处理的数字、文字等混合信息符号，是统一认识、交换信息的基本技术手段。工业互联网标识类似于互联网域名，可赋予每个物理资源或虚拟资源唯一的身份ID，以便各类信息系统对目标对象进行资源区分和管理。与互联网域名相比，工业互联网标识对象的范围更广、粒度更细，从主机细化到物品、信息、服务等各类资源，已成为提升信息处理效率、开发创新应用的重要手段。然而，目前标识编码面临标准不统一、彼此不兼容、适用范围有限等问题，造成信息孤岛，带来信息融合、数据理解和新应用开发的困局。

解析是将对象标识映射至实际服务所需的信息（例如地址、物品、空间位置等）的过程，是在复杂网络环境中准确高效地获取对象标识对应信息的“信息转变”技术过程。除对各类对象进行身份识别外，解析系统实现了对物理或逻辑对象进行定位和信息关联查询功能。通过关联可获取面向对象的应用属性集合，例如整体包装的标识和组成部件之间的标识关联、同一应用领域的不同对象标识之间的关联、同一对象的不同应用属性标识之间的关联等，进而实现对异主、异地、异构信息的智能化应用，达到异构系统数据库协同、融合的目标。

国际上目前存在 OID、GS1、Ucode、Handle、Ecode 等多种标识解析体系方案，我国已存在 Handle、OID、Ecode 等多种公共标识，也存在汽车零部件编码、动力电池编码、药品电子监管码等行业标识，还存在大量的企业内部私有标识，但缺乏统一、安全、稳定的标识解析服务体系。按照是否基于 DNS 区分，标识解析体系的发展存在两条路径：改良路径和变革路径。改良路径仍基于互联网 DNS 系统，在现有互联网 DNS 解析系统上进行适当改进，实现标识解析，例如国际电信联盟针对OID编码提出的ORS解析系统。变革路径采用全新的标识解析体系，目前主要是数字对象名称管理机构（DONA基金会）提出的Handle方案。评价、比较这两种标识解析体系，对于明确我国标识解析体系的发展趋势和建设思路具有重要的意义。

2. 标识解析发展趋势

标识解析正在加快发展。目前标识技术在资产管理、物流管理等部分环节得到了应用和推广，并正在向生产环节渗透。面向产品全生命周期管理及跨企业产品信息交互需求的增加，将推动企业标识系统与公共标识解析的对接。标识对象也将随着自动化标识技术的应用逐步扩展，初期可能侧重于产品标识，逐步覆盖零部件、软件系统等各种管理对象和要素。

多种标识解析体系在一定时期内共存。目前，国际主流的标识解析方案，例如OID、Handle以及我国自主提出的标识解析体系，例如NIOT、Ecode、CID等，在国内均已启动并形成一定规模布局，且多数方案已获得不同政府部门的支持，例如NIoT方案获得国家发展和改革委员会的支持，Ecode方案获得国家市场监督管理总局的支持，Handle方案获得工业和信息化部的支持。从目前来看，已有的标识类应用现状难以被打破，短期内难以实现标识解析体系的统一，且目前多种方案已具备互通能力，可以相互兼容、互通和共存。

在数据开放共享需求日益迫切和国家战略推动双重驱动的背景下，目前多种标识解析体系向不同行业延伸，基于标识的行业应用迅速铺开，其中产品追溯是标识解析技术在工业领域落地的一个典型应用场景，产品从制造、流通、消费到回收的整个生命周期过程中，利用标识解析技术记录和查询产品状态、属性、位置等信息的过程，以全方位记录产品信息数据，促进企业内部信息系统之间、企业之间、企业和用户之间信息的有效共享，提高工业企业网络化、智能化水平。此外，工业互联网标识解析技术也正逐步应用于供应链管理、协同制造、智能产品全生命周期管理等领域。

早期，国内标识解析应用“重标识、轻解析”，主要有两种情况：一是企业内部在私有编码的基础上开发内部应用系统，例如家具企业柔性制造产线、企业内部生产管理系统等，存在或缺乏统一标识，或多用标识等问题，扩展性较差，造成企业内部系统间互通不畅；二是行业内在统一编码的基础上开发相对封闭的行业应用，编码统一但未采用公共解析，造成系统开放性不足，难以形成企业间数据共享、合作共赢的产业生态，造成企业间标识应用难以有效推广普及。

随着工业互联网的兴起，以“统一标识编码+公共解析”为基础打造创新应用逐步在工业生产领域兴起。例如，徐工集团将Handle标识解析技术应用于机械制造领域，利用信息技术与管理方法优化供应链结构，可解决或缓解传统供应链管理模式下存在的成本控制、可视化、编码规则、业务协同以及产品信息追溯问题，对于探索并实现异主、异地、异构系统间的信息共享与高效业务协同起着积极作用；三一重工利用标识技术管理工业互联网大数据平台中的各种设备产品；航天信息利用标识解析技术支撑了众多的食品、药品、农产品管理平台建设；由工业和信息化部牵头的、基于Handle System标识解析技术的食品安全追溯平台也已经投入使用，并逐步将数据以查询接口的方式开放给消费者。

（三）关键技术是支撑

1. 有线与无线

光纤宽带有线网络及移动互联无线网的发展适应了海量工业数据的高速传输需求。随着信息网络从固定、窄带向移动、宽带和泛在、融合的方向演进，工业数据尤其是非结构化数据的传输不再是瓶颈，有力地支撑着互联网与工业的融合发展。有线和无线技术提供了灵活的网络方案，实时数据可通过运营商网络实时上传，并将产品/装备的实时运行数据与其设计数据、制造数据、历史维护数据融合；非实时数据在网络覆盖不佳时，可通过 Wi-Fi 上传到智能手机上。

无线控制技术在企业工业控制领域起着越来越重要的作用。特别是在配置、安装、修改和扩展等方面，无线网络的成本都低于有线网络。目前，随着计算机和通信设备功能的进一步改进，工业无线网也在不断改进。

未来工业网络的发展需要从通信的实时性、安全性和可靠性来努力，要想达到这个程度并不是一件简单的事情，实现有线与无线集成，实时异构网络是未来发展的一个重要方向。

2. 企业内外网络

工厂内部网络是在工厂内部用于生产要素以及 IT 系统之间互联的网络。总体来看，工厂内部网络呈现“两层三级”的结构：“两层”是指“工厂 OT 网络”和“工厂 IT 网络”；“三级”是根据目前工厂管理层级的划分，网络被分为“现场级”“车间级”和“工厂级/企业级”3 个层次，每层之间的网络配置和管理策略相互独立。

随着工业互联网的快速演进，设备互联变得越来越重要。生产现场无数的机器连接需求，推动了工厂OT网络的发展，也推动了工业以太网市场和技术的快速发展，同时数百亿终端的接入也将对IPv6的普及产生了极大的需求。而工厂IT网络主要由IP网络构成，通过网关设备实现与互联网和工厂OT网络的互联和安全隔离。

企业外部网络用于连接产业链的上下游资源、企业与智能产品和用户，企业外部网络的发展将促进采购和营销的智能化，推动个性化定制、远程监控、智能产品服务等全新的制造和服务模式。未来的工业互联网应用对企业外部网络提出了低时延、高可靠和服务质量保证的要求，同时对企业外部网络的性能、承载能力、隔离防护和安全能力也都提出了新的要求。可以预见，未来大量的工业企业将会采用专线互联，并不断改善网络的性能和质量。

3. 新一代网络技术快速成熟

新型网络技术有窄带物联网（Narrow Band Internet of Things，NB-IoT）、5G技术、时间敏感网络（Time-Sensitive Networking，TSN）

等，它们对重构工业互联网起着重要的作用。新型网络技术重构工业网络体系如图 2–13 所示。

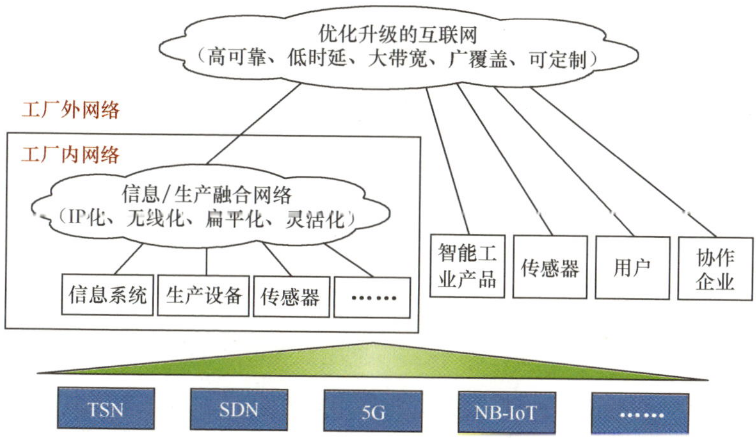

来源：中国信息通信研究院

图 2-13　新型网络技术重构工业网络体系

近年来，物联网领域发展迅速，基于蜂窝的窄带物联网成为工业网络的一个重要分支。低部署成本、可实现平滑升级是 NB-IoT 的主要特点。英特尔公司于 2017 年开发了支持 NB-IoT 的芯片。2018 年 2 月，美国电信运营商 Verizon（威瑞森）携手爱立信完成了 NB-IoT 数据传输测试，并于当年部署了一张全国性的 NB-IoT 网络。NB-IoT 具有低功耗、低成本、连接能力强、覆盖面广等显著特点，可支持待机时间长、对网络连接要求较高设备的高效连接，并可实现平滑升级，为工业互联网应用提供很好的支撑技术。在我国企业对物联网标准的研究中，华为开展此项工作是最早的。

5G面向工业需求持续演进，能够有效支撑无线自动化控制、移动机器协作等工业场景应用。在容量方面，5G将比4G单位面积移动数据流量增长1000倍；在传输速率方面，单用户典型数据速率提升10～100倍；端到端时延缩短80%；在可接入性方面，可联网设备的数量增加10～100倍；在可靠性和能耗方面，每比特能源消耗降至千分之一，低功率电池续航时间增加10倍。性能优异的5G网络将有力促进互联网应用的高速发展，也必将对工业互联网的应用产生深远的影响。

TSN是基于以太网架构的用于实时传输音视频的协议集。它有效地解决了数据在以太网传输中的时序性、低时延和流量整形问题，同时又保持了100%向后兼容传统以太网，是极具发展潜力的下一代网络音视频实时传输技术。随着工业互联网的持续推进及TSN技术的深入研究，未来所有需要实时监控或实时反馈的工业领域都需要TSN，例如机器人工业、深海石油钻井以及银行业等。TSN还可用于支持大数据的服务器之间的数据传输。在全球工业进入物联网时代之际，TSN

是改善物联网互联效率的最佳途径之一。目前，TSN 技术产品进入产业化阶段，协议功能日益完善，2017 年第一批 TSN 产品已经进入市场。据预测，2017—2024 年，TSN 市场的复合年增长率将达到 53.5%。工业互联网中越来越多的实时通信需求，将成为推动 TSN 市场发展的主要动力。

软件定义网络（Software Defined Network，SDN）是另一项可能重构生产网络的热点技术。中国科学院沈阳自动化研究所向中国工业互联网产业联盟申报了《软件定义可重构智能制造验证示范平台》测试床项目，建设基于工业 SDN 的自组织全互联网络系统和基于工业 SDN 的管控全互联无线网关等工业无线通信产品，探索 SDN 工业应用，SDN 将成为工业互联网网络技术发展的重要方向。

平台：工业互联网的核心

工业互联网平台作为构建工业互联网生态的核心载体，正从商业领域向制造业领域拓展，发挥着制造资源和能力汇聚、工业主体和要素连接的重要作用，成为推动制造业与互联网融合的关键抓手。本章在厘清平台概念、架构、类型和功能的基础上，从平台主体产业格局、生态发展和典型平台案例等方面总结了国内外发展经验，明确平台是工业互联网的核心，指出了平台的发展趋势。

（一）不同维度的平台价值体现

工业互联网平台是工业互联网的核心，是连接设备、软件、工厂、产品、工人等工业全要素的枢纽，是采集、汇聚、分析和服务海量工业数据的载体，是支撑工业资源泛在连接、弹性供给、高效配置的中枢，发挥着类似谷歌 Android、苹果 iOS、微软 Windows 的关键作用，是实现网络化制造的核心依托。从“云”“管”“端”的角度来看，工业互联网平台以“云”为核心，通过“网”的泛在连接，实现对海量终端、资源、数据和主体的汇聚集成与优化配置。

1. 新工业体系的“操作系统”

谷歌、苹果等跨国企业凭借强大的互联网平台掌控力，影响着全球互联网应用与产业生态发展。当前，伴随着新一代信息通信技术和制造业的融合发展，以平台为核心的产业竞争正从消费领域向制造领域拓展。工业互联网平台有以下 4 个方面的定位。

第一，工业互联网平台是传统工业云平台的迭代和升级。在传统工业云平台的软件工具共享、业务系统集成的基础上，叠加了制造能力开放、知识和经验复用与开发者集聚的功能，形成 App 应用与工业用户之间相互促进、双向迭代的生态体系。

第二，工业互联网平台是新工业体系的“操作系统”。平台的兴起与发展将打破原有封闭、隔离又固化的工业系统，开放、共享、扁平、灵活、高效的组织架构将成为新工业体系的基本形态。

第三，工业互联网平台是资源集聚、共享的有效载体。工业互联网平台将信息流、资金流、人才创意、制造工具和制造能力在云端汇聚，把工业企业、信息通信企业、互联网企业、第三方开发者等主体在云端集聚，在云端融合各种技术，形成协同生产模式。

第四，工业互联网平台是打造制造企业竞争新优势的关键抓手。当前，GE、西门子等企业围绕“智能机器＋云平台＋工业App”功能架构，整合“平台提供商＋应用开发者＋海量用户”等生态资源，抢占工业数据入口的主导权，强化工业智能化的新优势。

2.“三明治”版的平台架构

分析国外工业互联网平台架构，可以发现其核心要素包括边缘层（数据采集）、平台层（工业PaaS）、应用层（工业App）。工业互联网平台架构如图2-14所示。

工业互联网平台包含数据采集、工业PaaS和工业App三大核心要素。其中，数据采集是基础，通过数据接入、协议转换、边缘数据处理等构建精准、实时、高效的数据采集体系。工业PaaS是核心，通过工业技术、经验、知识、方法的软件化、模块化，打造微服务组件池，以“搭积木”的方式提供应用开发、创建、部署的基础环境，形成“工业操作系统”。工业App是关键，通过使用和调用平台开发工具、微服务组件，形成面向特定行业和场景的数字化解决方案。

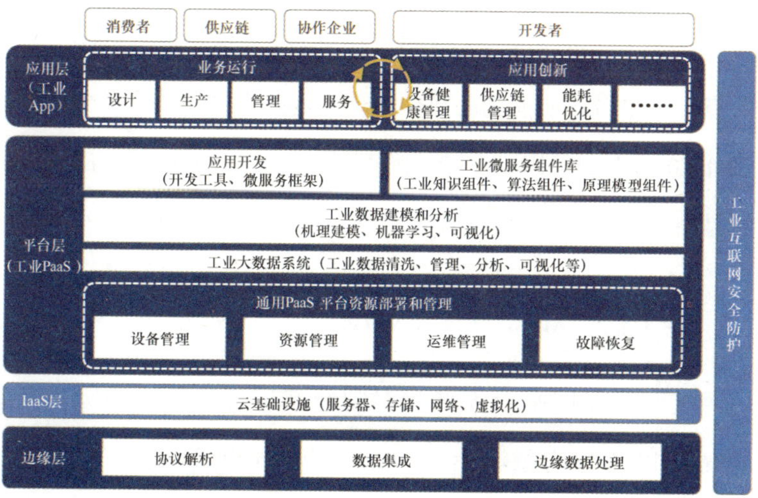

来源：中国信息通信研究院

图 2-14　工业互联网平台架构

说得形象一点，工业互联网平台是“两化”融合的“三明治”版。工业互联网平台是工业云平台的延伸发展，其本质是在传统云平台的基础上叠加物联网、大数据、人工智能等新兴技术，构建更精准、实时、高效的数据采集体系，建设包括存储、集成、访问、分析、管理功能的使能平台，实现工业技术、经验、知识模型化、软件化、复用化，以工业 App 的形式为企业制造各类创新应用，最终形成资源富集、多方参与、合作共赢、协同演进的制造业生态。

在工业互联网平台中，操作系统（工业 PaaS）是核心能力，应用服务（工业 App）是关键。中间层是当前领军企业布局的重点，是平台核心能力的集中体现，也是当前生态竞争的焦点，例如 GE、西门子以及我国的航天科工、三一重工、海尔集团等均是中间层的建设者。

3. 工业互联网平台的三大特征

工业互联网平台无疑将对制造系统带来一次重大升级，将传统以流程为核心驱动的制造模式转变为流程与数据共同驱动。通过对生产数据的实时感知、集成、分析与决策，实现对流程的动态优化，形成各类生产制造活动的智能化闭环。从工业互联网平台的关键作用来看，工业互联网平台主要有以下 3 个特性。

第一，工业互联网平台是新工业体系的“操作系统”。工业互联网平台向下对接海量的工业产品装备、业务系统以及生产能力，向上支撑工业智能化应用的快速开发与部署，自身是工业知识沉淀、复用、重构的重要载体，支撑构建了基于软件定义的高度灵活与智能的新工业体系。工业互联网平台连接的人、机、物的数量将远远大于微软 Windows、谷歌 Android 和苹果 iOS 所连接的人的数量，根据梅特卡夫定律，其带来的价值也将远远超过上述操作系统。

第二，工业互联网平台是基于公有云的制造业系统解决方案。制造业数字化、网络化、智能化解决方案的演进经历了本地部署、私有云和公有云 3 个阶段，体现了“两化”融合的不断深化和制造资源优化水平的不断提升。在资源优化的范围内，工业互联网平台泛在连接大型企业和量大面广的中小企业。“云上”资源沿着点、线、面方向不断拓展，通过跨企业、跨行业、跨领域的深度融合和高效协同，推动制造资源优化从单点走向局部、从局部走向全局。在资源优化的频率上，工业互联平台拥有强大的云计算存储和大数据计算能力，可推动企业实现制造资源的实时优化。

第三，工业互联网平台是制造业新生态竞争的核心。工业互联网平台具有显著的“马太效应”，当其工业App和用户达到一定规模、形成双边市场时，平台将会爆发式增长，形成“赢者通吃”的竞争局面。工业互联网平台具有显著的“替代效应”，能够极大地降低企业信息化部署的成本和难度，推动制造业走向体系重构、动力变革和范式迁移的新阶段。

工业互联网平台正步入规模化扩张的战略窗口期。构建基于工业互联网平台的制造业生态，是跨国企业巩固其在制造业领域综合垄断地位的共识，也是世界各国打造产业竞争新优势、抢占未来发展先机的关键途径。自国际金融危机以来，GE、西门子、博世等跨国企业围绕制造业数字化、网络化、智能化持续推进战略转型，通过一系列兼并重组、业务转型、模式创新，在不断提高装备智能化水平、加快软件云化迁移步伐、打造开源社区生态的基础上，GE、西门子分别推出了Predix、MindSphere平台，目前已完成测试验证。我国工业互联网平台的发展机遇稍纵即逝，为避免出现个人计算机、移动互联网平台被跨国企业垄断的局面，亟待加快构建中国工业互联网平台。全球正处在平台产业生态构建的关键窗口期，打造符合中国特色的工业互联网平台，时间紧迫，任务艰巨。

（二）不同主体的平台构建思路

目前，平台企业主要有以下四类：第一类是装备制造与自动化企业，从自身核心产品能力出发构建平台，强化在各自领域的主导地位，例如 GE、西门子、ABB、和利时等；第二类是领先的制造企业，将自身的数字化转型经验以平台为载体对外提供服务，向服务化转型以实现持续发展，例如三一重工的树根互联、海尔、航天科工等；第三类是工业软件企业，借助平台的数据汇聚与处理能力提升软件的性能，拓展服务边界，例如 PTC、SAP、Oracle、用友等；第四类是信息技术企业，发挥 IT 技术优势将已有平台向制造领域延伸，例如 IBM、微软、华为、思科等。平台厂商基本涵盖了目前与制造相关领域的服务，它们结合自身的优势从不同路径开展平台产业布局，推动了工业互联网平台在工业中的应用。

2013 年以来，工业互联网平台的理念和重要性逐渐被产业界重视，全球各类产业主体积极布局，推出一系列工业互联网平台产品，从平台数量上看，工业互联网平台已经进入全面爆发期。

国内企业也开始了工业互联网平台的探索实践。2017年，航天云网INDICS平台、三一根云平台、海尔COSMOPlat平台在工业互联网产业联盟正式发布。我国已有多家企业发展工业互联网平台相关产品，企业主体包含装备制造企业、自动化技术企业、信息通信企业、互联网企业、大数据服务商等。平台应用已涉及汽车、石化、航空航天、机械制造、家电、船舶、信息电子等关键工业领域。综合国内外平台来看，根据主体的不同，目前主要有四种类型的平台。工业互联网产业发展四大布局路径如图2-15所示。

1. 装备制造和自动化企业创新服务模式

装备制造和自动化企业凭借工业设备与经验的积累，依托工业互联网平台创新服务模式。装备制造和自动化企业在工业现场沉淀大量生产设备与工业系统，在几十年的创新探索中积累了丰富的工业知识和经验，这些企业正借助平台化布局，实现底层设备数据的采集与集成，以及工业知识的封装与复用，并以此为基础形成创新型服务模式。

来源：中国信息通信研究院

图 2-15　工业互联网产业发展四大布局路径

目前，这些企业在构建平台时主要采用两种方式。部分企业通过将现有工业应用向云端迁移，构建应用服务平台，实现应用的灵活部署与调用。例如，ABB利用微软的云基础设施，通过Ability平台提供资产性能管理、能耗评估、分布式能源管理、工厂建模与仿真等云端服务。与之类似的还有施耐德EcoStruxure平台、发那科FIELD System平台、和利时HiaCloud平台等。

部分企业则直接采用PaaS、微服务等新型架构搭建平台，为应用开发提供更好的能力支持，在提供自身平台服务的同时，着力打造繁荣的第三方应用创新生态。例如，GE基于开源PaaS架构Cloud Foundry构建Predix平台，并通过集成微服务架构等方式为应用开发者提供丰富的支持，实现智能应用的快速构建、测试和部署。三一重工依托其设备的管理经验和专注工业互联网平台建设的树根互联，基于开源Docker技术构建PaaS平台，具备灵活的应用开发及部署能力，可提供资产管理、预测性维护、产品全生命周期管理、产业链金融、模式创新等工业应用服务。

当前，国际装备和自动化企业是工业互联网平台推进的主力，这些工业企业挟工业软硬件所长，提供“产品+服务”，形成“国际品牌+高端产品+先进平台”的立体新优势。首先，通过平台为自己公司的高端用户提供服务，通过丰富、专业、智能、精准的应用服务，用户能获得更好的体验和收益，形成对产品更强的黏性，实现“使用用户的数据，为用户提供服务，赚取用户的钱”；其次，平台获取广大用户的海量运行数据，可形成对企业和行业发展的精准预测；再次，通过平台留住用户，用户的海量数据置于平台，且依赖平台的服务，用户将很难向其他平台迁移；最后，依托平台培育开放的开发者生态链，企业未来可能像苹果或谷歌那样通过 App 服务产生收益。装备制造和自动化企业平台布局路径如图 2-16 所示。

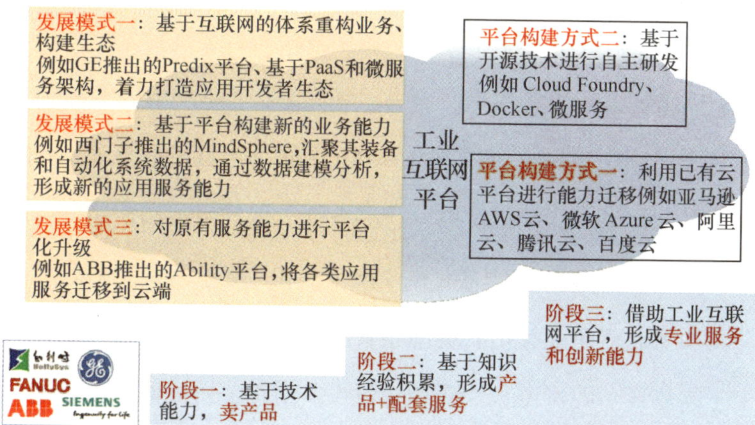

来源：中国信息通信研究院

图 2-16　装备制造和自动化企业平台布局路径

2. 领先的制造企业把经验转化为服务

领先的制造企业把数字化转型经验转化为服务能力，构建工业互联网平台实现服务升级。领先的制造企业以集成创新为主要模式，以构建应用创新生态为主要目的，围绕企业自身优势整合各类产业和技术要素构建平台，在平台产业体系中处于重要地位。领先的制造企业结合数字化转型过程中积累的经验，构建以服务能力为主导的平台，例如海尔的COSMOPlat平台和树根互联的根云平台等。

领先的制造企业的平台化服务已经形成了多种创新模式。部分消费品生产企业基于个性化定制生产模式构建平台，全面打通用户需求、设计资源与生产能力。领先制造企业平台布局路径如图2-17所示。例如，海尔的COSMOPlat平台将用户需求、产品订单、合作生产、原料供应、产品设计、生产组装和智能分析环节互联起来，进行实时通信和分析，以满足规模化定制需求。部分集团型制造企业凭借其资源整合经验，通过平台汇聚产业链的上下游各环节的资源，为企业提供供需对接、协同设计、制造协同等智能化应用。例如，航天云网INDICS平台汇聚超过100万家企业，并在此基础上提供供需对接、智能工厂改造、云制造、资源共享等服务，目前已为近千家行业用户提供线上服务。

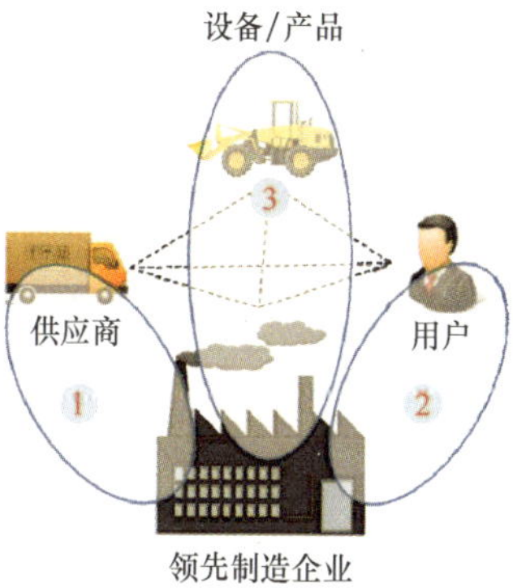

发展模式一：用平台打通产业链的上下游环节，形成资源优化配置应用
例如，航天云网在INDICS平台中汇聚各类产业资源，提供供需对接、智能工厂改造、资源共享等应用

发展模式二：用平台对接企业与用户，面向个性化定制模式打造解决方案
例如，海尔基于个性化定制模式经验打造COSMOPlat平台，帮助用户实现从需求到设计再到生产的全面打通

发展模式三：用平台连接智能化设备与产品，提供智能化服务
例如，树根互联基于三一重工的产品远程运维经验推出根云平台，帮助客户构建设备监控、故障诊断、预测维护等智能服务能力

来源：中国信息通信研究院

图 2-17　领先制造企业平台布局路径

3. 工业软件企业业务升级、能力提升

工业软件企业围绕自身业务的升级需求，借助工业互联网平台实现能力提升。工业软件企业通过布局工业互联网平台，全面获取生产现场数据和远程设备运行数据，并通过这些数据与软件的结合，提供更精准的决策支持，不断丰富软件功能。其中，管理软件企业依托平台实现从企业管理层到生产层的纵向数据集成，提升软件的智能精准分析能力。例如，SAP

HANA 平台实现对数据库建模、配置、监控、告警和管理的集成，在应用层实现 BI 分析。设计软件企业借助平台获取全生命周期数据，提升软件性能，形成基于“数字孪生”的创新应用。PTC ThingWorx 平台基于大量的设计模块，进行产品的研发设计，大幅缩短设计研发周期；同时，平台基于产品数字模型、增强现实开发环境和网络体验服务以及“数字孪生”服务，实现对产品生产的全生命周期管理。工业软件企业平台布局路径如图 2-18 所示。

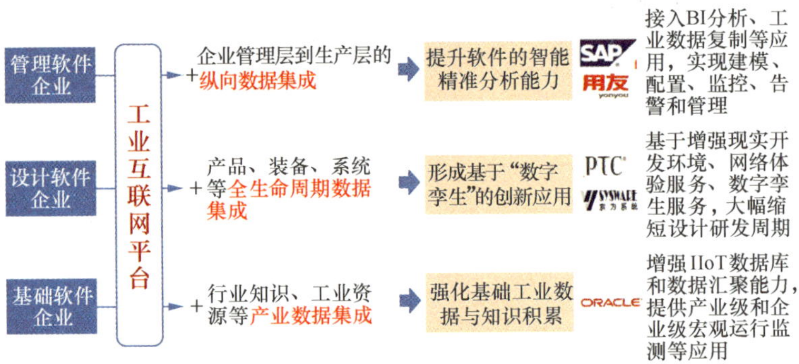

来源：中国信息通信研究院

图 2-18　工业软件企业平台布局路径

4. 信息技术企业实现服务领域延伸

信息技术企业发挥技术优势，通过与制造企业开展合作，将已有平台向制造领域延伸。微软、IBM、思科、华为等信息技术企业依托 IT 技术优势，已在全球部署各自的工业互联网平台，抢占线上与线下融合发展的主动权。IT 企业通过云平台提供云计算，物联网，大数据的基础性、通用性服务。其中有的企业侧重云服务的数据计算存储，例如微软的 Azure、IBM Bluemix、因特网的工业互联网平台等，也有的企业侧重物联网设备连接管理的平台，例如思科的 Jasper、华为的 OceanConnect 等。

信息技术企业还在其现有通用技术平台的基础上，不断丰富面向工业场景的应用服务能力，同时加强与制造企业的合作，实现平台的定制化集成和应用部署。云计算、大数据企业凭借运营及数据服务的能力，通过强化工业连接及工业分析构建平台，平台之间的合作不断加深，谋求双赢。信息技术企业平台布局路径如图 2-19 所示。例如，IBM Bluemix 平台与博世合作，在平台部署博世物联网套件服务，进而帮助 IBM 提升底层设备物联及数据采集能力，并基于数据实现高级设备管理服务和云计算软件更新。

除上述 4 种不同主体打造的平台外，部分领先互联网企业在云计算、大数据、物联网、人工智能等方面创新活跃，依托其在消费互联网领域积累的技术和人才优势，积极参与工业互联网平台的建设，并将这类平台的合作开发、部署运行与技术扩展作为各自的平台业务拓展的新方向，例如亚马逊、阿里巴巴、腾讯、百度等。亚马逊的 AWS 云及我国的阿里云、腾讯云等都已经开始了在工业领域的尝试。由于互联网企业在工业 Know-How 和专业技术方面的积累不足，互联网企业与制造企业合作成为普遍采取的策略，例如腾讯与三一重工合作打造三一根云平台。

来源：中国信息通信研究院

图 2-19　信息技术企业平台布局路径

装备制造和自动化企业平台的产品化起步较早，2013 年 GE 率先推出自己的产品，随后其他国际制造业企业纷纷加入，直到 2015 年，IT 企业才开始加入。平台解决方案提供商的技术和行业优劣势决定了其平台产品的优点和弱点。例如，GE 的 Predix 平台兼具平台层和边缘层功能，聚焦于工业领域；工业软件及信息技术和互联网企业推出的平台则聚焦 IT/OT 层功能，与制造企业合作，提供多行业的大数据解决方案；而应用服务类企业则专注于应用层，主要提供各领域的服务应用及第三方开发。

有制造业基因的装备和自动化企业、领先制造企业平台的主角大部分来自发达国家。例如，博世“慧连制造”解决方案和西门子“数字工厂”解决方案、美国 GE 的工业互联网和炫工厂、日本三菱电机的 e-F@ctory 方案。与这些企业相比，工业软件、信息技术和互联网行业的平台方案通常显得不够完善，互联网行业平台参与者的这一特点更为突出。

（三）国内外平台发展竞争态势

作为工业互联网三大要素，工业互联网平台是全要素连接的枢纽，是工业资源配置的核心，正成为领军企业竞争的新赛道、产业布局的新方向、制造大国竞争的新焦点。目前，我国各类平台架构已基本完善，各类平台产品正快速发展，但与国外领先的平台相比，我国的平台等仍然存在一定差距。

1. 国际：两强多极格局渐成，产业竞争日趋加剧

工业互联网平台的理念和重要性逐渐被产业界认识，全球范围内出现一系列工业互联网平台产品。自 2012 年 GE 提出工业互联网的概念，工业互联网平台市场在数量、行业、地区等

各个维度上的规模不断扩大，展现了巨大的发展潜力。

数量稳定增长。工业互联网平台市场具有良好的市场前景，吸引了越来越多企业的关注，平台竞争将日趋激烈。目前，国内外工业互联网平台应用主要分布于家居、销售、车辆、工业制造、智慧城市、能源等多个领域。

发展区域涉及全球。有代表性的工业互联网平台的企业分布于全球40个国家。德国有西门子MindSphere、SAP HANA等平台，日本有发那科FIELD System等平台，荷兰有施耐德EcoStruxure等平台，瑞士有ABB公司的ABB Ability平台。美国工业互联网平台发展较早，美国工业互联网发展已经取得初步成效，并成为带动经济复苏、拉动就业增长的重要力量。目前中国已有航天云网INDICS平台、海尔COSMOPlat等相关产业平台。

实现功能聚焦业务。各个国家提出的智能制造战略产生了大量工业/制造业的新需求，为工业互联网平台市场规模的迅速扩展提供了强大驱动力。绝大部分工业互联网平台将工业App的应用作为业务的核心，例如计划和物流、互联产品、智能环境、现场人力管理、工业分析、资产绩效管理、运营优化等方面的具体业务的实现。以业务实现为驱动是工业互联网平台发展的主要趋势。

当前，国际、国内工业互联网平台的发展已经度过了萌芽期，正在进入竞争局势更加复杂、发展路径更多元的成长期，平台应用初具规模，开发者数量不断增加，基于工业互联网平台的制造业生态体系正在形成。从总体上讲，两强多极的格局初步形成，美国与德国在平台建设方面处于领先地位，通过各自领先企业的布局引领全球工业互联网建设的方向。以 SAP HANA、微软 Azure、IBM Bluemix、PTC ThingWorx 等平台为代表的多个平台阵营已经出现，平台之间的相互合作不断加深。GE Predix 平台在 2016 年部署于微软 Azure 平台，得到微软在云服务基础架构、人工智能、高级数据可视化等方面的支撑。西门子 MindSphere 平台基于 SAP HANA 设计和开发，也部署于微软 Azure 平台，近期又与 IBM 合作引入了 Watson 人工智能技术。

工业互联网平台呈现 IaaS 寡头垄断，PaaS 以专业性为基础拓展通用性，SaaS 专注于专业纵深的发展态势。

第一，综合型工业互联网平台企业 GE 和西门子进入战术调整期。2017 年下半年，GE、西门子纷纷着手业务重组，不同程度地出售资产和裁减人员，引来外界纷纷讨论其工业互联网战略是否有变，但实质上两者是通过聚焦核心业务，进一步强化工业互联网平台的核心功能。例如，GE 不惜暂停 Predix 业务以修正升级其编程语言不兼容、代码转化等问题，随后又宣布与苹果公司共同打造移动端工业互联网生态，显示出GE推动Predix平台的落地和加快“产出”的决心；西门子也与亚马逊和微软进行合作，推出MindSphere 3.0版本，以求强化第三方开发能力和工业应用服务能力。

第二，行业型工业互联网平台企业ABB、罗克韦尔、施耐德等加速布局。ABB Ability平台目前已拥有180种行业解决方案，罗克韦尔Scio平台可在边缘、厂内、云端等企业的各个层面提供分析能力，施耐德EcoStruxure平台背后有4000多家工业系统集成商将行业知识转变为应用App。与GE和西门子以公有云部署方式构建开放工业PaaS平台，试图抢夺未来工业操作系统的主导权相比，ABB、罗克韦尔、施耐德等企业则在部署方式上更加灵活，可以采用私有云、公有云、混合云等多种方式为用户提供服务。

第三，中小初创企业成为工业互联网平台的生力军，资本市场对其估值普遍较高。初创企业Uptake提供面向建筑、航空、工程机械等行业的分析与预测服务平台。C3 IoT则构建了提供预测性维护、能源管理、网络传感器健康检查等应用服务的开发平台，接入设备超过7000万台。

各方积极提供工业互联网服务，初步形成了以平台提供商为核心，以应用创新与生态构建为主要方向，多方共同参与的产业体系。工业互联网平台相关产业生态如图 2–20 所示。

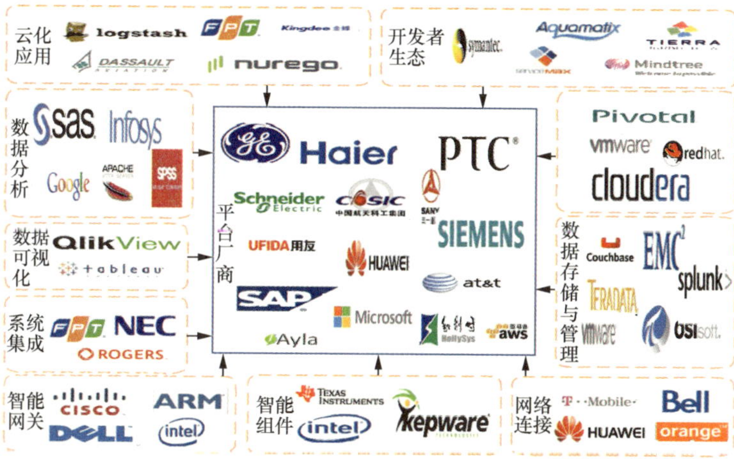

来源：中国信息通信研究院

图 2-20　工业互联网平台相关产业生态

软件提供商和第三方开发者成为应用创新的主力军。工业互联网平台积极打造开发者社区，吸引第三方开发者入驻，例如，GE Predix 平台用于创建工业 App 的基础服务和分析工具超过 160 种，西门子借助 2017 年秋季推出的全球性初创企业计划（MindSphere Rocket Club），培育基于 MindSphere 平台的工业 App 和微服务开发者队伍，工业互联网平台上的工业 App 已经超过 50 种。

附：国际工业互联网平台代表介绍

案例1：GE Predix平台

企业及平台基本情况

GE拥有8个业务集团和9个全球研发中心，业务遍及全球180多个国家和地区，拥有30多万名员工，占据全球40%航空发动机、50%燃气轮机、20%影像诊断设备的市场份额。近年来，GE通过一系列收购强化软件能力，全面布局数字化，将数字技术与其在航空、能源、医疗、交通等领域的专业优势相结合，向工业互联网公司转型。作为工业互联网联盟的发起者之一，GE最早在工业互联网平台领域进行实践。GE首席数字官比尔·鲁赫表示："数字技术和开源软件已经极大地改变了消费领域，但工业领域采纳这些创新的步伐依然缓慢。现在正是抓住这个机会的最好时机，利用Predix平台广泛开发应用，推动工业领域的转型。工业领域转型的价值将远远高于消费领域。"

Predix平台是GE在2013年推出的工业互联网平台产品，其主要功能是将各类数据按照统一的标准进行规范化梳理，并提供随时调取和分析的能力。Predix平台架构示意如图2-21所示。

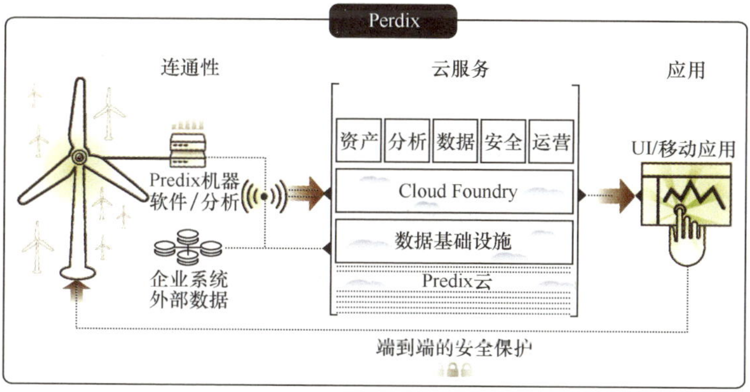

来源：GE

图 2-21　Predix 平台架构示意

2014 年 10 月，GE 宣布向外部企业开放 Predix 软件，2015 年对外推出 Predix2.0，目前已在全球建成 4 个云计算中心（北美 2 个，英国、日本各 1 个），每天监测和分析来自全球部署的 1000 万个传感器中的 5000 万项数据。Predix 平台的开发者数量已超过 5 万，有 300 个合作伙伴，用于创建工业 App 的基础服务和分析工具超过 160 种，其中超过 90% 的基础服务和分析工具是由统计分析软件商（SAS）、开源消息代理商（RabbitMQ）、移动通信设备商（ERICSSON）等第三方开发的。GE 以航空发动机、医疗设备等领域的资产管理、预测性维护应用为基础，基于 Predix 平台开发部署了计划和物流、互联产品、智能环境、现场人力管理、工业分析、资产绩效管理、运营优化七大类工业 App，预计到 2020 年年底，工业 App 总量将达到 50 万。

GE 通过并购和鼓励第三方开发者参与的方式，已经为工业互联网平台开发了石油、风电等领域的数据库和提升了数据分析能力，成为全球工业互联网的标杆企业，数字业务累计投入 40 亿美元，初步构建了工业互联网平台及创新解决方案的生态圈。

第一，打造了工业互联网平台的全球标杆 Predix。在现场，GE 将数据采集转换模块 Predix Machine 部署在传感器、控制器和网关上，对航空发动机、燃气轮机、风机等各类设备的数据进行采集转发。在云端，GE 打造了工业 PaaS 平台 Predix，支持通用开发框架，并提供开发工具、机理模型、微服务组件，帮助开发人员快速开发并部署工业 App。截至 2017 年年底，GE Predix 平台能够提供 300 多项设备模型和 150 余种分析模型，成为当前功能最强、应用最广的全球性工业互联网平台。

第二，通过收购与合作等方式构建起完整的提供解决方案

的能力。近年来，GE 先后收购了一批工业软件企业，强化工业 App 的创新能力，与亚马逊、微软等云服务企业合作实现公有云部署，与大数据服务商 SAS、ThetaRay 合作集成大数据分析功能，与 ERICSSON 合作获得平台数据安全功能，与 Logstash、Nurego 等公司合作实现平台系统管理，逐步构建完整的工业互联网平台服务体系。

第三，打造开发者社区，开发部署各类创新工业 App。GE 在 Predix 上构建了 Predix.io 开发者社区，提供数据管理、数据分析、工业知识、安全等超过 160 种工业 App 创建基础服务和分析工具，目前已开发了涵盖航空、风机、装备等领域的一批工业 App，构建具备较强持续创新能力的生态体系。Predix 起初是一个 PaaS 平台，但是随着 GE 对其不断完善，现在已经超越了平台的概念。

未来计划

Predix 作为 GE 发展数字化工业、树立工业互联网平台领域标准的关键抓手，未来将围绕平台产品积极构建产业生态，使 Predix 平台像 Andriod 系统一样成为工业互联网领域的操作系统。

GE 把工业互联网作为“下一个战场”，并将目标定为国际十大软件公司。Predix 将吸引大批软件开发者加入，大量新的工业 App 将不断涌现。GE 将重点培育一批基于 Predix 平台的开发者，打造更多的专属或通用的工业互联网应用，加快构建工业微服务市场，并通过开发者计划，鼓励初创公司基于 Predix 平台开发各类微服务。目前，GE 已在中国推出开发者试用计划，提供 Predix 的基础服务、微服务模块和开发工具。GE 将加快平台在全球范围内的推广，特别是针对高端复杂装备的平台服务应用，进一步积累用户数据和经验模型，继续强化平台微服务组件库，开发上层的工业 App。Predix 将软件开发者带入机器的世界，进一步让数字技术与工业生产力相结合，由此，GE 打造的新型数字化工业生态圈正式形成。

案例 2：西门子 MindSphere 平台

企业及平台基本情况

西门子总部位于德国慕尼黑市，主要业务集中在工业、能源、医疗、基础设施与城市四大领域。

早在 2000 年，西门子就开始推动基于 Profinet 的工业自动化系统产品整合，推出涵盖自动化控制、生产运营管理与企业资源协同的工业数字化整体解决方案 TIA。2009 年以来，西门子陆续收购 LMS、Innotec、Vistagy、IBS、VRcontext 等企业，整合提升仿真与测试系统、过程工业软件、3D 可视化等软件能力，打造全新的基于平台的集成解决方案。2016 年，西门子在德国汉诺威工业博览会上正式发布了 MindSphere，成为继 GE Predix 之后最具影响力的工业互联网平台。目前，西门子已经成为全球工业互联网的标杆企业，构建了工业互联网平台及解决方案的生态圈。其特点体现为以下 4 个方面。

第一，终端产品优势明显，平台连接规模领先。西门子依托工业设备、工业自动化产品的市场优势，加快推动工业终端数据的平台接入。

第二，行业机理模型积累深厚，平台核心功能完善。西门子通过一系列收并购和设立研发中心，在全球打造了 40000 人规模的平台及解决方案研发团队，专业涵盖软件开发、数据科学和工业工程等领域，不断将电气、自动化行业经验转化为机理模型与微服务，强化平台操作系统的能力。

第三，探索构建开发者社区，平台生态体系逐步形成。为强化解决方案的创新能力，西门子于2017年推出了全球性初创企业计划“MindSphere Rocket Club”，加快培育开发者生态，提升平台生态化竞争能力。

第四，强化与中国企业的合作，加快国际拓展。自2014年签署《中德合作行动纲要》以来，西门子作为德国的代表性企业，围绕工业4.0、工业互联网平台不断深化与中国企业的合作，取得了一系列成果。例如，西门子与宝钢合作开展基于云技术的虚拟远程运维平台及标准研究，打造“工业4.0”钢铁行业标杆；与航天科工集团签署战略合作协议，建设基于工业云平台面的工业生态系统；与青岛中德生态园合作成立西门子（青岛）创新中心，打造全国智能制造示范区；在成都高新技术产业开发区建立了西门子在中国首个专注于MindSphere的研发中心。

未来计划

西门子依靠自身多年积累的工业经验并与ICT企业合作，丰富平台功能，通过其在可编程逻辑控制器（Programmable Logic Controller，PLC）、工业以太网的强大优势提供实时、安全的数据采集解决方案，并依托合作企业扩展提供的服务，例如 SAP 为 MindSphere 提供数据库集群以及数据安全服务，IBM 提供大数据分析服务。MindSphere 旨在打造一个开放的生态系统，工业企业可将其作为数字化服务（预防性维护、能源数据管理、工厂资源优化）的基础，其目标用户群是那些希望利用自身的数据形成差别优势或希望进入数据驱动新型商业模式的 OEM 厂商（代理商和工程应用厂商）和想通过自身 IT 优势涉足工业领域的软件开发服务商。

2. 国内：平台产品不断涌现，创新应用加速推广

目前，我国推动了一批面向垂直行业和细分领域的平台企业和初创企业开发出新型工业 App 并实现商用。中小企业也加快了上平台、用平台的步伐。工业互联网平台操作系统的 PaaS 仍是各类企业布局和竞争的焦点，强化 PaaS 能力成为企业的共同选择。我国工业互联网平台的加速布局呈现出以下五大特点。

第一，不同领域、不同行业主体加快平台布局，市场呈现百花齐放的平台发展格局。一批起步较早的平台企业进一

步强化平台能力，例如航天云网、海尔、树根互联等对标GE、西门子，不断提升平台设备的接入水平，促进工业App创新。一批信息化水平高的制造企业纷纷着手打造行业平台，例如电子制造行业的富士康Beacon、家电制造行业的美云智数MeiCloud、钢铁行业的东方国信BIOP、船舶行业的中船工业船海智云等。一批信息通信技术企业推出了共同使能平台，例如中国电信、中国移动等电信运营商推出翼联平台和OneNET平台；阿里巴巴、腾讯、京东、金山等互联网企业推出工业ET大脑、腾讯云、京东云、金山云；浪潮、华为等IT企业推出M81平台、OceanConnect平台；用友等软件企业推出业务协同精智平台。一批初创企业打造专业数据分析和特色IT技术平台，例如寄云科技、普奥、云道智造等初创企业推出NeuSeer、ProudThink、IBE Simdroid等平台，在微服务应用开发、工业数据分析、产品设计仿真、设备模型交易等特色技术能力及服务方面表现不俗。

第二，同业竞争与跨界合作情况并存，行业深耕与跨领域布局策略并举。工业互联网平台市场竞争与合作并存，在同业竞争方面，部分同一行业的领军企业各自构建平台，想占据更多的行业资源，例如家电行业的海尔 COSMOPlat 与美的 MeiCloud，工程机械行业的树根互联的根云与徐工集团的 Xrea，钢铁行业的东方国信与宝信等。在跨界合作方面，制造企业与信息通信企业有着天然的优势互补性，强强联合成为共同选择，例如阿里巴巴为徐工集团 Xrea 平台提供云基础设施；华为助力中船工业集团船海智云平台进行底层设备的连接管理。部分深耕行业的平台企业，不断强化知识和经验的积累，并将其转化为行业特定场景的平台应用，例如富士康举办集团工业互联网竞赛，在模具、贴片、机加工等领域积累与沉淀制造工艺知识，开发特定场景平台工业 App；东方国信不断扩充高炉、炼化设备的机理模型，提升平台的核心能力。部分平台企业基于开源的技术优势，希望打破行业的知识壁垒，实现跨行业、跨领域发展，例如航天云网、树根互联、阿里巴巴等均不希望将平台局限在某一行业，均努力提升平台跨行业、跨领域知识的积累沉淀和应用创新能力。

第三，国有企业优势独特、潜力巨大，虽有较好的实践案例但宣传较少。我国国有企业具有大局意识强、执行政策力强的独特优势，并且在过去几年的“两化”融合工作中奠定了良好的数字化、网络化基础，有利于工业互联网平台的建设和推广。除航天科工、中石化、中船工业之外，部分国有企业也已在平台建设应用方面走在了前列。例如，国家电网青海公司围绕新能源大数据创新建设平台，接入10家企业129座电站，通过挖掘能源网负荷数据的价值，实现降本增效和节能降耗；中航工业集团围绕供应链采购和物流服务建设平台，接入了下属19家子公司及35个国家的60个海外机构，支撑数十万个零部件的采购与仓储运输。

第四，地方政府和产业联盟积极推动工业互联网平台的发展。广东、上海、浙江、山东等各地政府纷纷出台政策，加大对企业上平台、用平台的支持力度，打造平台应用的良好环境。广东省通过省、市、区三级联动建设区域示范，成功引进阿里巴巴、树根互联、航天云网等平台企业落户，并于2017年11月首先提出“工业互联网产业生态供给资源池”，首批发布60家优秀工业互联网供应商，平台供应商成为重点被推荐的对象。工业互联网产业联盟专门成立工业互联网平台特设组，组织编写并发布工业互联网平台白皮书，并利用会议演讲、专栏解读、网络培训等多种方式进行宣传推广活动，引发业界关注。

第五，资本市场为工业互联网平台的发展提供有益助力。 工业互联网发展受到资本青睐，平台成为热门投资的领域。2017 年 12 月，“中国制造业双创联盟工业互联网产业基金”成立，目标规模 100 亿元人民币，工业互联网平台是其重要的投资方向。树根互联宣布完成数亿元首轮融资，引入国投创新、经纬创投等战略投资人，加速在资本市场上的布局。富士康工业互联网公司成功上市的第一天，一跃成为 A 股市场第一科技股。

从总体来看，全球工业互联网平台正处于格局未定的关键期、规模扩张的窗口期、抢占主导权的机遇期。我国拥有完备的工业体系、创新的互联网生态、庞大的专业人才队伍，蕴含超大规模的工业互联网应用市场需求，具备加快建设工业互联网平台的基础和优势。我国应发挥体制和机制的优势，充分调动各方资源，突破一批平台的核心短板，以大规模应用推动技术、产业在快速迭代中不断完善，打造具有国际竞争力的工业互联网平台。

附：国内工业互联网平台代表介绍

案例1：supET平台

企业及平台基本情况

阿里巴巴和浙江中控联合推出的supET工业大脑平台依托于阿里云大数据平台以及浙江中控自动化基础，建立了产品全生命周期的数据治理体系。该平台通过大数据技术、人工智能技术与工业领域知识的结合，实现工业数据建模分析，有效改善生产优良率，优化工艺参数，提高设备的利用率，减少生产能耗，提升设备的预测性维护能力。从2016年开始，supET平台已在光伏、橡胶、液晶屏、芯片、能源、化工等多个工业垂直领域得到应用，涌现出一批成功案例。

平台架构

supET平台包含数据舱、应用舱和指挥舱三大模块，分别实现数据知识图谱的构建、业务智能算法平台的构建以及生产可视化平台的构建。supET工业大脑平台架构如图2-22所示。

supET平台以云计算、大数据和智能算法为基础，建立起包括产品数据、工艺数据、生产过程数据、在线监测数据、使用过程数据等在内的产品全生命周期的数据治理体系，并基于类脑神经元网络物理架构及模糊认知反演理论，围绕供、研、产、销、能、环六大环节打造不同专题领域的数据知识图谱及智能算法库，有效追溯产生产品质量问题的原因、生产低效的原因、能源高消耗的原因等，并实时自动调优相应的生产过程参数，从而持续提升生产过程的质量、效率及能耗的保障能力，最终实现智能化制造。

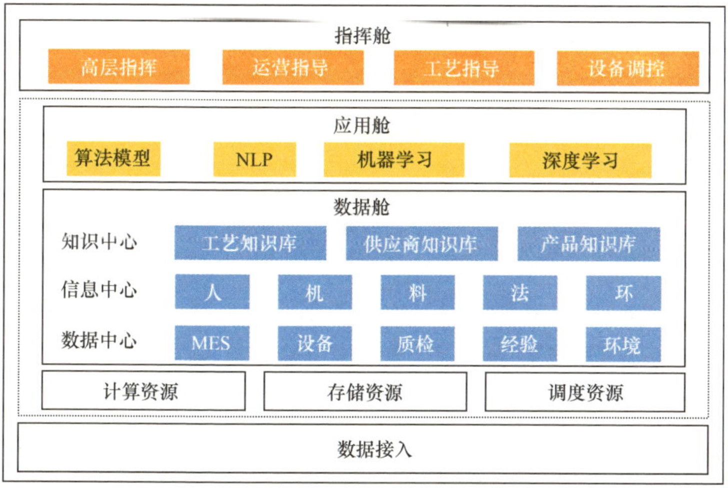

来源：阿里巴巴

图 2-22　supET 工业大脑平台架构

目前，supET 工业大脑平台已成功应用于不同发展阶段的工业企业。部分成功案例及典型用户，包括中国首家突破年产万吨多晶硅产能和产量的企业——协鑫光伏，提升了 1% 的切片良品率，每年节省上亿元成本；中国最大的轮胎生产企业——中策橡胶，通过优化密炼工艺，门尼值标准差降低14%（密炼工艺关键参数），密炼时长减少10%，密炼温度降低6%，大幅降低密炼能耗和次品率；新能源电场领先运营商——盾安风电，提前1～2周就能识别风机的潜在故障，大幅降低维修成本，缩短维修时间，有效保障了生产的连续性。

未来计划

未来，基于阿里云的公共云计算平台，阿里巴巴将做好旗下各大工业互联网产品、服务的整合，形成统一的业务界面和品牌；加快业务模式创新步伐，开展工业AR等新技术的探索，尝试2B+2C业务的综合打法；继续做好并推动“企业上云”工作，全力支持和帮助工业企业上云。

案例2：东方国信Cloudiip平台

企业及平台基本情况

东方国信成立于1997年，是专注于大数据核心技术研发的高科技上市公司，目前东方国信拥有6000人的研发及服务团队。

东方国信以“大数据+”为战略，以领先的大数据产品及解决方案，服务于通信、金融、工业、智慧城市、公共安全、农业、医疗、媒体、大数据运营等十余个业务板块。通过自主研发，东方国信打造了面向大数据采集、汇聚、处理、存储、分析、挖掘、应用、管控等全流程一体化的大数据整体解决方案。

东方国信把工业互联网作为重要的战略发展方向，凭借深厚的大数据技术积累和行业沉淀，其自主研发的跨行业、跨领域的综合性工业互联网平台 Cloudiip 已发展成为国内领先的工业互联网平台之一。Cloudiip 面对生产制造全过程的研发、生产、管理、服务的各个环节，开发了上千个云化软件和工业 App，并进一步汇聚全球数千名活跃开发者，初步建成了资源富集、开放共享、创新活跃、高效协同的工业互联网平台生态。

针对不同行业的业务痛点，东方国信以 Cloudiip 为基础，提供有针对性的解决方案，平台用户包括中航工业、中国中车、中钢集团、中国石化、国家电网、联合利华等。

平台架构及关键要素

Cloudiip 是基于软硬件相结合的端到端工业大数据解决方案，包含边缘层、IaaS 层、工业 PaaS 层以及工业 SaaS 层共 4 层体系架构。东方国信 Cloud iip 平台架构如图 2-23 所示。

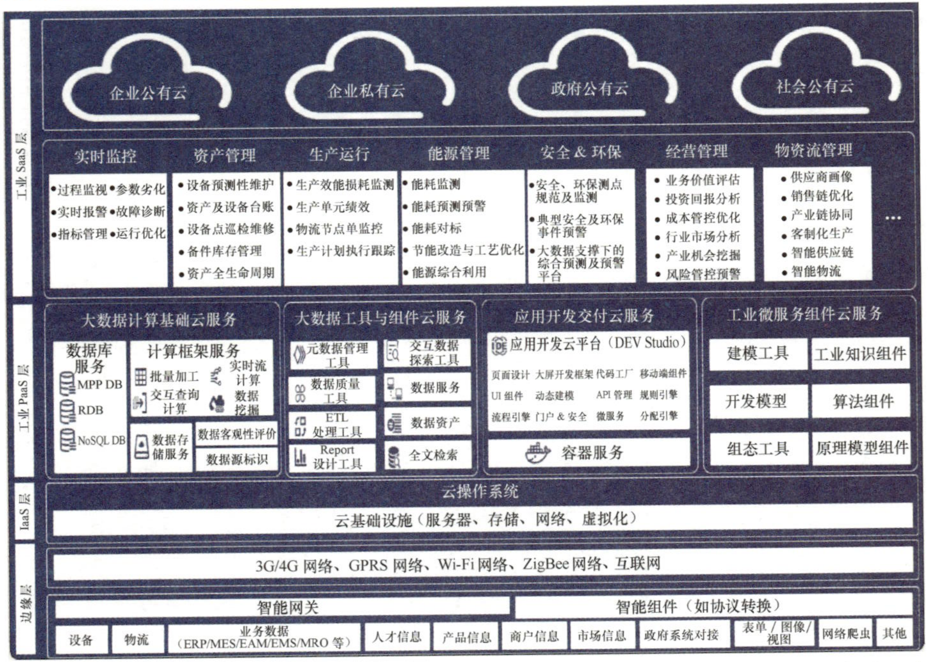

来源：东方国信

图2-23 东方国信Cloudiip平台架构

边缘层：从边缘侧采集设备向由边缘盒子、边缘服务器、边缘云组成的多维智慧边缘演变，提供支持上百种协议的采集能力，通过智能网关或工控机实现边缘层数据采集、配置、存储、分析、决策等多种能力，以自主研发边缘计算引擎为核心实现数十种边缘计算模型、百余种边缘智能模型以及与云端互联互通。

IaaS 层：在 IaaS 层，东方国信自研的数据中心操作系统 BDOS，可提供基础资源管理、监控分析、应用自动部署、控制台管理四大核心能力，实现了混合集成管理，屏蔽了底层资源的差异性，实现了面向多租户、完整公有 / 私有云的架构，满足以 DevOps 应用持续集成、持续开发和生产环境的运营支撑。

工业 PaaS 层：PaaS-D 工业大数据平台，以自研的 X-Cloud 数据库和数据治理平台 BDG 为底层的数据服务环境，整合关系数据库、实时内存数据库和文本数据库构建的大数据 + 云应用体系，提供工业大数据的存储、管理、计算、分析和服务能力。

工业 PaaS 层：提供支持传统工业软件快速云化的动态模型引擎、流程引擎、动态表单工具、开发平台与 IDE 插件，以及支持构建新型工业 App 的强化分析建模工具 NBLAB、基于多语言跨平台的微服务开发框架、数字孪生建模、云仿真引擎、有限元分析引擎与 TensorFlow 分析引擎，将工业领域积累的专业技术与知识经验模型化、组件化、微服务化，为工业应用软件开发提供基础平台。

工业 SaaS 层：提供云化工业软件和新型工业 App，围绕设备管理优化、研发设计优化、运营管理优化、生产执行优化、产品全生命周期管理优化、供应链协同优化等工业应用场景，构建了面向炼铁、轨道交通、能源管理等 20 个行业或领域的云平台。

成效及未来计划

东方国信工业互联网平台 Cloudiip，已在 2172 家工业企业成功应用，带动重点行业设备利用率提升 10% 以上，设备能耗降低 3% 以上，产品维护和服务成本降低 50% 以上，取得卓越的成效，积累了一些高质量的平台应用成功案例。

东方国信未来将持续加大投入，完善和升级 Cloudiip 工业互联网平台，打造技术先进、功能完善、兼容适配、安全可靠的工业操作系统。东方国信拟用 3 年时间建成国际领先的开发者社区，培育 50000 名第三方开发者，开发 10 万款工业 App，推动 10 万家工业企业和 500 万台工业设备上云，构建海量工业 App 和海量用户互促共进、双向迭代的良好生态，培育工业 App 和微服务交易、解决方案服务交易、数据增值服务交易、制造能力交易等商业模式，助推我国工业互联网快速发展。

案例 3：浪潮云平台

企业及平台基本情况

浪潮软件集团有限公司（以下简称浪潮）是国内领先的云计算、大数据服务提供商，主营业务包括云计算、大数据、智慧城市、智慧企业等，拥有一支近万人的专业技术队伍。浪潮先后通过了云主机、用户数据保护能力等 10 多项可信云认证和 CSA C-STAR 云计算安全评估认证。

目前，浪潮云工业互联网平台已具备“云服务平台支撑能力、企业信息化服务能力、先进制造业的模式经验”三大核心能力，覆盖九大行业、7 个领域。同时，浪潮依托全国七大公有云节点和 50 多个边缘云节点的优势，为全国企业用户提供各类云上服务。浪潮云工业互联网平台致力于构建一个安全、稳定、共享及高度适应且可扩展的云端资源能力集，打造工业互联网服务生态系统，服务于我国制造业的转型升级。

平台架构

浪潮云工业互联网平台采用开放的技术路线建设，基于Openstack、Kubernetes、Hadoop、OpenTSDB等开源技术框架，进行集群化统一管理、优化设计而成，此技术架构目前已经在浪潮公有云上进行了大规模的应用实践。浪潮云工业互联网平台包含边缘层、IaaS层、通用PaaS层、工业PaaS层和SaaS层5个部分。浪潮云工业互联网平台总体框架如图2-24所示。

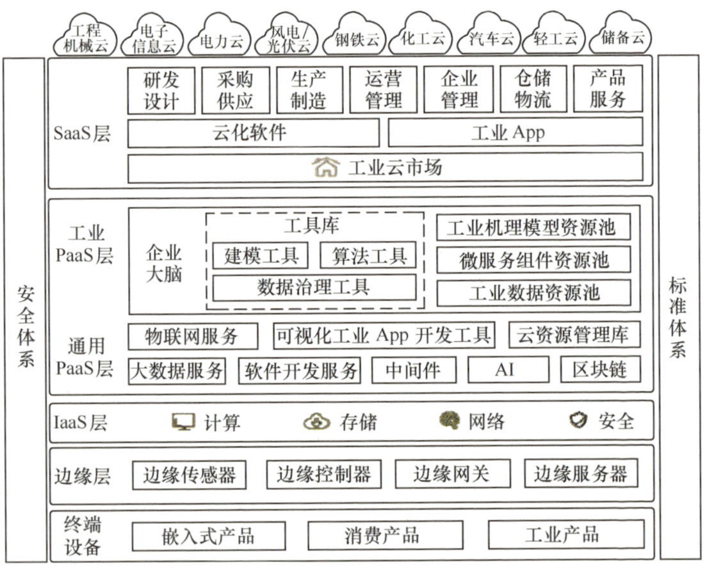

来源：浪潮

图2-24　浪潮云工业互联网平台总体框架

边缘层：连接终端设备与云，提供实时计算、远程控制、数据缓冲、数据解析、初步分析等功能，包含边缘传感器、边缘控制器、边缘网关和边缘服务器相关产品及面向各个领域场景的解决方案。

IaaS 层：通过浪潮七大核心公有云计算节点和 50 多个地市边缘云计算节点，提供了完善的云基础设施服务能力，涵盖计算、存储、网络、安全等 IaaS 服务，根据用户需求能够支持公有云、私有云和混合云 3 种不同的应用模式。

通用 PaaS 层：提供云计算、大数据、应用开发、中间件、人工智能、区块链等基础 PaaS 服务能力。此外，还提供了面向工业设备连接的物联网服务、可视化工业 App 开发服务及基于区块链技术构建的云资源管理库。

工业 PaaS 层：通过浪潮企业大脑产品，面向各个行业和领域提供以数据为核心的工业数据服务、机理模型服务和业务微服务。

SaaS 层：通过构建开放的应用商店，面向各个行业和领域提供传统云化应用和新型轻量化工业 App。

未来计划

未来，浪潮将打造一个覆盖九大行业、7 个领域的工业互联网平台，通过合作运营平台等形式，将数据资源、制造工具、制造资源、工业知识、工业 App 等资源在云端汇聚，将工业企业、信息通信企业、互联网企业、第三方开发者等主体在云端集聚，通过开放共享机制，形成社会化的协同生产方式和组织模式，赋能工业企业数字化转型。

案例 4：海尔 COSMOPlat 平台

企业及平台基本情况

海尔集团从 2005 年开始探索“人单合一”模式，探索建设“黑灯”工厂。2012 年，海尔开始建设互联网工厂，从大规模制造向大规模定制转型，变产销分离为产销合一，形成了智能制造模式创新的实践路径。在转型过程中，海尔自主创新，于 2015 年正式推出了具有自主知识产权的工业互联网平台 COSMOPlat。

COSMOPlat 是全球首家引入用户全流程参与体验的工业互联网平台，是“人单合一”的落地承载平台，也是物联网范式下以用户为中心的共创、共赢的多边平台。COSMOPlat 平台以用户体验为中心，为企业提供面向智能制造转型升级的大规模定制整体解决方案，从用户交互到体验迭代再到终身用户，全流程、全体系地颠覆了传统的大规模制造模式，实现向大规模定制模式转型并让定制不断优化升级，最终构建涵盖企业、用户、资源等全要素的共创、共赢的新型工业生态体系。COSMOPlat 新工业生态体系如图 2-25 所示。

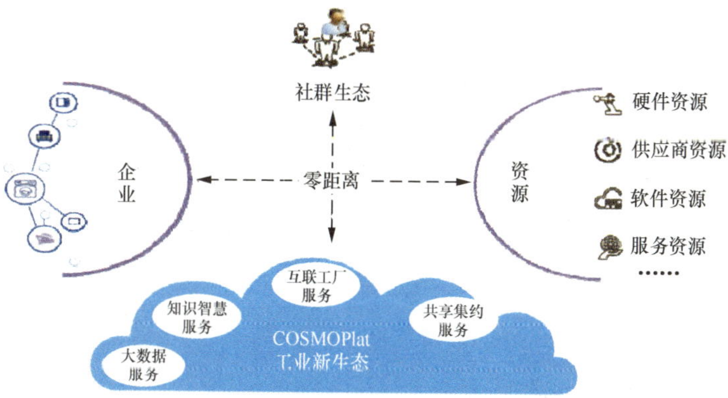

来源：海尔集团

图 2-25　COSMOPlat 新工业生态体系

COSMOPlat 平台具备全周期、全流程和全生态三大特征。

全周期：产品由电器变成了网器，从提供工业产品到提供美好生活的服务方案，实现了从产品周期到用户全生命周期的延伸。企业与消费者的关系，由传统一次性交易的用户到持续交互的终身用户，解决了企业的边际效应递减的问题。

全流程：将低效的串联流程转变为以用户为中心的并联流

程，以互联工厂为载体解决了大规模制造和个性化定制的矛盾，实现了大规模制造到大规模定制的转型。

全生态：这不是一个封闭的体系，而是一个开放的平台，平台上的每家企业、资源方和用户都可以在平台上共创、共赢、共享。COSMOPlat 开放共享、共创、共赢生态体系如图 2-26 所示。

图 2-26　COSMOPlat 开放共享、共创、共赢生态体系

平台架构

COSMOPlat 分为应用层、平台层、IaaS 层和边缘层 4 层架构，并全线贯穿平台运维管理和平台安全防护能力。技术核心是以软件服务为内核、互联网架构为基础的共生技术能力与技术套件。形成二者可以相互操作、相互调用的服务套件，包括基于用户体验、大数据分析、生态社群、物联网和企业信息系统 5

个互联互通子平台支撑的体系。COSMOPlat 平台采用 TOGAF 架构框架方法：将业务战略、目标、需求等通过 4 个架构（业务、应用功能、信息数据和技术）转化成应用软件程序和系统。COSMOPlat 工业互联网平台总体架构如图 2-27 所示。

COSMOPlat 具有网络化、数字化和智能化全流程、全场景的服务能力，体现为“三赋”。

赋能：提质增效，提供增值服务。为设备商、智能工厂和用户（连接智能网器）提供连接、质量、能源、协同等 8 类转型升级服务，提质增效，加速企业融通发展。

赋值：优化资源配置，促进网络协同。打造产业平台，优化资源配置，推进产业新旧动能的转换，重构产业价值链，创造行业价值。

赋智：模式转型，定制美好生活。提供智慧家庭解决方案，为用户定制美好生活，帮助企业重塑业务模式、商业模式，打造高质量发展的核心竞争力。

成效及未来计划

COSMOPlat 工业互联网平台自应用推广以来，在海尔内部的实践已经取得了明显的效果。通过 COSMOPlat，海尔构建了全球领先的八大互联网工厂，实现了大规模定制的转型。在效率提升方面，

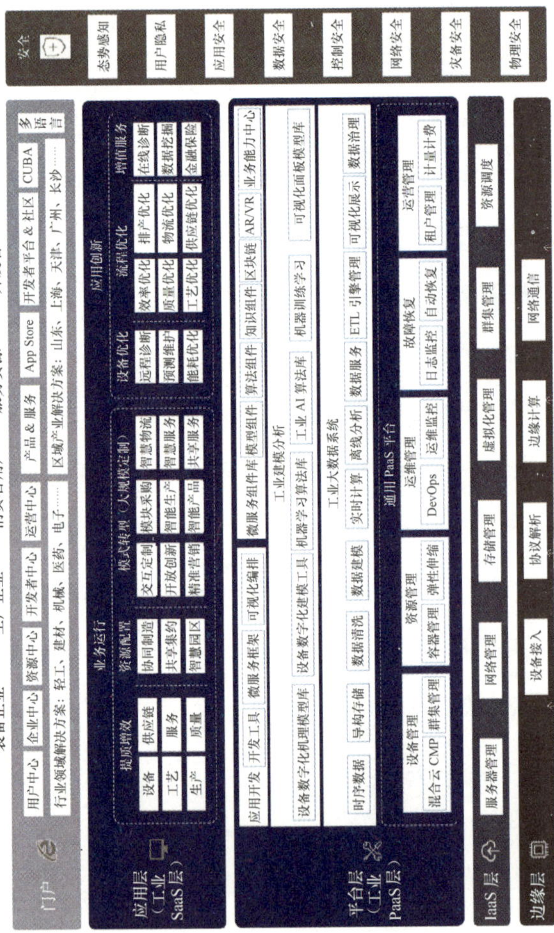

来源：海尔集团

图 2-27 COSMOPlat 工业互联网平台总体架构

产品订单的交付周期缩短 50%，生产效率提升了 60%，运营资金周转天数为 10 天（行业是 26 天）。

社会化应用与推广正在加速推进，海尔在青岛、天津、上海、广州等 11 个城市建立了示范基地，助力中小企业转型升级。平台解决方案和模式应用覆盖化工、电子信息、轻工、家居、服装、农业等 12 个行业。

COSMOPlat 大规模定制解决方案通过社群交互，用户能够全流程参与设计、生产、销售等过程，实现全流程互联互通及赋能支撑。不仅解决了“如何实现智能制造”的难题，还解决了“智造为谁”的问题。

海尔 COSMOPlat 秉承共建、共创、共享、共赢的理念建设平台，开放合作，联合众多生态资源，加强平台的核心技术自主研发、人员团队和平台生态体系的建设，致力于成为供给侧结构性改革、新旧动能转换的样板和工业互联网的播种机，加速中国工业、带领中国中小企业的转型升级。

案例 5：航天云网 INDICS 平台

企业及平台基本情况

中国航天科工集团有限公司（以下简称航天科工）作为战

略性、高科技、国家级创新型企业，深入贯彻制造强国、网络强国等国家战略，依托航天工业体系和新一代信息技术领域的尖端技术优势，举全航天科工之力打造具有自主知识产权的航天云网INDICS工业互联网平台，组建设立了航天云网科技发展有限责任公司（以下简称航天云网）。

INDICS平台于2015年6月15日正式上线并持续优化完善。目前，该平台已成功应用于高端装备、模具、家具、电子、汽车、新材料等制造行业和领域，与地方政府联合建设运行9个工业云平台、4个区域特色平台和16个行业特色专区。

平台架构

INDICS平台的总体架构包括资源层、IIoT层、INDICS平台层和CMSS层，其中INDICS平台层主要有IaaS层、DaaS层、通用PaaS层和工业PaaS层。INDICS平台架构如图2-28所示。

资源层：INDICS平台基于标准开放的工业物联网协议，提供研发、生产、仿真试验等多种工业服务接入能力，提供机加、电装、环境试验等工业设备接入能力，以及智能产品和智能互联产品、工业产品等全要素接入能力。

IIoT层：支持各类工业设备/产品和工业服务的接入，连接设备与云平台之间的桥梁，提供工业设备的通信互联能力，提供传感器系列和高性能系列两款工业互联网智能网关产品，支持 3G/4G、NB-IoT、Wi-Fi 接入，支撑“云计算 + 边缘计算”的混合数据处理模式。

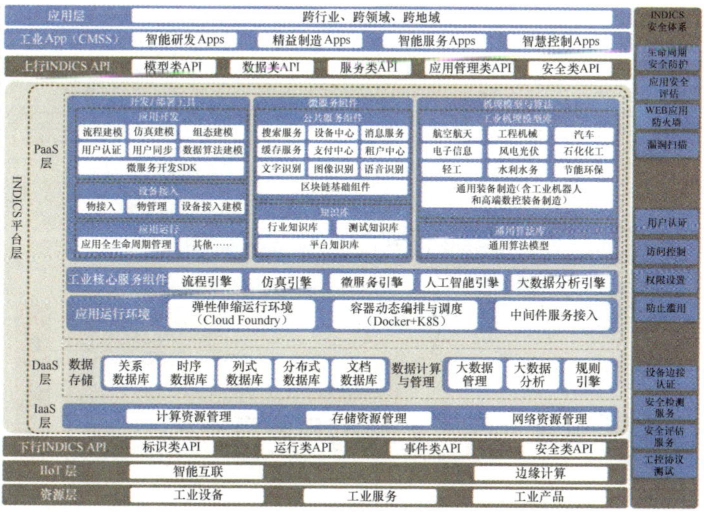

来源：航天云网

图 2-28　INDICS 平台架构

INDICS 平台层：提供 IaaS、DaaS、通用 PaaS、工业 PaaS 产品及服务；基于混合容器化技术提供弹性伸缩和服务编排的通用 PaaS 环境；提供以流程引擎、微服务引擎、大数据分析引擎、人工智能引擎、仿真引擎等为核心的工业 PaaS 环境。

CMSS 层：提供智能研发、精益制造、智能服务、智慧控制等企业全生命周期应用，支撑智能化改造、协同制造和云制造 3 种制造模式。

基于 INDICS 的企业上云解决方案如图 2-29 所示。

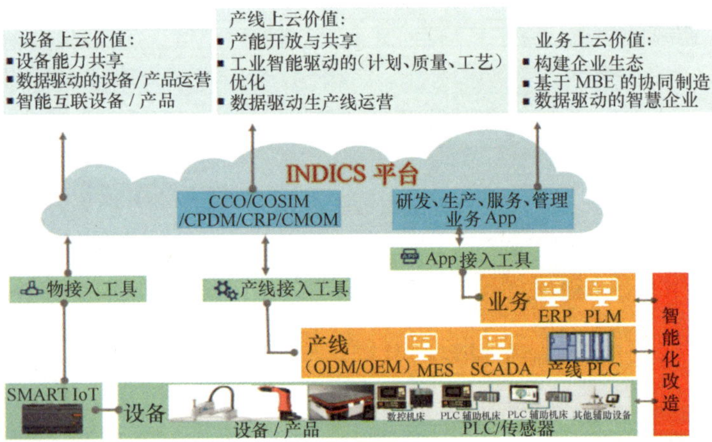

来源：航天云网

图 2-29　基于 INDICS 的企业上云解决方案

成效及未来计划

航天云网目前累计投资金额 15 亿元，实现了工业互联网平台整体综合能力的国内领先。平台用户总数 170 万户，平台服务企业用户数 5295 个，国际用户突破 1.3 万家，覆盖 191 个国家和地区。经过两年的探索实践，航天云网于 2017 年 6 月 15 日以中英文版本面向全球发布运行 INDICS 工业互联网平台。此外，航天云网依托 INDICS 平台已打造了 16 个行业特色专区，包括商业航天专区、模具产业云专区、家具制造专区、航天精工专区、检测专区、自主可控专区等，实现行业产业链上下游的横向集成，提升产业的资源配置效率。INDICS 针对当前我国制造企业水平参差不齐的现状，以提高覆盖产业链全过程和全要素的生产型服务为主线，面向平台各类用户提供基于工业互联网平台的智能制造解决方案、社会化协同制造解决方案、工业大数据及设备智能服务、创新创业服务解决方案，促进跨行业、跨领域、跨地区、跨所有制企业的协同发展，构建基于工业互联网平台以“线上线下结合、制造服务结合、创新创业结合”为特征的先进制造业集群。

航天云网计划到 2020 年年底，INDICS 平台成为我国安全可控的工业互联网平台，用户量达到 1000 万家、活跃用户达到 200 万家、业务接入企业达到 80 万家（企业设备、资源和能力全部接入平台），平台企业的总经济规模达到万亿元以上。一方面，航天云网将继续推进 INDICS 工业互联网平台落地建设，积极与地方政府、行业协会紧密合作，形成“区域工业云＋行业云”的纵深组合，为地方政府制造业转型升级提供整体解决方案。另一方面，航天云网将继续强化 INDICS 国际云平台运营能力，围绕“一带一路”倡议布局，积极推进国际云业务的海外落地，实现国际云平台在 4 个国家（德国、伊朗、巴基斯坦和美国）的部署，7 种语言版本上线（英语、德语、波斯语、俄语、西班牙语、法语和阿拉伯语），为我国制造业开展国际竞争提供产业服务，在优势行业领域形成全球创新引领能力，建设成为国际智能制造产业领域的支撑型工业互联网平台，打造全球智能制造生态系统。

案例 6：用友精智平台

企业及平台基本情况

用友网络科技股份有限公司（以下简称用友）成立于 1988 年，始终致力于引领中国软件与企业服务产业发展，用创新和技术推动商业和社会的进步。

用友的发展历经了 3 个阶段：第一，财务软件阶段，推动了中国会计电算化的普及，服务了 40 万家企事业单位，成为中国最大的财务软件提供商；第二，ERP 与企业管理软件阶段，推动了 ERP 在中国的普及，实现大型企业 ERP 系统自主可控，服务了超过 200 万家企业，成为亚太地区最大的 ERP 与企业管理软件提供商；第三，用友云阶段，在这个阶段用友的目标是服务 1000 万家企业与公共组织，发展成为全球领先的企业云服务平台提供商。

2017 年 8 月 19 日，用友在乌镇发布用友精智工业互联网平台，定位于数字化工业应用的基础设施和工业服务产业的共享平台，目标是服务 100 万家工业企业，连接 1000 万台工业设备，发展成为全球领先的跨行业、跨领域的工业互联网平台。用友精智平台基于新一代企业数字化整体架构，融合了用友云和几十万家工业企业服务创新的实践，能够提供跨行业、跨领域全面的工业服务，推进企业业务流程上云、设备上云，推进“两化”深度融合，推进大企业带动小企业的产业集群协同创新发展，推动工业经济的新增长和高质量发展。

平台架构

用友精智工业互联网平台主要由工业 PaaS 平台（含设备连接）、SaaS（软件即服务）/BaaS（业务即服务）/DaaS（数据即服务）层、IaaS 层、边缘计算层等组成。

用友精智工业互联网平台整体架构如图 2-30 所示。

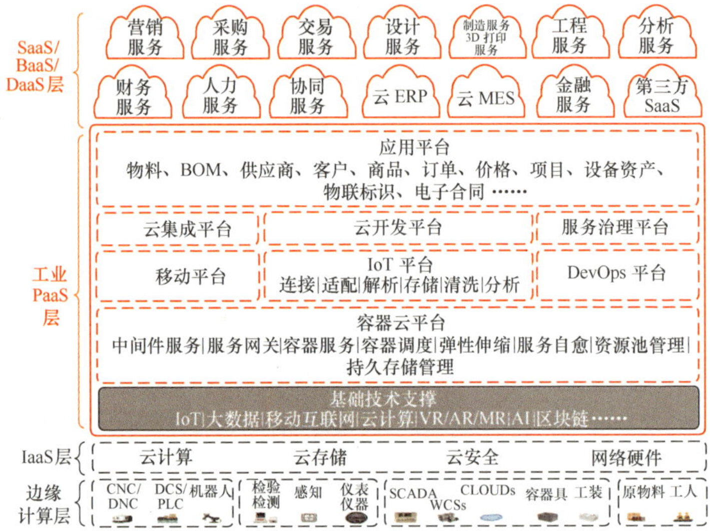

来源：用友

图 2-30　用友精智工业互联网平台整体架构

工业 PaaS 层：由云开发平台、云运维平台、云集成平台、移动平台、容器云平台、服务治理平台、基础 PaaS 平台服务、工业物联网平台、工业大数据平台、企业 AI 平台、APIlink、友户通、工业 App 应用市场等组成。在基础设施、数据库、中间件、服务框架、协议、表示层，平台支持开放协议与行业标准，具有广泛的开放性，适配不同的 IaaS 平台，支持与第三方平台（设备接入 i5 平台、ALLSMART 平台等）接入和互联互通。平台建有丰富的工业机理模型与微服务组件库，包括通用类业务组件、工具类业务组件、工业场景类业务组件，支持工业 App 的开发与运维。

SaaS/BaaS/DaaS 层：基于四级数据模型建模，保证社会级、产业链级、企业级和组织级的统一以及多级映射，提供大量基于工业 PaaS 平台开发的 SaaS/BaaS/DaaS 应用服务，覆盖交易、物流、金融、采购、营销、财务、设备、设计、制造、加工、3D 打印、数据分析、智能决策等工业全要素及装备、机械加工、能源、冶金、化工、建材等多行业，为工业企业提供全面的应用服务。

IaaS 层：即云基础设施层。基于虚拟化、分布式存储、并行计算、负载均衡等技术，实现网络、计算、存储等计算机资源的池化管理，根据需求进行弹性分配，并确保资源使用的安全与隔离，为用户提供完善的云基础设施服务。用友精智平台主要与 IaaS 提供商华为、阿里巴巴等企业合作。

边缘计算层：通过各种通信手段接入各种控制系统、数字化产品和设备、物料等，采集海量数据，实现数据向平台的汇集。用友精智平台主要与中国科学院沈阳自动化研究所等进行了边缘计算层的合作。

成效及未来计划

用友精智工业互联网平台能够通过企业与企业、企业与供应商、企业与用户、企业与消费者、企业与社会化服务机构等对接，实现全球寻源、社会化分工、智能化生产、管理与交易服务；推动资源、主体、知识集聚共享，形成社会化的协同生产方式和组织模式；提供完整的工业 App 设计、建模、开发和运维；实现产业技术、经验、知识的模型化、标准化、软件化、复用化；为企业及产业链上下游用户提供方便、快捷与低成本的金融服务。目前，平台云化设计、管理类工业软件数量达到 279 个，平台注册工业企业用户 44 万家。

用友精智工业互联网平台的目标是服务 100 万家工业企业，连接 1000 万台工业设备，发展成为全球领先的跨行业、跨领域的工业互联网平台。着眼未来，一是要加强平台技术的研发投入，二是要加大生态建设的力度，三是要优化平台的运营能力，四是要创新平台的商业模式。

案例 7：徐工信息 Xrea 平台

企业及平台基本情况

江苏徐工信息技术股份有限公司（以下简称徐工信息）成

立于 2014 年 7 月 1 日，是一家混合所有制的国家高新技术企业。2016 年，徐工信息发布了自主研发、自主知识产权的 Xrea 工业互联网平台。

Xrea 工业互联网平台的架构主体基于开源通用 IT 的技术架构，将云计算、大数据、物联网、人工智能等新兴技术融合，支撑工业资源泛在连接、工业数据集成分析、工业应用开发创新。平台解决了企业在实现智能生产、智能服务、智能产品等数字化转型过程中遇到的共性问题，为开发者提供工业应用创新合作的生态环境。目前，Xrea 工业互联网平台已在 300 余家企业得到应用，遍布 20 多个国家，涵盖装备制造、新能源、风电、光缆、核心零部件制造等 50 多个行业。

平台架构

Xrea 工业互联网平台的架构分为边缘层、平台层与应用层，包括边缘计算、工业大数据、工业微服务、工业 App 开发环境等核心组件。Xrea 工业互联网平台架构如图 2-31 所示。

边缘层：Xrea 平台的边缘层主要由 Xrea Edge 组件构成，提供边缘计算技术解决方案。Xrea Edge 部署在边缘端数据采集设备上，提供协议转换、设备接入、设备模型和现场计算四大功能。

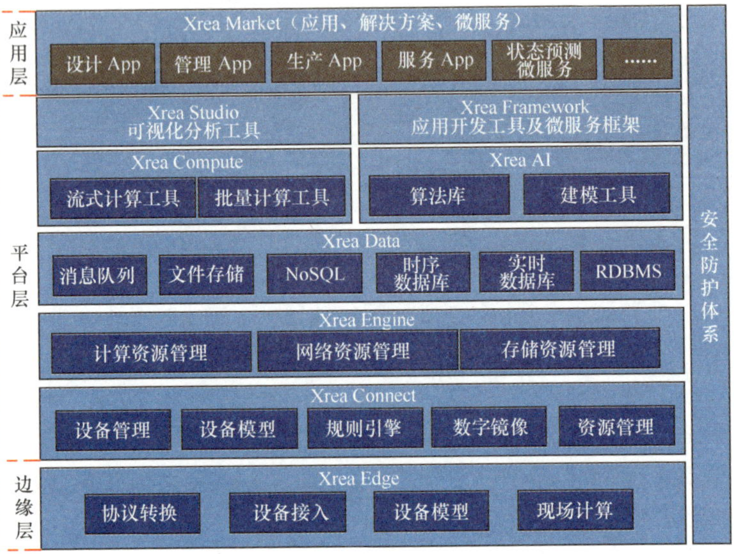

来源：徐工信息

图 2-31　Xrea 工业互联网平台架构

平台层：Xrea 平台层为工业大数据分析与处理、工业微服务、工业 App 开发提供技术解决方案，细分为七大组件。

其中，工业大数据技术方案包括五大部分：Xrea Connect 模块实现设备资源的接入管理；Xrea Engine 为用户提供 IaaS 层基础设施服务；Xrea Data 包括了各类数据持久化存储的组件；Xrea Compute 包含批量数据处理与流式处理两大组件；Xrea AI 是平台集成的机器学习算法工具包。

Xrea 工业互联网平台的工业微服务框架由 Xrea Framework 组件构成，基于 Spring Cloud 开源技术标准构建，支持微服务的发现、注册、路由与调用，Xrea Framework 底层部署在 Docker 容器中，支持跨平台兼容与快速迁移。

Xrea 的工业 App 开发平台基于容器技术构建，采用 Kubernetes 作为容器集群资源管理工具，实现容器编排、性能伸缩与部署运行；基于 Docker 方式提供源代码管理、持续集成、项目管理等开发工具，为用户提供 DevOps 模式开发环境，实现应用的快速开发、部署、发布与自动化运维。

应用层：Xrea 平台应用层提供 Xrea Market 应用市场服务，开发者可以将基于平台开发的工业 App 或微服务发布至应用市场，也可以基于 Xrea Engine 的自定义镜像技术将传统现有软件转换为镜像，提供云化服务。

未来计划

徐工信息的 Xrea 工业互联网平台按照“下联设备、上接应用、数据智能、生态共赢，构建工业互联网共建、共享、共赢的协同创新模式”的建设思路打造，以装备制造业为突破点，向应用深度和行业广度两个方面突破。

徐工信息从重点技术突破、商业模式、盈利模式、重点应用方向等角度，定位未来Xrea工业互联网平台的发展方向，具体包括8个方面：推动百万台设备上云“领跑者”计划、推动“数据+模型=服务”的跨行业应用、打造“杀手级”应用、安全兜底计划、推进新技术应用行动、实施生态招募者计划、开发新商业模式和在“一带一路”沿线60多个国家推广应用。

案例8：三一根云平台

企业及平台基本情况

树根互联技术有限公司（以下简称树根互联）是三一集团孵化的工业互联网赋能平台公司。

目前树根互联已经落地广州，布局且落户北京、上海、长沙、苏州，不仅发力于中国先进制造业的集中承载地，更辐射京津冀、长三角、华中等地区，带动全国范围内的工业互联网应用。

树根互联旗下的根云平台，有着长达10年的技术积累和超15亿元的累计投入。截至2018年年初，树根互联已经接入各类高价值设备42万台，赋能42个行业。

根云平台努力构建开放、共享、合作、共赢的工业互联网生态，开放自身在工业互联网领域的最佳实践和行业积淀，秉承“各层皆开放”的理念，与合作伙伴一起，提供端到端“N+IIoT”产品和解决方案。

平台架构

根云平台基于三一重工在装备制造及远程运维领域的经验，由OT层向IT层延伸并构建平台，产生直接的客户价值。根云平台作为一个全要素工业互联网平台，贯穿整个产品的全生命周期，构建了帮助工业企业从物理层、边缘层到平台层、应用层各层级架构完整的工业互联网平台。根云平台总体架构如图2-32所示。

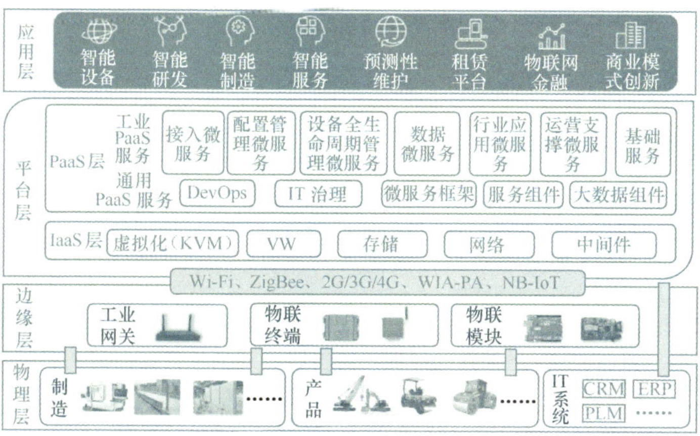

来源：树根互联

图2-32 根云平台总体架构

边缘层：依托传感器、工业控制、物联网技术进行工厂内外数据的打通聚合，对设备、系统、环境等要素信息进行实时采集和处理：一方面可借助智能控制器、智能模块、嵌入式软件等传统的工业控制和连接设备，实现平台对底层数据的直接集成；另一方面可利用以智能网关为代表的新型边缘计算设备，实现智能传感器和设备数据的汇聚处理以及边缘分析结果向云端平台的间接集成。多类型的边缘连接手段为工业互联网平台实现泛在连接提供了坚实的支撑，丰富了工业互联网平台可采集与分析的数据来源。

平台 IaaS 层：主要提供基本的计算、存储、网络等物理资源，提供基础资源服务能力。通过公有云、私有云、混合云等多种云架构，具备多云迁徙能力，为工业互联网平台中的服务和应用提供虚拟化的计算、存储、网络等各类资源以及相应的管理能力，包括基础框架、存储框架、计算框架、消息系统等运行支撑能力，以及资源监控、负载管理、存储管理、资源部署等调度管理功能。

平台 PaaS 层：提供支撑工业互联网平台自身所需的 PaaS 能力；自主研发开放架构大数据处理平台，基于 Hadoop 开源技术体系，支持 IoT 数据 / 关系型数据 /NoSQL 数据等，支持批量和实时大数据分析。支持针对不同工业机器对象类型的设备建模、设备对象的 360 度全方位数据接入和指令接入；支持租户按应用订阅、按需使用。能够接入大数据分析工具，支持大数据分析业务应用平台；支持不同应用之间相互交互和集成接口；提供基础平台服务，支持应用开发和集成，并以统一的 API 形式对外提供服务。

应用层：依托设备物联接入、工业大数据分析等平台 PaaS 能力支撑，将机器、数据、流程、人等因素融合创新，形成直接的经营管理系统解决方案（IT-CT-DT-OT），打通工业互联网应用的“最后一公里”，产生直接的客户价值。应用层部署以下具体应用：智能设备、智能研发、智能制造、智能服务、预测性维护、租赁平台、物联网金融、商业模式创新等。

成效及未来计划

根云工业互联网平台依托高效的设备集成模块、强大的数据处理引擎、开放的开发环境工具、组件化的工业知识微服务，向下对接海量工业装备、仪器、产品，向上支撑工业智能化应用的快速开发与部署，支撑构建了基于软件定义的高度灵活与智能的工业体系。当前，树根互联具备五大核心价值：一是融合工业数字技术；二是普适中国制造需求；三是实现广泛行业赋能；四是共享全球服务能力；五是引领工业模式创新。

下一步，根云平台将聚焦高价值机器领域，致力于构建包含“设备端—平台端—应用端—标准—开发者—金融—新兴技术”在内的完整的工业互联网生态圈；分享自身在工业互联网领域的最佳实践和行业积淀，聚合上下游产业合作伙伴和解决方案供应商的能力，共同打造端到端的工业物联网产品，实现面向最终客户的“一站式”价值输出。

案例9：华为OceanConnect平台

企业及平台基本情况

华为是全球领先的信息与通信技术解决方案供应商，在电信、企业、消费者等领域为客户提供具有竞争力的产品和服务。同时，华为在电子行业经过近30年的发展，在产品研发、生产制造、销售、服务以及供应链等各环节积累了大量的经验，具有其他厂商无法比拟的制造业数字化、智能化的相关经验与能力。依托华为的制造经验、华为云的IT基础设施和智造解决方案优势，华为于2016

年发布了 OceanConnect 平台，为广大制造业企业开放和共享华为在制造端的经验。华为于 2017 年 11 月正式对外发布了涵盖设计、仿真、生产执行、经营管理、智能物流、销售和智能维护环节的智造云解决方案，为工业互联网用户提供端到端的云服务。

平台架构

华为 OceanConnect 平台在技术架构上分为垂直和水平两个方向。在垂直方向，又分为 3 层架构，分别为连接管理层、设备管理层和应用使能层。其中，连接管理层主要提供 SIM 卡生命周期管理、计费、统计和企业 Portal 功能；设备管理层主要提供设备连接、设备数据采集与存储、设备维护等功能；应用使能层主要提供开放 API 能力，同时具备数据分析、规则引擎、业务编排等能力。在水平方向，通过与平台连接的分布式 IoT 应用对接行业智能设备网关，并提供边缘计算的能力，实现与云端计算的协同。

华为 OceanConnect 平台包括应用层、平台层、网关层和终端层 4 个层次。华为 OceanConnect 平台架构如图 2-33 所示，每个层级设有开放的 API。其中，终端层提供轻量级应用，通过开放的 API，完成整个传感器数据的发放和规则命令的下发；网关层主要通过应用软件，实现与上下游产品能力的无缝链接；平台层包括开放的 API 及 SDK；应用层主要提供多行业智能应用服务。

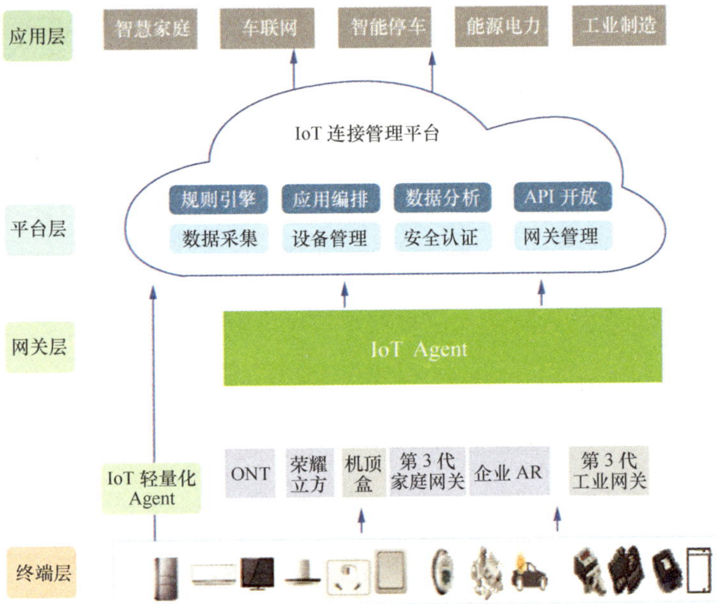

来源：华为

图 2-33　华为 OceanConnect 平台架构

华为 OceanConnect 平台从工业领域的核心业务流程出发，向设计研发、生产制造、经营管理、市场销售、服务运维提供场景化的工业云解决方案。华为 OceanConnect 平台应用场景如图 2-34 所示。

设计研发：面向 CAD 设计应用，提供 GPU 池化 VDI 方案，使员工以更敏捷、更安全的方式获取设计资源；面向 CAE 仿真场景，提供高性能的 HPC 解决方案，使企业可以以更敏捷、更经济的方式运行仿真任务；面向研发场景，提供开发测试云解决方案，使企业可以聚焦业务创新，而非平台和工具的开发。

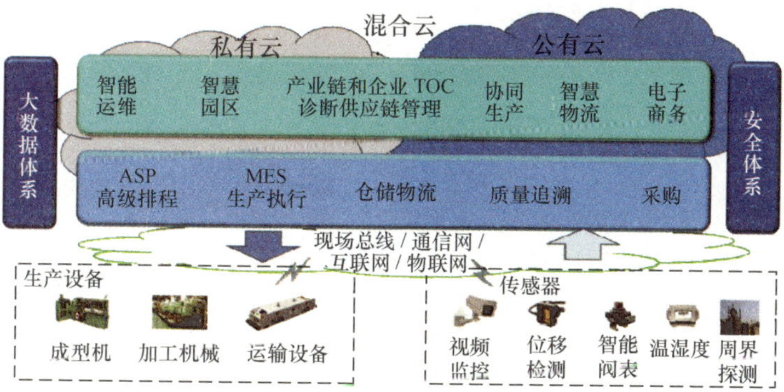

来源：华为

图 2-34　华为 OceanConnect 平台应用场景

生产制造：结合华为、美的等自身实践，提炼智能制造的自动化、数字化、智能化发展路径，将自身的实践成果以咨询和联合合作的形式提供给客户。

经营管理：华为可以提供基于 SAP HANA 平台的 ERP 管理云服务，可以提供高性能企业级的预集成方案，以支撑客户的 SAP ERP 应用负载的部署和扩展。

市场营销：华为 Web/Mobile 解决方案，为客户提供了高性能（千万级别页面访问和万级别交易处理能力）、安全的网络与移动营销平台服务。

服务运维：基于领先的IoT平台，广泛聚合生态，面向工业领域的不同行业，提供设备预防性维护的智能产品服务解决方案，使企业完成数字化转型，由产品提供商转型为服务提供商。

工业云大数据：基于华为FusionInsight大数据平台开发的工业经济运行监测平台，从宏观、中观和微观3个层面构建工业经济运行监测大数据的立体视图，提供企业运行实时监测、产业运营数据对比分析等工业大数据服务。

成效及未来计划

截至2017年12月，华为OceanConnect平台可对外提供近百种公有云基础服务，服务企业500家以上，用户超过5万人。使用华为工业互联网云平台后，部分标杆企业已经取得了显著的业务改进效果。

案例10：紫光云平台

企业及平台基本情况

紫光云引擎科技（苏州）有限公司（以下简称紫光云引擎），是紫光集团工业互联网产业总部，总投资10亿元，在苏州注册成立，立足江苏面向全国，为工业企业提供全方位的工业云服务和智能制造系统解决方案。

秉承“平台 + 服务 + 生态”的发展理念，紫光工业互联网平台 UNIPower 定位于为工业企业提供 IaaS、PaaS、SaaS 统一全生态运营的智能制造公共服务平台。依托紫光工业云生态联盟，紫光云引擎与合作伙伴共同推出了上百种工业场景化应用，服务全国工业企业。

平台架构

UNIPower 的架构包括边缘连接层、IaaS 层、PaaS 层、SaaS 层和安全保障五大功能模块。紫光工业互联网平台 UNIPower 的架构如图 2-35 所示。

边缘连接层：UNIPower 边缘连接层配合工业物联网平台实现“大互联 + 边缘计算”能力，可适配各种网络环境和协议类型，支持海量物联网传感器和智能硬件的快速接入及大数据服务，提供丰富的 API 和应用模板。

IaaS 层：UNIPower IaaS 层采用分布式、开放架构，支持超大规模集群，支持多租户，支持 GPU、FPGA 等高性能计算，支持备份与容灾机制。所使用的云管理平台获得国家“新一代超大规模云计算融合操作系统项目”支持。

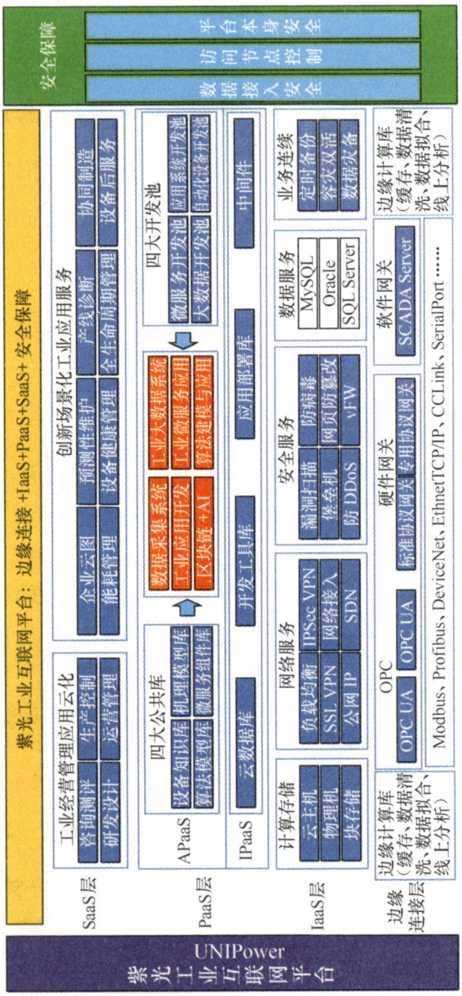

图 2-35 紫光工业互联网平台 UNIPower 的架构

来源：紫光云引擎

PaaS 层：PaaS 层为工业应用软件开发提供平台支撑，由通用 PaaS(IPaas) 和应用 PaaS(APaas) 构成。通用 PaaS 包括开发工具库、云数据库、应用部署库和中间件，提供应用开发、部署的基础能力；应用 PaaS 包括四大公共库和四大开发池，分别是设备知识库、机理模型库、算法模型库和微服务组件库，以及微服务开发池、应用系统开发池、大数据开发池和自动化设备开发池，提供工业应用开发所需的丰富资源服务。

公共库提供了各种标准的通用工具和组件，并对工业用户开放。用户可以在平台上获得海量工业数据的管理和分析服务，并积累不同行业和不同领域的技术、知识、经验等资源，实现封装、固化和复用。在基于开发池提供的个性化开发平台，开发者能够快速构建定制化工业 App，最终将此平台打造成一个完整、开放的工业操作系统。

SaaS 层：UNIPower 的 SaaS 层分为工业经营应用、创新场景化工业应用等服务，为工业企业提供从咨询测评、运营管理到协同制造、设备后服务等全方位精细化服务，形成智能制造核心能力评估服务、智慧能源管理服务、智能制造监测平台服务等场景化解决方案。

安全保障：UNIPower 具备完整的立体安全防护体系，除了使用传统的安全防护策略，紫光工业互联网平台还提供安全态势感知防护能力，以解决安全风险的主动检测、多设备协同防护、安全防御体系建设和安全情报共享相结合、简易化运维管理等深层次的安全问题。

成效及未来计划

目前，紫光云引擎已面向电子信息制造、注塑、钣金、纺织、钢铁、化工、新能源等行业领域，推出了大量的跨行业、跨领域、多工业场景的工业 App 和工业软件服务，以公有云服务、私有云服务和混合云服务多种方式面向用户统一交付智能工厂解决方案。

未来，紫光云引擎将联合更多的专业生态合作伙伴、行业龙头企业、高校及专业研究机构，围绕众多的共性需求和重点行业需要，开展工业互联网产、学、研协同创新，促进技术创新成果产业化，并依托紫光集团芯云产业基金，为生态合作伙伴提供多方位的资金扶持和技术运营支持。

3. 国内外比较：我国具备基础优势，但发展仍存挑战

从国际发展情况来看，工业互联网平台呈现 IaaS 寡头

垄断、PaaS 以专业性为基础拓展通用性、SaaS 专注于专业纵深的发展态势。此外，中小初创企业成为平台的主力军，Uptake、C3 IoT 等企业推出监测预测、能源管理等平台创新解决方案。

我国工业互联网平台的起步并不晚，从国内平台的发展情况来看，我国工业互联网平台创新活跃，装备、自动化、工业软件、信息技术和制造企业从不同领域积极推动平台的发展。部分平台企业能够在航空航天、装备制造、信息电子、冶金、石化等行业精耕细作，在质量优化、工艺优化、设备预测性维护、供应链协同等方面形成一系列创新应用，并逐步培育一个工业应用的创新生态。

我国既拥有全球规模最大的制造业和完整的工业体系，同时也拥有强大的信息技术产业和活跃的互联网创新生态，两者的交汇融合带来了多元化的发展模式和推进路径，业务创新非常活跃，这是我国工业互联网发展的特色。同时，制造业自身出于转型升级的需要，不断吸纳信息技术，以生产系统的智能化为出发点，由工厂内向工厂外推进，进行了渐进、改良、升级式的实施探索；同时，IT 企业通过创新商业模式，由工厂外向工厂内渗透，试图变革、颠覆、重构已有的工业场景。简单来说，庞大的应用场景带来的多元化模式和路径是我国工业互联网发展的最大特色。

我国发展工业互联网，有三点相对优势：一是与美国、德国相比，我国有最完整的工业体系、最齐全的工业门类，这意味着我国的工业场景非常丰富，对工业互联网的迭代发展具有重大意义；二是我国有广阔的市场，制造业企业数量多，发展转型需求大且强烈；三是我国互联网发展迅速，消费互联网在技术突破、客户挖掘、平台生态和商业模式方面积累的成功经验，对发展工业互联网有很强的参考价值。或许我国的工业基础比美国、德国差，但是利用这三点优势，我国在推进工业互联网的进程中反而可能跑得比它们快、迭代比它们快，最终在工业互联网的发展机遇期实现“换道超车”。需要强调的是，这里的“换道超车”不同于“弯道超车”，而是要换一种发展思路和变革方式，实现跨越式、颠覆式的超越。

此外，我国还形成了一系列有特色的工业互联网平台服务模式，例如工业互联网和金融结合，解决中小企业贷款难的问题；工业互联网与销售结合，解决生产订单与资源重组的问题；工业互联网与保险结合，解决企业账期问题和设备保险问题等。这些新模式、新应用是国外工业互联网所不具备的，这源于我国在互联网领域的成功经验以及我国多年的高速发展形成的强大的创新与变革能力。

总体来看，我国具备加快建设工业互联网平台的基础和优势：政府高度重视，企业积极参与，市场需求庞大，互联网产业优势明显，以及庞大的专业人才队伍。面对全球工业互联网平台格局未定的关键期、规模扩张的窗口期和抢占主导权的机遇期，加快推进工业互联网平台的技术、功能、商业和生态的成熟，打造具有国际竞争力的工业互联网平台，打造基于平台的制造业新生态。

在工业互联网平台领域，国际企业的竞争愈演愈烈，体系化布局工业互联网平台、构建网络化制造新体系已迫在眉睫。我国工业互联网平台产业应把握新一轮科技革命和产业变革的窗口期，以深化“互联网 + 先进制造业”融合发展为主线，以建立多层次、系统化的平台发展体系为目标，夯实平台技术、产业和标准的支撑基础，强化平台关键工具和资源的创新部署，打造面向数字化、网络化、智能化发展的多元应用与服务，推进核心产品与解决方案的评估测试，形成一批具有影响力的工业互联网平台、一批成熟的上云用云的工业企业、一批面向特定行业及特定场景的工业 App，逐步形成工业互联网平台的生态体系，开创制造业和互联网融合发展的新阶段以及建设制造强国和网络强国的新局面。

4. 平台发展趋势：关键突破口在工业 PaaS

目前，全球制造业龙头企业、ICT 领先企业、互联网主导企业分别基于各自的优势，从不同层面、不同角度搭建了工业互联网平台。工业互联网平台虽然发展时间不长，但均有迅速扩张的趋势，其正在探索技术、管理、商业模式等方面的规律，并取得了一些进展。

工业互联网平台发展的关键突破口在 PaaS。被誉为工业互联网操作系统的 PaaS 逐渐成为平台发展的聚焦点和关键突破口，建设 PaaS 需要制造业和 ICT 行业在技术、管理、商业模式等方面的深度融合。在专业技术上，既需要特定领域制造技术的深厚积累，又需要把行业知识经验通过 ICT 转化为数字化的通用制造技术规则；在管理和商业模式上，既不能复制传统制造业的模式，也不能照搬互联网行业的模式。

制造业龙头企业是开发建设工业 PaaS 的主力军。信息化水平高的制造业龙头企业同时具备制造技术、管理以及信息技术应用方面的知识和经验，这是打造以数据为驱动、制造能力为核心的 PaaS 最重要的条件。制造业龙头企业具备更多设备接入基础和深厚的工业积淀，大多具有几十年甚至上百年管理和商业模式的专业经验，能够为开发工业 PaaS 服务能力提供更多规则化、软件化的行业知识和经验。在专业性方面，制造业与消费领域存在数量级的差距，这种专业经验的软件化、平台化是工业互联网平台建设中至关重要的组成部分。

ICT 领先企业是工业 PaaS 的共性关键使能技术的开拓者。 ICT 企业虽然难以成为建设工业 PaaS 的主力军，但平台不可或缺的共性关键使能技术通常由这类企业提供。ICT 企业提供的共性使能技术能够进一步提高平台的专业纵深能力和横向资源整合能力，是建设工业 PaaS 的重要组成部分；另外，ICT 企业在互联网平台的管理和商业模式方面具备更多的经验优势，对工业互联网平台的管理运营和商业模式摸索有更多的参考价值。

发展态势呈现 IaaS 寡头垄断，PaaS 以专业性为基础拓展通用性，SaaS 专注于专业纵深。 IaaS 发展成熟度较高、技术创新迭代迅速，主要的供应商集中在中国、美国。工业互联网平台架构的设计趋势是 IaaS 和 PaaS 逐渐独立，形成松耦合关系，互相影响渐弱。开发建设工业 PaaS 应在专业性基础上向提供通用能力方向发展，只有制造专业能力强，才有可能在横向整合资源、通用服务方面取得成效。各方 SaaS 正在萌芽，处于同一起跑线上。SaaS 的繁荣基于 PaaS 的赋能和 SaaS 专、精、新的特点，正在逐步深入制造业细分行业领域。对广大制造业企业尤其是中小型企业而言，SaaS 的应用需求最迫切、服务量最大、价值创造最直接，具有极大的发展潜力。

工业互联网平台以基于数据的能力合作为纽带，打造开放、共享的价值网络。基于数据的能力合作是工业互联网平台价值创新的纽带，全球主要的工业互联网平台都在积极争夺数据资源，例如 GE 收购了 Bit Stew Systems 和 Wise.io，PTC 收购了 Coldlight 等，以提升平台的数据分析能力。打造开放、共享的价值网络是工业互联网平台发展的基础。目前，还没有一家公司能够独立提供工业互联网平台“云基础设施 + 终端连接 + 数据分析 + 应用服务”等端到端的解决方案，构建合作伙伴关系和生态系统是平台发展的主要途径，未来将是平台所有者和合作伙伴的共赢。

从以平台功能和产品为中心逐步向以客户价值为中心转变。目前，工业互联网平台主要靠提供丰富的软件产品和功能吸引用户。例如，通过预测性维护和远程管理，提高企业运营的效率、节省维修成本等。工业互联网逐步具备自动量化服务价值的能力，平台将变成以客户业务需求为中心，实现从销售产品或服务到销售可测量价值结果的转变。服务定价的方式、金融工具、风险防控机制都将发生变化，这将重新定义竞争格局和产业结构。在这种情况下，企业之间需要更多的合作，工业互联网将成为一个以实时需求感知为特征的拉动型经济和高度自动化、灵活生产的网络。

安全：工业互联网的保障

随着时代的发展，工业领域自动化程度、开放程度越来越高，安全问题日趋复杂。早期，工厂生产网络与信息网络之间通常存在天然的物理隔离，并且工厂生产网络中大多采用私有协议，攻击者难以对工厂网络尤其是生产网络造成攻击，工厂所披露的攻击数量也较少，因而业界对于工业安全问题的关注度较低；加之工厂生产网络对操作的实时性及生产的连续性等方面的要求较高，也在一定程度上阻碍了安全防护机制的引入与实施。近些年，TCP/IP 网络体系被逐步引入工厂生产网络，越来越多的通用协议也被引入其中，生产网络与信息网络的屏障逐渐被打破，增加了安全风险，业界也开始重视工业安全问题。

（一）安全责任重大

安全是工业互联网发展的前提，安全一旦受到威胁，会直接造成工业生产停滞，影响范围不仅是单个企业，也可延伸至整个产业生态，甚至会对国民经济造成重创。2017 年，WannaCry 病毒突袭了全球超过 150 个国家的 30 多万台电脑，影响到金融、能源、医疗等众多关乎国计民生的行业，造成了 80 亿美元的损失。因此，工业互联网安全是工业信息安全的核心，直接决定工业生产的安全，更关乎经济发展、社会稳定乃至国家安全。

工业领域的安全一般分为三类：信息安全、功能安全和物理安全。传统的工业控制系统安全最初多关注功能安全和物理安全，随着信息化程度的不断加深，这种系统中存在的信息安全问题不断突显。工业互联网安全框架需要统筹考虑信息安全、功能安全与物理安全，聚焦信息安全，主要应对工业互联网面临的网络攻击等新型风险，并考虑其信息安全防护措施的部署可能对功能安全和物理安全带来的影响。

由工业互联网产业联盟组织编写的工业互联网安全框架，借鉴了国外的研究和实践，结合我国工业互联网的特点，提出了工业互联网安全框架：将设备、控制、网络、应用和数据作为工业互联网安全防护的五大对象，将静态防护与动态防护措施相结合，强调技术与管理并重（技管结合、动静互补），从防护对象、防护措施和防护管理3个视角构建了工业互联网安全框架，指导企业开展工业互联网的安全防护。工业互联网安全框架如图2-36所示。

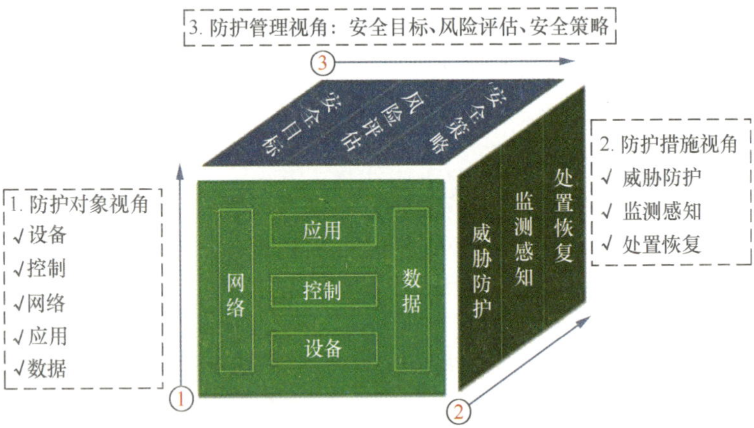

来源：工业互联网安全框架/工业互联网产业联盟

图2-36 工业互联网安全框架

其中，防护对象视角涵盖设备、控制、网络、应用和数据五大安全重点：设备安全主要是指接入工业互联网的终端设备的安全，重点强调加强设备自身安全、完善终端接入安全认证；

控制安全一方面要提升自主可控工控系统的比例，另一方面要解决控制系统在生产设计时缺少安全考虑这一“先天”问题；网络安全主要是指工业企业管理网、控制网和外网的安全，要做好网络安全态势感知，确保传输安全和运行安全；应用安全重点是加强工业云服务网络安全管理，明确平台管理和运行主体责任；数据安全主要是指工业生产业务活动各环节数据的安全，解决由工业数据流动方向和路径复杂导致的数据安全防护难度增大等问题。

防护措施视角包括威胁防护、监测感知和处置恢复三大环节。威胁防护环节针对五大防护对象部署主、被动安全防护措施。监测感知和处置恢复环节通过部署信息共享、监测预警、应急响应等一系列安全措施、机制，增强动态安全防护能力。

防护管理视角根据工业互联网安全目标对其面临的安全风险进行安全评估，并选择适当的安全策略作为指导，实现防护措施的有效部署。3 个视角之间相对独立、相辅相成、互为补充，形成一个完整、动态、持续的防护体系。

与传统工控系统的安全和互联网的安全相比，工业互联网面临的安全挑战更为艰巨：一方面，工业互联网安全打破了以往相对清晰的责任边界，其范围、复杂度、风险度以及产生的影响要大得多，其中工业互联网平台安全、数据安全、联网智能设备安全等问题越来越突出；另一方面，工业互联网安全工作需要从制度建设、国家能力、产业支持等全局视野统筹安排，目前很多企业还没有意识到安全部署的必要性和紧迫性。

（二）安全需求迫切

从数据流动的路径来看，工业互联网平台安全主要涉及数据接入安全、工业互联网平台本身安全和访问安全等技术。

数据接入安全的目的是保障数据在传输过程中的安全。传统生产设备以机械装备为主，重点关注物理和功能安全；未来生产装备和产品将越来越多地集成通用操作系统及应用软件，海量设备将直接暴露在网络攻击之下，木马病毒在设备之间的传播扩散速度将呈指数级增长。与此同时，工厂网络向“三化（IP化、扁平化、无线化）+灵活组网”的方向发展，面临更多的安全挑战。现有针对TCP/IP的攻击方法和手段较为成熟，可被直接利用来攻击工厂网络。网络灵活组网需求使网络拓扑的变化更加复杂，传统静态防护策略和安全域划分方法面临动态化、灵活化的挑战。无线技术的应用需要满足工厂实时性、可靠性的要求，难以实现复杂的安全机制，极易受到非法入侵、信息泄露、拒绝服务等攻击。

平台安全的目标是实现工业互联网平台的代码安全、应用安全、数据安全和网站安全。当前，工业数据由少量、单一、单向朝着大量、多维、双向转变，具体表现为工业互联网数据体量大、种类多、结构复杂，并在 IT 层和 OT 层、工厂内外双向流动共享。工业领域的业务应用复杂，数据种类和保护需求多样，数据流动方向和路径复杂，保护重要工业数据以及用户数据的难度增大。网络化协同、服务化延伸、个性化定制等新模式、新业态的出现，对传统公共互联网的安全能力提出了更高的要求。工厂控制环境由封闭到开放，信息安全威胁可能直接导致功能安全失效，功能安全和信息安全关联交织。

当前，工厂控制安全重点关注控制过程的功能安全，信息安全防护能力不足。现有控制协议、控制软件等在设计之初主要基于 IT 层和 OT 层相对隔离以及 OT 层环境相对可信这两个前提，而 IT 层和 OT 层的融合打破了传统安全可信的控制环境，网络攻击从 IT 层渗透到 OT 层，从工厂外渗透到工厂内。

（三）安全任重道远

工业互联网安全在未来面临着更严峻的挑战。工业互联网具有低时延、高可靠、广覆盖的典型工业特征，具有连接业务复杂、连接种类繁多、数据格式多样的新特征。工业互联网在推进生产过程智能化、柔性化、协同化的同时，安全边界也越来越模糊，可能遭受攻击的方面不断扩大，互联网和工业控制网的威胁对工业互联网形成“双向挤压”。

一方面，互联互通加剧了网络安全隐患。从工业互联网本身来说，工业互联网的发展意味着工业控制系统将更为复杂化、IT 化和通用化，不同工业控制系统互联互通，内部将越来越多地采用通用软件、通用硬件和通用协议，这将增加网络安全隐患。

另一方面，海量异构数据安全难以保障。随着工业控制系统产生、存储和分析的异构数据海量增长，工业互联网将面临数据保护问题如何解决、云端数据信息如何保障的问题，以及大数据、云计算技术的应用带来的更多、更复杂的安全问题。

工业互联网安全框架的提出，对企业有指导和借鉴作用，也会在工业互联网发展中不断被更新和完善。未来，工业互联网安全方面将出现几个值得关注的趋势。

趋势一，安全防护智能化将不断发展。工业互联网安全防护模式将从事件响应式向持续智能响应式转变，以抵御不断演变的高级威胁。未来将有更多的企业建成安全数据仓库，利用机器学习、深度学习等人工智能技术分析处理安全大数据，不断改善安全防御体系。

趋势二，平台安全在工业互联网安全防护中的地位将日益突显。届时，平台使用者与提供者之间的安全认证、设备和行为识别、敏感数据共享等安全技术将成为刚需。

趋势三，对工业互联网大数据的分类分级保护、审计和追溯将成为防护热点。工厂数据向大量、多维、内外双向流动转变，对数据的安全保护提出了更高的要求。

趋势四，对工业互联网现场设备的安全监测与威胁处置的要求越发迫切。随着现场设备的智能化发展，安全问题被逐步放大，对新的安全技术的需求日益强烈。

趋势五，信息共享和联动处置机制呼声日高。企业仅仅依靠自身的力量还远远不够，需要与政府和其他企业密切配合，建立运转灵活、反应灵敏的信息共享和联动处置机制，并能实现多方联动。为解决未来的安全问题，互联网企业与制造业企业需要形成紧密的安全联盟，防患于未然。

标准：工业互联网的“法则”

标准作为工业互联网的“法则”，是工业互联网发展的重要前提和有效支撑。GE Predix 平台的首要目标就是将各类数据按照统一的标准进行规范化梳理，进而提供可随时调取和分析的能力。标准具备较强的融合性，可以渗透到各个环节和各个领域。构建由各类标准配合组成的工业互联网标准体系，能够带动工业互联网平台的技术研发、行业应用、服务创新等全价值链的协同发展，为建设工业互联网平台的生态体系营造更为良好的环境、构建更为完备的机制、促成更为深入的合作、开拓更加创新的模式。

与发达国家相比，我国工业互联网的发展水平和现实基础还存在较大的差距，标准体系不完善是我国工业互联网的发展与发达国家相比存在的重大差距之一。例如，网络方面缺乏统一的标准接口，互通性差，现有工业现场总线和工业以太网标准就有 20 多种，无法直接实现互联互通；工业领域存在大量的异构数据，需要通过标准解决数据接入的问题；工业互联网需要可靠、易用的工业操作系统，需要通过标准解决操作系统建设与评价的问题。

（一）标准先行是大势所趋

标准先行已成为发达国家发展工业互联网的共识，我国的标准体系还不够完善。例如，在网络、工业 App 与微服务、数据、工业操作方面，及早识别和制定相关标准将加快该领域的技术进度及融合发展。此外，标准先行的意义在其他领域同样显著，任何行业的关键性发展阶段，均离不开标准体系的构建。科学成熟的综合标准体系形成后，技术、产品和服务方面的发展才能得到系统的推进。

1. 标准先行是国内外工业互联网的发展趋势

目前，工业互联网的发展受到美、德等国的高度重视，以美国“工业互联网联盟”（IIC）、德国“工业 4.0 平台”、IEC、ISO 为代表的国际组织正加快推进工业互联网的标准化工作。

2016年9月，IIC发布了《工业互联网安全框架》（IISF），旨在为工业互联网安全研究与实施部署提供指导。IISF定义了工业互联网的网络安全、功能安全、可靠性、弹性和隐私安全五大关键安全特性，从商业、功能和实现的视角提出了工业互联网安全建设思路。IIC还积极推进与国际标准化组织的协作，已梳理了20多个关联标准化组织并逐步与之建立联系，以加快工业互联网标准研制和全球标准化协作的进程。

此外，美国、德国、日本分别出台了《工业互联网参考架构》（IIRA）、《"工业4.0"参考架构》（RAMI4.0）、《工业价值链参考架构》（IVRA）等标准。IIC分别与以太网AVnu联盟（AVnu Alliance）等单位合作，推动工业互联网的互操作性、可移植性、安全性和隐私性方面的国际标准化进程。

具体到国内，工业互联网的标准化工作也先试先行。工业和信息化部已经组织相关企业及业内专家开展了工业互联网安全标准体系研究，初步形成了以基础共性、技术要求、管理要求、服务规范四大类工业互联网安全标准为构成要素的体系框架。同时，工业和信息化部着力提高标准支撑能力，积极推动工业互联网安全标准在ISO/IEC JTC1/SC27的立项工作，以提升我国在工业互联网安全领域的国际话语权。此外，已有标准化专业机构围绕工业互联网平台开展了标准化研究，初步形成了以基础共性、核心技术、应用服务、安全四大类为核心的工业互联网平台标准体系。

2. 标准体系是不同领域发展的共性趋势

标准体系是一定范围内的标准按其内在联系形成的科学有机整体。一个领域在研究、发展、应用的过程中，会产生大量的标准需求与应用场景，将这些标准进行科学分类与梳理，形成体系化结构与说明，将有利于该领域中不同元素、不同功能之间的相互配合，推动该领域的发展。目前，我国已有多个相关成熟领域开展了标准体系的研究与构建，并在实际推进过程中发挥了举足轻重的作用。

国家智能制造标准体系围绕智能制造架构展开，明确了智能制造的标准化需求。其中，工业互联网是智能制造标准体系的一部分，而工业互联网平台正是工业互联网的核心。智能制造标准体系没有对工业互联网平台的相关标准进行详细的梳理和识别，只强调了工业网络的部分功能与需求，工业互联网平台标准体系是智能制造标准体系的延伸和扩展。国家智能制造标准体系如图 2-37 所示。

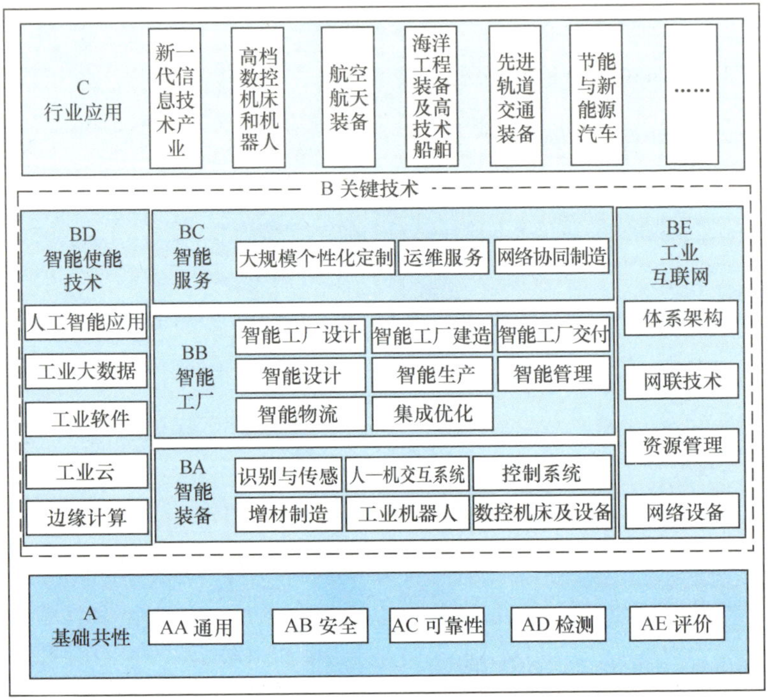

来源：工业和信息化部及国家标准化管理委员会联合发布的《国家智能制造标准体系建设指南（2018年版）》（征求意见稿），2018年1月

图 2-37 国家智能制造标准体系

云计算综合标准体系依据我国云计算生态系统中的技术和产品、服务和应用等关键环节，以及贯穿整个生态系统的云安全，结合国内外云计算发展趋势，构建了云计算综合标准体系框架，包括“云基础”“云资源”“云服务”和“云安全”4个部分。云

计算综合标准体系如图 2-38 所示。云计算综合标准体系中的资源标准为工业互联网平台的 IaaS 层提供了标准化依据。

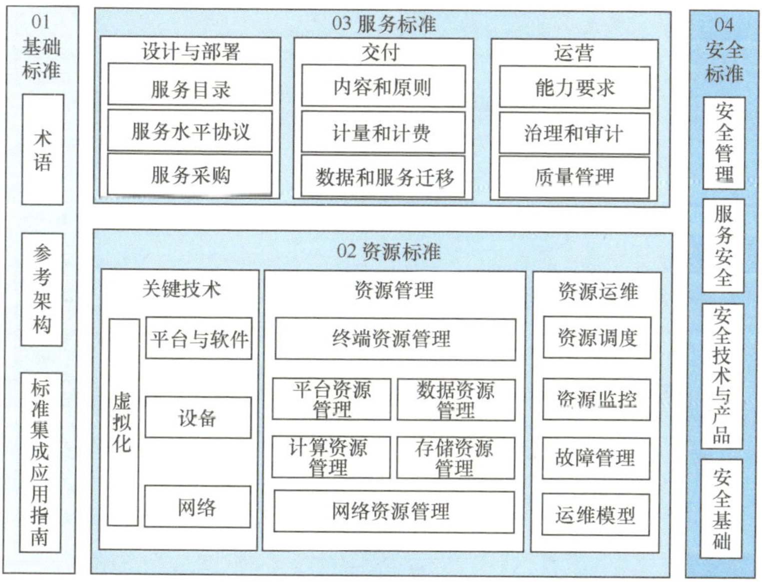

来源：工业和信息化部发布的《云计算综合标准化体系建设指南》，2015 年 10 月

图 2-38 云计算综合标准体系

移动互联网综合标准体系依据全球移动互联网的发展趋势，结合我国移动互联网产业生态各关键环节的特点，构建了移动互联网综合标准化体系框架，由“基础”“移动业务与应用”“移动网络”“移动终端”和“移动安全”5 个部分组成。移动互联

网综合标准体系为工业互联网平台标准体系提供了模式借鉴。工业互联网平台标准体系在充分吸纳移动互联网标准体系精华（例如，业务平台的功能）的基础上，结合工业特点，演进出符合当前工业环境的工业互联网平台标准化需求。移动互联网综合标准体系如图 2-39 所示。

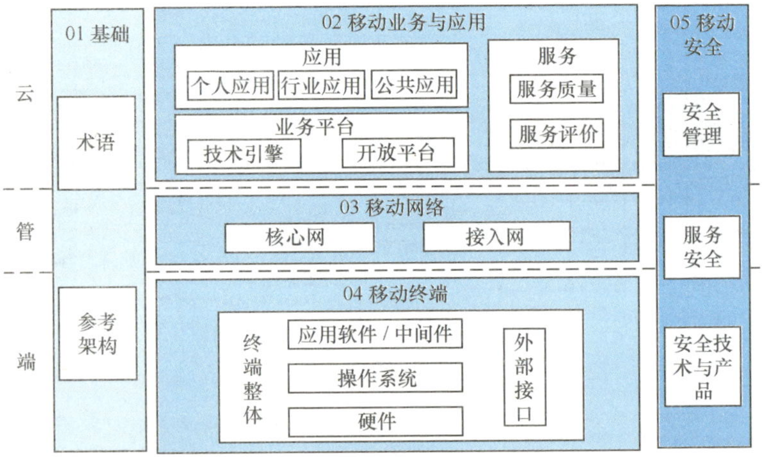

来源：工业和信息化部发布的《移动互联网综合标准化体系建设指南》，2017 年 7 月

图 2-39　移动互联网综合标准体系

（二）标准规范已迫在眉睫

标准体系是一项系统工程。在构建工业互联网平台综合标

准体系的过程中，相关人员首先需要明确不同维度的标准化需求，按照不同视角进行系统分析，全面理解和把握所有相关方对这个系统问题的关注点。

1. 业务视角下的标准化需求

以业务视角梳理工业互联网平台各相关方共同的业务愿景和应用价值，并将需求总结为以构建新型工业基础设施、培育核心竞争力和推动业务转型升级为业务愿景，以实现资源聚集共享、生产管理优化、设备健康维护、协同设计制造、制造资源租用等应用价值。业务视角下的标准化需求如图 2-40 所示。

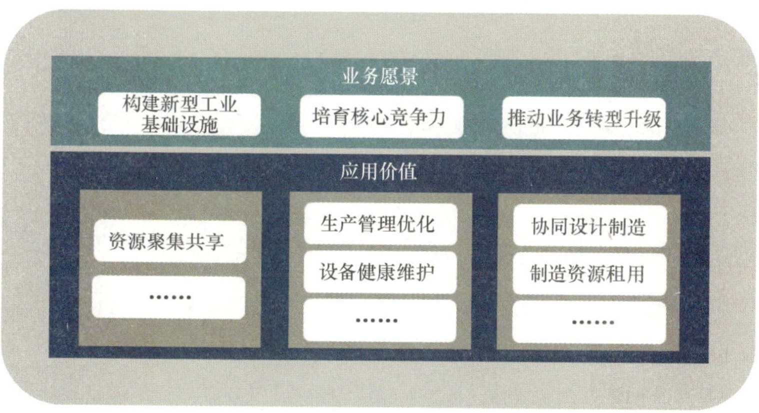

来源：中国电子技术标准化研究院

图 2-40　业务视角下的标准化需求

构建新型工业基础设施是工业互联网平台的基础业务愿景，其通过提供各类资源泛在连接、弹性供给、高效配置的平台，为各类创新应用和新型商业模式提供资源保障。它的标准化需求聚焦在资源开放共享和互联互通方面，包括数据资源、软件资源、制造资源、仿真环境等资源的开放共享要求，以及通信协议、数据交换、接口规范等互联互通要求等。

培育核心竞争力是工业互联网平台的核心业务愿景，通过工业互联网平台的应用，可以缩短产品的生产周期，提高设备的利用率和生产效率。它的标准化需求聚焦在业务流程优化、资源利用等方面，包括实现制造过程可视化、业务跨平台集成、数字化工厂、设备健康维护、自动化运维等。

推动业务转型升级是工业互联网重点支撑的业务愿景，通过互联网平台的应用，可以实现更大范围、更高效率、更加精准的生产和服务资源配置。它的标准化需求聚焦在实现业务协同、增强生产灵活性和应变能力方面，包括实现模拟仿真规范、业务协同规范、个性化定制、平台互操作、数据可移植、应用可移植等目标。

2. 用户视角下的标准化需求

用户视角下的标准化需求如图2–41所示。

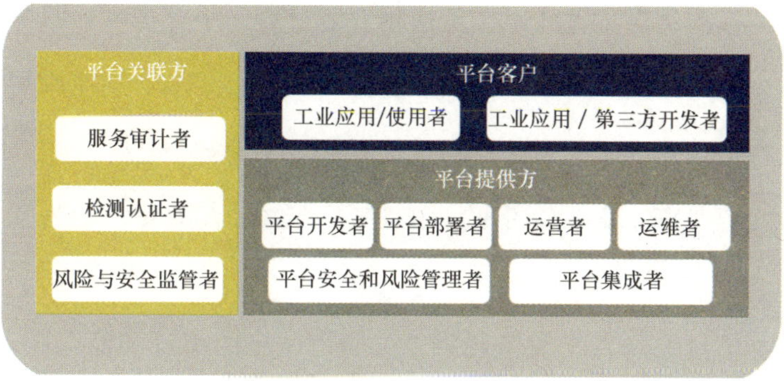

来源：中国电子技术标准化研究院

图 2-41　用户视角下的标准化需求

平台提供方为平台客户提供工业互联网平台，并负责平台的运维、安全管理等。它的标准化需求聚焦在平台的开发和部署、运营和运维、平台集成、安全和风险管理等方面，包括平台的功能和质量要求、通用组件管理、平台运行维护、平台治理、商业服务和市场行为规范、计量计费和交易规范、接口规范、集成能力要求、风险和安全管理规范等。

平台客户包含工业应用 / 使用者和工业应用 / 第三方开发者两类子角色。工业应用 / 使用者使用工业互联网平台上的工业应用或微服务以支撑其工业活动；工业应用 / 第三方开发者基于工业互联网平台上提供的开发工具或开发环境实施部分平台功能组件的开发，以供其自身或其他工业应用 / 使用者使用。

它的标准化需求聚焦在工业应用开发过程、平台选型、服务规范、应用指南等方面，包括工业应用的质量要求、工业应用评估和测试要求、平台功能和性能要求、工业知识管理、工业服务能力要求、工业服务的计量计费、平台应用指南、应用绩效评价等。

平台关联方一般担任第三方负责平台的审计和监管角色。它的标准化需求聚焦在服务审计、检测认证、风险与安全监管等方面，包括审计的过程规范和技术要求、度量和测试规范、评估评价规范、风险评估、安全监管等。

3. 功能视角下的标准化需求

功能视角下的标准化需求如图2–42所示。

基础资源域为整个工业互联网平台提供计算资源、存储资源和网络资源。它的标准化需求聚焦在资源管理、资源虚拟化等方面，包括网络和通信管理、设备管理规范、存储和备份技术、虚拟化技术等。

边缘域为工业互联网平台提供工业设备和其他制造资源的管理及接入。它的标准化需求聚焦在设备接入、协议解析、边缘数据处理等方面，包括接口规范、协议规范、互联互通技术、边缘计算、边缘数据处理和使用要求、感知技术等。

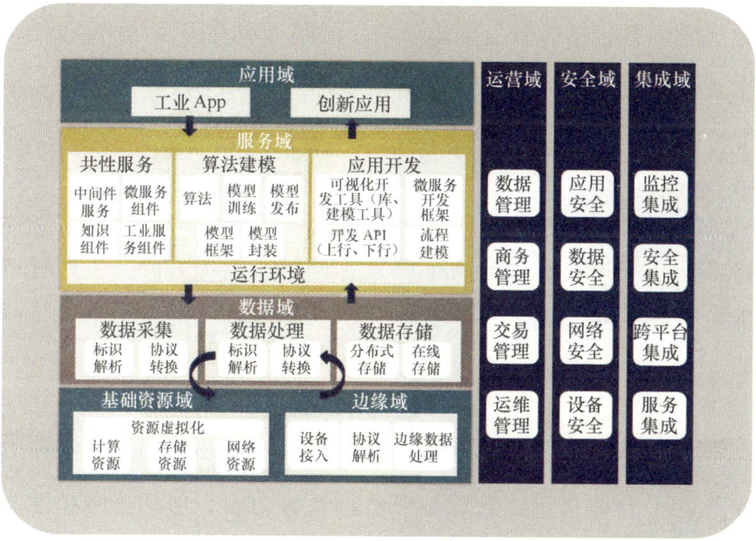

来源：中国电子技术标准化研究院

图 2-42　功能视角下的标准化需求

数据域负责对工业互联网平台的数据进行管理。它的标准化需求聚焦在数据采集、数据处理、数据存储等方面，包括数据采集规范、接口和数据接入规范、数据格式要求、标识解析、协议适配、数据质量要求、数据治理和应用要求、数据存储和备份要求等。

服务域为应用域提供共性服务、算法建模、应用开发等支撑。

它的标准化需求聚焦在微服务框架的建立、基础模型和算法建模、微服务组件的开发和应用、工业应用开发工具的部署和使用等方面，包括微服务架构要求、微服务组件开发与封装要求、工程中间件要求、工业微服务组件库要求、工业软件云化、工业 App 开发工具和接口、开放接口（Open API）、开源实施指南等。

应用域面向特定行业、特定场景提供各类工业应用。它的标准化需求聚焦在工业 App 研发和创新应用等方面，包括对工业 App 进行需求分析、设计、开发、测试等，以及相关的质量要求、产品要求、评估要求等。

运营域负责工业互联网平台的日常运营。它的标准化需求聚焦在平台要素运维管理、平台运营等方面，包括资源和性能监控、事件跟踪管理、应急管理等运维要求，商务服务规范、市场行为规范等商务管理要求，交易规范、计量计费规范等交易管理要求。

安全域负责工业互联网平台的安全防护和管理。它的标准化需求聚焦在应用安全、数据安全、网络安全、设备安全等方面，包括产品服务安全、API 安全等应用安全要求，数据的可用性、完整性、保密性等数据安全要求，安全传输、访问控制、加密通信等网络安全要求，网络设备安全、防护产品安全等设备安全要求。

集成域实现工业互联网平台跨功能域集成能力和跨平台集成能力。它的标准化需求聚焦在异构消息的转换适配、面向服务的架构（SOA）、可移植、互操作等方面，包括标识解析规范、协议规范、平台互操作、数据可移植、应用可移植等。

4. 基于需求衍生的标准化建议

首先，工业互联网平台相关标准亟须顶层设计指导。2016 年，工业互联网产业联盟发布了工业互联网标准体系框架（版本 1.0），并指出：平台与支撑标准是工业互联网标准体系框架中的重点方向之一，平台面向不同的工业应用场景提供服务，在业务需求、架构、功能、接口、应用等方面涉及众多关键技术，亟须在工业互联网标准体系框架的总体指导下，针对工业互联网平台制订细化的标准框架，明确工业互联网平台发展的总体思路、基本原则、重点标准化方向及标准化推进建议等。

其次，亟须加快研制工业互联网平台关键技术标准。当前，数据采集接口、数据转换与互认、应用开发部署、应用系统间互操作等平台发展的关键技术还缺乏统一的标准，各个平台各自为中心，制约了平台的规模化发展。同时，当前全球工业互联网平台相关标准的竞争加剧，围绕平台的相关接口协议、数据互认等标准，正在成为全球标准化布局的关注重点，人工智能、边缘计算等创新领域加速全球标准化布局，开源理念正在向工业互联网平台延伸，工业应用、数据、网络、设备和管理方面的安全标准也是重要保障。我国亟须围绕工业互联网平台相关的各类技术标准，加紧战略布局，加快标准化进程，协同推进国内和国际标准的制定。

最后，平台测试评估的系统工作亟待规范统一。很多企业的工业互联网平台是按照各自的技术体系构建的，平台体系架构、应用App、运行服务、系统互操作和接口、安全等相关操作并未形成统一的标准规范，这在很大程度上影响了工业互联网平台测试验证、监测评估服务的发展。由于基础架构、标准规则不统一，就难以建立针对平台服务的可靠性、易用性、安全性、数量迁移能力和计量准确性方面的认证标准，对服务能力和服务质量的评价标准也没有依据可循，这在一定程度上阻碍了提升工业互联网平台的能力。

（三）标准体系正稳步构建

构建工业互联网平台的标准体系，加快制定产业急需的工业互联网平台关键技术标准，形成基于业界共识的工业互联网平台参考架构与标准体系，统筹推进工业互联网平台标准体系的建设，完善平台功能参考架构，加快关键技术标准的研制，支持行业应用标准的制定，形成一批基础共性标准、技术性能标准、行业应用标准及安全保障标准，组织开展标准试验验证工作，促进标准试验验证环境的建设、仿真系统及相关测试工具的开发与应用工作已成为工业界工作布局的重点。

1. 工业互联网平台标准体系结构

基于综合标准化工作方法和标准化需求分析的结果，工业互联网平台的标准体系可被分为基础共性标准、核心技术标准、安全标准和应用服务标准。工业互联网平台标准体系结构如图 2-43 所示。

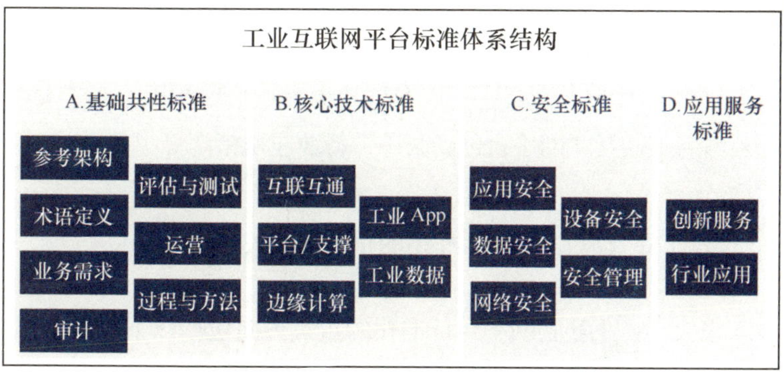

来源：中国电子技术标准化研究院

图 2-43　工业互联网平台标准体系结构

基础共性标准用于统一工业互联网平台的术语及相关概念，帮助各方认识和理解工业互联网平台，并为其他各部分标准的制定提供支撑，具体包括参考架构、术语定义、业务需求、过程与方法、评估与测试、运营、审计等。

核心技术标准用于规范工业互联网平台的设计、开发和实现，指导技术研发、测试验证等，具体包括互联互通、工业 App、工业数据、平台 / 支撑、边缘计算等。

安全标准用于提升工业互联网平台的安全防护能力，规范工业互联网平台的安全管理，具体包括应用安全、数据安全、网络安全、设备安全、安全管理等。

应用服务标准用于指导不同应用场景和不同行业制定应用软件开发和使用的标准，以及为行业提供导则，具体包括面向汽车、航空航天、石油化工、机械制造、轻工家电、信息电子等垂直行业领域的工业互联网平台创新服务、行业应用指南等。

2. 工业互联网平台标准化的重点方向

未来，工业互联网平台标准化的重点方向包括以下 3 个方面。

一是明确标准研制的主要趋势，开展重点领域技术标准的研制。开展两级新型标准体系建设：一类是政府主导制定的标准，侧重保基本，例如，参考架构、互操作和可移植、平台能力、测试评估、平台安全等通用性强、基础支撑作用明显的国家标准、行业标准和地方标准；另一类是市场自主制定的标准，侧重提高竞争力，鼓励具备相应能力的学会、协会、商会、联合会等社会组织和产业技术联盟协调相关市场主体，共同制定满足市场和创新需要的标准，供市场自愿选用，增加标准的有效供给。例如，在平台数据标准方面，鼓励工业数据交换、分析、管理、建模与大数据服务相关的标准的制定，以实现对数据的有效管理与工业要素的一致描述；在开放接口标准方面，鼓励开发工具 API、微服务调用 API 等标准的制定，以保证开发者对平台功能的高效调用；在平台互联互通标准方面，鼓励开展互联互通架构、数据接口、应用接口、服务对接等标准的研制，以实现不同类型或不同领域平台间的共享合作。

二是开展工业互联网平台标准的制定及试验验证工程。工业互联网平台是互联网资源与工业系统资源对接的枢纽，是 IT 与 OT 跨界融合的关键基础设施，其相关的技术标准制定工作需要垂直行业领域、ICT、工业领域的专家协作开展。应充分发挥标准化技术组织以及 AII 等组织的产业生态纽带的平台作用，促进产、学、研、用跨界融合、深度协作，形成产业协同合力，同步推进工业互联网平台标准内容的试验验证，推进工业互联网平台技术标准、产品、系统和应用的试验验证环境的建设，推进标准管理服务平台的建设，加快工业互联网平台各类标准及产品的推广与应用。

三是引导产业积极参与国际标准化工作。积极引导我国科研院所、工业互联网平台建设运营企业、智能设备研发企业等工业互联网平台生态体系多方积极参与国际标准化组织、协会、联盟的标准化工作，加强与国际领先工业互联网平台企业、国际标准化组织的交流与合作，共同制定工业互联网平台服务标准规范和国际规则，在多边、民主、透明的工业互联网国际治理体系下，推进全球工业互联网平台的有序健康发展。

03

赋能篇：

工业互联网，供给侧结构性改革的有力武器

在我国供给侧结构性改革的伟大实践中，创新是第一驱动力，创新的目的是通过提高发展质量和效益，提供高质量科技供给以支撑现代化经济体系建设，推动经济发展质量变革、效率变革、动力变革，显著增强我国经济的质量优势。从宏观层面来看，发展工业互联网有助于推进互联网、大数据、人工智能与实体经济的深度融合，发挥工业互联网的叠加效应、聚合效应和倍增效应，充分体现其网络强国与制造强国焊接点的作用，培育发展战略性新兴产业集群，促进我国产业升级和转型，向全球价值链的中高端迈进。从中观层面来看，把握数字化、网络化、智能化融合发展的契机，以信息化、智能化为杠杆，依托工业互联网日渐丰富的应用场景，有助于推动制造业产业模式和企业形态根本性转变，其作为行业发展新动能的作用将日益突显。从微观层面来看，工业互联网关系到企业生产经营的各个环节，成为企业获取长久竞争优势的必要条件和发展方向。企业发展工业互联网，有助于提质增效，并极大地改变企业的竞争战略。

产业升级赋能：转型

互联网作为一种通用共性技术，与蒸汽技术和电子技术一样，正在深刻改变传统的生产方式、消费方式、商业模式和管理模式。我国是制造业大国，也是互联网大国，网民规模和 4G 用户规模均为世界第一，拥有全球最大的网络销售市场。制造业是国民经济的主体，是实施“互联网 +”行动的主战场。“互联网 + 制造”的核心是推动企业生产模式和组织方式的变革，增强企业创新能力和创造活力，是实现制造强国和网络强国目标的必要手段。

未来二十年，中国工业互联网的发展至少可带来 3 万亿美元的 GDP 增量。应用工业互联网后，企业的运营效率会提高约 20%，成本可下降约 20%，节能减排指标可下降 10% 左右。波士顿咨询公司计算，仅制造业服务化就能为中国企业带来 6 万亿元的附加值。

（一）建设制造强国与网络强国的焊接点

工业互联网正在成为建设制造强国和网络强国的焊接点，这具体体现在以下3个方面的提升和转变。

1. 工业互联网驱动企业从个体生产向协同创新转变

工业互联网为不同规模、不同环节、不同位置的企业搭建了信息共享与集成平台，使企业能够在全球范围内迅速发现和动态调整合作对象，整合企业间的制造资源，发挥合作创新优势，帮助企业在产业链的不同环节实现从个体生产向协同创新的转变。

一方面，制造业企业以品牌为核心，通过工业互联网平台整合供应链资源、统筹上下游企业的优势，以企业管理系统整合为基础实现产品全生命周期管理，推动制造产业链向下游不断延伸。例如，在研制ARJ21支线飞机项目中，商飞公司采用“主制造商＋供应商”的管理模式，组建了项目广域协同平台，联合全球10多个国家、104家供应商进行飞机的协同研发与制造。宝钢集团构建了基于工业互联网的制造全流程管理体系，使企业的信息流、物流、资金流的协同以及产品交货时间、供应链管理水平等处于全球领先地位。

另一方面，信息服务企业把提供制造服务作为核心业务，通过工业互联网云平台统筹软硬件、企业、专家、知识、技术等各类制造资源，在统一、集中的智能管理和运营的基础上开展覆盖制造业企业、用户以及产品全生命周期的云制造服务。具体运作模式为：企业、用户根据制造任务向云制造平台提出任务请求，平台对请求进行分解、调度、优化和组合，将最优化的整体解决方案提供给使用者，实现制造资源和工业软件、研发设计等服务的按需供给与即买即得。

2. 工业互联网促进制造业产业链融合再造

工业互联网在产业链中的作用不仅局限于实现产业链中的价值传递，而且体现在价值创造方面，它促进制造业价值链的优化提升和体系重建。

一方面，工业互联网拉近了产业链上游与下游的距离，支持企业基于用户需求定制设计与生产，提供产品全生命周期服务，推动服务型制造业快速发展，构建了企业与用户无缝对接的平台。在工业互联网环境中，生产系统智能化和生产设备网络化水平不断提高。越来越多的制造业企业积极探索“与用户交互、让用户评价、最终由用户定义”的工业互联网应用新模式，以企业产品和技术为核心的传统制造模式加速转变为社会化和用户深度参与的新型模式，提升了企业创造价值的空间。

另一方面，工业互联网将全产业链的各个环节连接起来，加速各个环节的数据在产业链中的流通和传递，企业基于工业互联网深层分析数据的能力，实现智能机器设备的远程操控和智能运转，这在企业提高生产效能、优化生产流程、创新生产方式方面产生了极大的促进作用。例如，企业通过工业互联网整合与管理生产数据，通过挖掘数据尽可能地捕捉影响生产决策的隐性数据，在数据分析的基础上开展预测，采用预防控制策略降低决策成本和维修成本。

工业互联网不同应用阶段的范围及模式如图 3–1 所示。

3. 工业互联网从制造业向经济社会的全方位渗透

智能设备快速发展，可通过智能感知、在线分析和实时通信实现设备的可追溯、可识别、可定位，目前智能设备被广泛应用于经济社会的各个行业，逐渐成为工业互联网的网络终端。这些网络终端以制造业为主要对象，推动其他传统产业和各个领域不断与工业互联网结合，以追溯、识别、定位和数据分析为技术支撑，不断发掘产业增值服务环节和内容，创造了新业态、新市场，重塑经济社会发展模式。

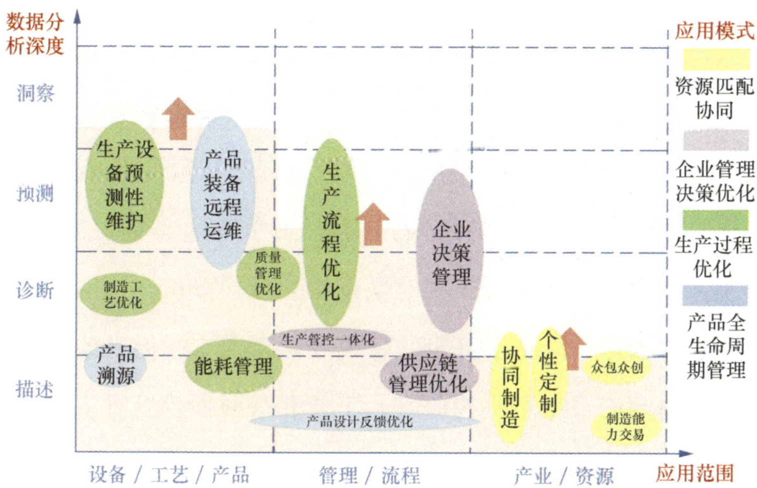

来源：中国信息通信研究院

图 3-1　工业互联网不同应用阶段的范围及模式

在能源领域，部分企业已开始探索工业互联网的应用。大唐集团与上海电气等设备制造商联合建立了数据监测工业互联网平台，实时、高频度地采集、汇总、存储和集中处理各发电厂机组的生产数据，此平台一方面为发电厂优化发电生产流程提供了依据，另一方面为电机生产企业改进电机设备和重组生产线提供了工程实践支撑。

再如，由积成电子、中国移动、联想集团合作打造的工业互联网能源平台——智慧能源，利用智能能源设备采集水、电、气、热等能源的使用数据，通过数据挖掘技术深度分析能源使用量与频率之间的关系，按需配置能源，实现能效提升、节能减排。对能源企业而言，工业互联网平台实现了能源消耗的可监控、可追溯、可管理，降低了能源供给方的开支，提高了能源的使用效率；对合同能源管理服务提供商而言，工业互联网平台整合了实时数据的存储、分析、可视化管理等服务资源，降低了开发、建设和运营成本，促进效益最大化；对政府及金融机构而言，工业互联网平台提供了能源生产和消费的实时动态信息，为实行有效监管和调控提供了真实、透明的数据支撑。未来，工业互联网平台还将在节能监测、节能技术改造、节能企业核算和评价以及碳交易的开展等领域开拓更多的应用，创造更多的经济和社会价值。

现阶段，我国工业互联网产业的覆盖范围大，地区分布广泛。就整体产业而言，北京、深圳等大型城市以及东部地区涵盖工业互联网的重点领域，产值较高，产业发展较快，上海、江苏等地方政府通过资金支持等多项举措积极推动产业落地。虽然近几年来我国工业互联网取得了一定的成绩，成为推动全球工业互联网发展的重要力量，但放眼未来，我们仍需直面挑战、砥砺前行。

工业互联网驱动的制造业变革将是一个长期的过程，构建新的工业生产模式和资源组织方式也并非一蹴而就，将由局部到整体、由浅入深，最终实现信息通信技术在工业全要素、全领域、全产业链、全价值链的深度融合与集成应用。

工业互联网是中国把握变革契机、抢占国际竞争制高点的优势领域。互联网和制造业融合的发展目标，就是我国经济发展，特别是制造业转型升级和发展所需要的新动能来源。推动互联网与工业融合，形成多重优势叠加，驱动工业数字化、网络化、智能化发展，是中国走新型工业化道路、建设制造强国和网络强国的必由之路。

（二）叠加效应、聚合效应、倍增效应

我国既是制造业大国，又是互联网大国，二者相互融合将是竞争优势的叠加。“互联网 +”不是加法，而是乘法，互联网对中国制造业发展新动能的放大作用将是一种乘数效应。工业互联网在通过升级生产方式提升生产侧效率的同时，也通过

制造服务化转型提升消费侧的服务体验，提高交易效率，从推动制造资源的局部优化向全局优化方向演进，实现制造业动能的倍增。

互联网平台本身具有天然的聚合效应和放大效应。淘宝（含天猫）的网店数量已经超过900万家，腾讯云开放平台聚集了超过500万名的开发者，百度应用市场的移动开发者已经超过100万名，最终在短短的十几年时间里我国形成了一批百亿元、千亿元级的行业电商平台。2016年，我国12家互联网企业进入全球市值前30名，阿里巴巴、腾讯、百度稳居前10名，这是互联网平台聚合和放大效应的真实体现。可以设想，在工业互联网领域，大量的开发者将被聚合在一起，围绕工业生产服务的各个环节开发丰富多彩的应用，工业互联网的应用价值被成倍放大，各方参与者同时从这个“金矿”中实现自己的价值。

工业互联网平台对实现叠加效应、聚合效应和倍增效应，促进“互联网＋先进制造业”融合发展具有重要作用，主要体现在以下几个方面。

第一，工业互联网平台将制造业企业、供应商、消费者连接在一起。利用数据挖掘技术和定义软件配置，推动从单个设备、产线到制造业企业的集成优化，从供应商、生产者到消费者的充分对接，打破企业信息孤岛、整合产业链上下游、打通生产与消费，实现生产工艺从传统试错到模拟择优，生产载体从传统自动化装备到智能工厂，生产组织从分散式生产到网络化协同制造，生产方式从单一化大规模制造到用户体验式消费和产品个性化定制，实现制造业企业质的飞跃。

第二，工业互联网能够促进制造业企业提质增效。一是能促进生产与运营管理优化，通过实现生产现场数据的互联互通，结合工业大数据的挖掘分析，实现设备的健康管理、工艺优化、质量优化等智能化应用。二是能实现资源优化配置，通过实现跨系统、跨厂区、跨企业的全面数据互通，实现各种生产和服务资源更大范围、更高效率、更加精准的优化配置，推动传统产业去产能、去库存、降成本、补短板。

第三，工业互联网能够帮助企业创造新的价值。一是能提升产品的价值，企业利用工业互联网对接用户需求数据，将用户的个性化需求快速反映到产品的设计过程中，结合柔性生产能力，形成满足用户喜好的独特产品。二是能提升服务价值，企业依托工业互联网远程接入产品的数据，能够实现产品故障诊断和预测性维护等创新增值服务，促使企业从产品供应商向服务供应商转变，有效拓展价值链。

第四，工业互联网能够催生新业态和新产业。工业互联网通过汇集工业数据、工业知识和经验，降低了应用创新的门槛，使大量第三方开发者能够参与工业应用的创新，形成一个新的创新生态。同时，工业互联网还促进制造资源、创新资源与金融资本等各类社会资源的对接，工业互联网汇聚的海量数据为融资租赁、方案对接、技术转移提供了量化依据，形成产融对接、供需对接、研用对接的新生态，实现资金、技术等要素资源合理的配置。

从推进“两化”融合的维度来看，工业互联网平台已经成为推动“两化”深度融合升级的关键抓手。制造业数字化、网络化、智能化不断向前推进，“两化”融合面临不断变化的环境和不断更新的需求。在当前和今后的一段时期内，“两化”融合需要依托工业互联网平台应对环境和需求的各种变化。

一是连接海量设备、汇聚和配置工业资源的需要。随着传统制造业的信息化水平提升，企业信息化改造已经不局限于生产过程的单一环节和单一领域。在底层，各类机床、锅炉、生产线等传统生产设备逐步产生数据互联的需求；在上层，各类ERP、CRM（客户关系管理）、CAM等业务系统迫切需要实现数据的互通与共享。工业互联网平台可以实现全价值链、全环节的数据互联要求。

二是打通生产和消费、重塑制造体系的需要。产业链上下游密切互动，生产者与消费者互动，是“两化”融合发展的重要特征之一。伴随企业的发展，上下游企业生产效率的提升速度不一，零件错配、生产浪费等现象逐步加重，且消费者的需求多样、多变。在传统的生产、零售模式中，生产者与消费者之间的信息严重不对称，成为阻碍消费升级的一大障碍。工业互联网平台可以汇聚产业链上下游企业，打通生产与消费的联系。

三是促进企业协同互动、培育新模式及新业态的需要。随着网络化协同制造、个性化定制、服务型制造、分享制造等制造新模式，以及工业电子商务、产业链金融等制造新业态的出现和发展，企业与企业、企业与用户之间的数据交互数量更大、内容更广、频率更高。传统的数据交流模式制约了制造业新模式的发展。工业互联网平台和多样的工业 App 满足了各种制造业新模式的不同需求，实现了生产企业的左右协同。

四是激发创新活力、转换新动能的需要。只有用好企业信息化所发展和积累的海量数据，才能为企业带来价值。不可否认，数据创新产业是创新创业的重要阵地。在传统模式下，企业在缺乏必要的技术基础的情况下完成了数据清洗、数据挖掘、模式识别等分析工作。但是企业一旦接入工业互联网平台，只要愿意，就可以向公众公开海量的生产数据。各类数据分析机构、高校、科研院所、团体甚至个人，都可以在公开的生产数据上开发各种工业App，建立具有广泛应用价值的数字模型。工业互联网平台不但把企业汇聚在一起，而且打通了产、学、研、用合作的渠道，实现数字经济与知识经济的有机结合。

五是构建防护体系、保障工业信息安全的需要。从全局的角度来看，制造业企业的信息安全防护水平较低，防范网络安全威胁、抵御网络攻击的能力不足，而网络安全的威胁及风险日益突出，针对制造业企业的网络攻击事件日渐增多。传统的企业级网络安全体系的投入巨大，远超中小企业可承担的能力。工业互联网平台则可以通过集中、统一的方式，肩负全面提升制造业网络安全能力的责任。拥有工业互联网平台的企业可以组建一支专业的网络安全队伍，为平台中的所有企业用户提供网络安全服务。

全球工业互联网正加速深化发展，工业互联网平台作为工业互联网实施落地与生态构建的关键载体，正成为全球主要国家和产业界布局的关键方向。2017年，国务院印发了《关于深化“互联网+先进制造业”发展工业互联网的指导意见》，将加快培育工业互联网平台作为首要任务，将平台作为工业互联网建设的核心内容。

行业发展赋能：新动能

制造业行业的发展差异大，需要专业的垂直行业解决方案；工业互联网平台的专业性强，每个行业和企业单独搭建的难度大，建设周期长。解决这个矛盾的有效路径是采用“综合性平台 + 垂直化行业”的解决方案，共享平台能帮助行业和企业共享工业互联网的技术红利，快速构建深度的行业解决方案。工业互联网综合性平台的跨行业服务能力是判断其发展水平的重要标准。

从全球工业互联网发展的总体情况来看，工业互联网的应用领域正从单个设备、单个工艺、单个企业向全要素、全产业链、全生命周期拓展，应用场景日趋丰富。各行业目前显现四大场景：一是面向工业现场生产过程的优化，例如制造工艺、生产流程的优化；二是面向企业运营的管理决策优化，例如供应链管理；三是面向社会化生产的资源优化配置与协同，例如协同制造；四是面向产品全生命周期的管理与服务优化，例如产品溯源。

（一）离散行业依托工业互联网打造新动能

离散行业通常产品品种多，生产批量小，工艺较为复杂，组织生产难度大，普遍存在计划、管理不善，造成库存和在制品数量多、流动资金占用大和不能准时交货等问题，智能制造已成为这些企业的主要发展方向。这些企业如何通过生产线的互联改造、智能控制、大数据分析，缩短产品的研制周期，提高生产效率和质量的稳定性，已成为当务之急。在高度离散的场景下，用户个性化定制的需求不断增加，如何将客户需求高效地转换成可供生产使用的制造工艺技术文件，如何在有限的成本内快速交付小批量定制化产品，是离散行业企业普遍面临的新命题。另外，提升智能化服务能力也成为部分离散行业企业追求的目标，运用大数据、互联网、物联网等手段，加强产品和服务的全生命周期管理，符合市场和企业持续发展的需求。

1. 电子信息行业

流水线生产、单元生产、手工生产这 3 种制造模式，在电子信息产品制造中广泛存在，并且有各自的应用场景和具体需求。只有将所有的生产设备、过程环节与资源和工业互联网充分结合，消除信息壁垒，实现所有要素的互联互通，才能为电子信息产品的智能化生产提供坚实的基础。

工业互联网在电子信息行业有 3 个典型的应用场景：设备健康管理、人机协同一体化和生产过程质量追溯。

设备健康管理。设备健康管理聚焦于严格管理和监控设备的运行状态、维护状态及保养情况，因为一旦设备管理不善会导致生产停机、贵重设备提前报废、发生安全事故，对企业造成的损失往往是巨大的。健康管理和可预测性维护设备可以实现以较小的投入，大大延长设备的寿命，为企业增加经济效益。

人机协同一体化。电子信息产品的制造呈现复杂、非结构化和随时可能改变尺寸、形状等特点，单纯依靠机器实现自动化生产的解决方案的难度和成本巨大，仍需要人的介入，从而带来人机协同一体化的问题。工业互联网的人机交互和协作，可以提升整个产品制造的生产力和质量。

生产过程质量追溯。生产过程质量追溯聚焦数据，基于工业互联网技术，采集整个产品生命周期的所有数据，实时分析并构建生产质量模型，实现异常品快速响应和全过程的品质监控。挖掘企业在生产过程中影响产品质量的关联因素，发现潜在的质量问题，消除质量管理环节中存在的漏洞，提前进行预警及解决。

案例 1：富士康工业互联网平台 BEACON 的行业应用

业务痛点

富士康集团具有 40 多年制造经验，在新形势下产生了以下新的需求。

仅依靠传统的数据统计与拟合方法已经难以满足海量数据的深度挖掘和决策支持的需求。

随着技术的不断进步和设备的更新迭代，目前的设备型号参数参差不齐，数据参数不统一成为精准采集数据的难点。

大量重复、烦琐的人力工作已经逐渐由机器人代替，但同时也产生了大量重复、烦琐的场景问题，需要新的人工智能代替人力处理一些工作。

在工业互联网时代，企业如何进一步优化供应链、资源配置、能源管理，如何提升周转率、改善沟通效率、使订单交付过程宏观可视化，已经成为下一个难题。

应用模式

富士康在“云、移、物、大、智、网＋机器人”的战略指导下，成立了富士康工业互联网股份有限公司，全力推动工业互联网平台 BEACON 的发展。依托富士康云，BEACON 平台集成了大数据、人工智能、物联网、自动化技术，结合海量影像大数据应用，打造跨边缘层、IaaS 层、PaaS 层和 SaaS 层的应用体系，连通设备层、车间层、企业层，智能辅助生产者、管理者和决策者。

富士康工业互联网 BEACON 平台利用多源传感设备、智能装备，结合各类通信协议，接入各类异构设备、系统、产品及海量影像大数据，实现工业以太网、工业总线等协议的转换，实时收集、分析、处理生产数据，实现机器控制与交互沟通。富士康工业互联网 BEACON 平台架构如图 3-2 所示。

BEACON 平台将海量的设备连接到云端，采集关键、有效、微观、纳米数据，进行数据的管理、清洗、分析、建模，再结合

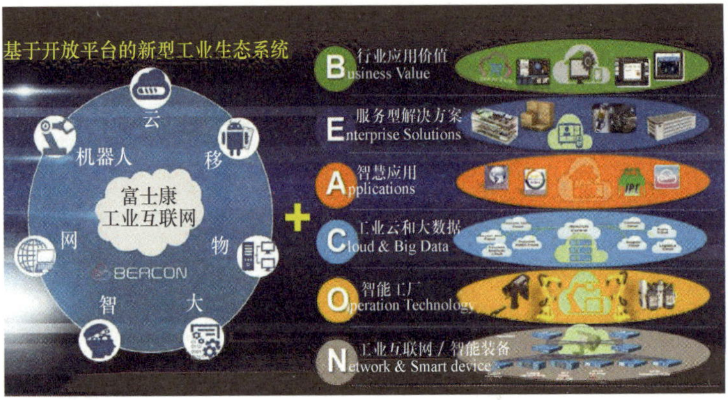

来源：富士康

图 3-2 富士康工业互联网 BEACON 平台架构

工业应用场景与工业机理，应用和发布工业数据模型。该平台通过工业 App 的使用实现机台的高效连接，由智慧设备管理平台实时监控设备的运行，辅助工程师作业。该平台还通过工业机理的数据模型打造专家引擎，训练人工智能（AI）从智能数据库中提取特征和处理自然语言，从而节省人力，提高效率。

BEACON 平台是集设计、制造、销售以及全产业链解决方案于一体的工业互联网平台，可以实现智能化工厂的快速部署。它的应用范围广泛，重点应用方案包括：预测客户需求，监控销售出货状态，实现动态管理；实时掌握原材料的采购、库存及销售等信息，结合大数据分析预测原材料价格趋势和供需关系，优化供应链管理效率；智能感知有助于增强生产作业时的程序管控，维持生产线的高产能状态，降低无用资源的损耗；加强管控原材料的不良分析和追溯、生产产品良品率，以及对不良品维修的记录及分析；及时收集作业人员、机器设备以及周边环境的安全状态信息，实时掌握生产产品的安全品质等。

关键要素

CorePRO 是富士康工业互联网 BEACON 打造的核心物联网平台，是资源接入管理、数据采集的解决方案。富士康通过 CorePRO 平台高效、安全地将海量设备连接至边缘计算及云端，并在核心层（边缘层）和云端管理设备和存储数据，并结合 BEACON 平台进一步进行数据分析与处理可视化展现的结果。

影像大数据平台作为工业级影像的智能管理平台，为用户提供自底层影像数据采集至顶层机器视觉应用的整套服务。结合工厂内部的生产实例，影像大数据平台所提供的智能化服务广泛应用于生产过程的各大环节。以网络通路产品制程为例，影像大数据平台可提供的海量影像大数据服务主要涵盖了原料管控、智能制造、品质管理 3 个方面。

应用价值

BEACON平台运用在维护方面，可以达到近似零宕机；运用在产品质量方面，可以达到近似零废品率；运用在能效方面，可以达到近似零浪费的无忧状态，从而达到提质、增效、降本、减存的效果。

富士康制造BU（部门）推行和实践BEACON平台，效率提升了30%，良品率提升了15%，生产周期缩短了18%，成本降低了21%，库存周转天数缩短了26%，能耗降低了20%。

案例2：中国电子集团下属液晶面板企业质量追溯系统建设

业务痛点

中国电子集团下属液晶面板企业随着业务的成长和生产技术的升级，产品质量问题越来越多，处理异常品也越来越频繁。原有的产品追溯查询及处理流程已经无法适应当前客户的需求，亟须一套创新的质量追溯系统及时减少并解决产品质量问题。

应用模式

中国电子集团下属液晶面板企业亟须通过工业互联网相关技术，实现对车间制程设备、检测设备和搬送设备的数据采集，同时在数据处理层通过对应用系统的数据集成，串联各个系统和各个生产车间的数据，在整合全生产过程数据的基础上，依托液晶面板行业的相关知识，建立质量分析模型，实现对产品生产全过程的质量分析与预测，支撑相关应用解决生产质量追溯问题。某液晶面板企业生产质量追溯实施架构如图 3-3 所示。

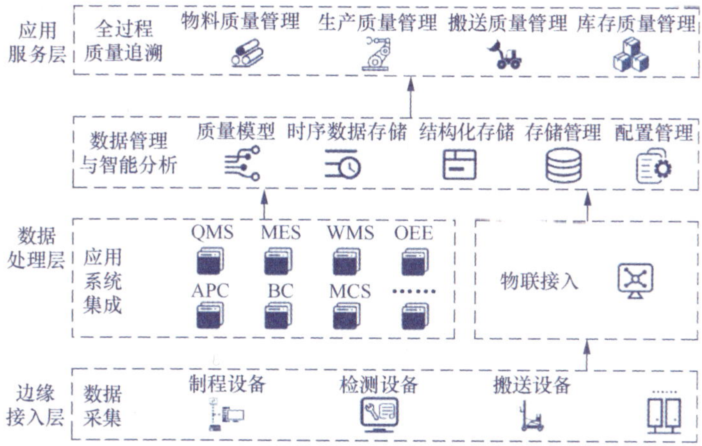

来源：垂直行业工业互联网实施架构白皮书 / 工业互联网产业联盟，2018 年 2 月

图 3-3　某液晶面板企业生产质量追溯实施架构

关键要素

该案例实施的重点在于“全过程”管理。工业互联网相关技术记录与监控产品生产过程中产生的所有数据，是实现实时监

控、实时响应、实时管控的基本要素。该企业通过实施全过程质量追溯，梳理了作业流程，改善了作业模式，实现了产品的高效、安全生产。

应用价值

实施全过程质量追溯后，企业达到以下效果：第一，质量异常快速反应，由1～7天缩短为1～4小时；第二，统一质量异常处理接口，所有与质量相关的异常在质量追溯应用上都由工作人员操作；第三，降低了产品质量的异常率，减少了损失，提升了产品的质量以及公司的效益；第四，快速定位异常品的分布，通过追回或降级处理等措施，减少用户损失，提升企业信誉。

2. 工程机械行业

工程机械行业在装备工业中占有举足轻重的地位。近两年来，受到金融政策、项目开工和市场饱和度等多种因素的影响，我国工程机械行业的经济增长放缓。工程机械行业的生产模式是典型的离散制造模式，品种多、批量小、周期长、组织生产难度大。因此，不少工程机械企业加强了对智能化的研究，同时拓展海外市场，培育融资租赁市场，进一步向服务型制造转型。

工程机械行业实施工业物联网的业务需求：一是提升生产过程的智能制造水平，尤其是提高核心零部件的生产效率和质量的稳定性；二是实现人、机、料、管理流程、管理系统的广泛互联，实现公司与客户、代理商、供应商、第三方物流公司之间的信息集成；三是满足客户对产品个性化定制的需求；四是提升智能化服务的能力。在工程机械行业，离散制造智能工厂和智能服务是工业互联网应用的两个主要场景。

案例 3：中联重科企业智能分析决策与智能运维服务体系

业务痛点

随着市场竞争的日益激烈，中联重科为实现高效决策，既需要实时汇总及可视化展现各项业务数据，又需要一个有效抽取、分析数据的工具，以充分挖掘、利用复杂 IT 系统中堆积的各类数据。

另外，中联重科在战略转型探索中逐步意识到，智能运维服务是企业转型的需要，也是市场发展的需要，研发智能化产品、发展智能运维服务是设备厂商未来的发展定位。为进一步促进产品智能化改造以及向新的服务模式转型，同时也为了提高产品作业的服务质量和运维服务效率，中联重科亟须构建未来的服务体系。

应用模式

2016年，中联重科完成构建基于SAP HANA高性能数据仓库的决策支持系统，通过工业网络技术促进企业管理模式的创新以及面向客户的业务流程和经营模式的变革。

搭建平台核心架构：采用BW on HANA和Pure HANA（实时分析）混合部署架构，一方面，利用BW on HANA构建统一的数据仓库系统平台；另一方面，Pure HANA作为实时的数据集市，能够满足大数据量的实施业务报表需求和未来基于内存的创新应用开发需求。

构建高性能的计算系统：基于SAP HANA的高性能数据仓库平台，显著增强了数据分析性能并加快了从源系统到最终数据展示的数据加载速度，简化了运营管理，优化了IT结构，从而降低了总体拥有成本。

实现多源数据打通集成：基于已有的ERP、CRM、QM、CC、CSS等主营业务信息系统的多维数据源，该平台打通与集成了多系统数据，能够快速处理大量的结构化和非结构化的数据，实现实时的数据复制与同步，快速地得出高质量的业务视图和分析结果。

开发智能化管理应用：在对售前、售中、售后等关键环节的整合与模型构建的过程中，涉及分析主题 28 个，实现管理驾驶舱（Dashboard）8 个、多维分析报表（Webi）166 个、数据探索（Explorer）3 个，为公司的高层决策者提供实时、有力的战略支持服务，包括提供“集团销售日报分析”“服务订单全过程监控分析”“管理驾驶舱主题分析”等模块化应用 App。

在智能服务体系构建方面，中联重科与上海理想等单位合作，建设了智能服务平台，完成了主动预警提示、客户自诊断自服务、现场智能诊断和远程专家会诊 4 层服务体系的构建，实现了面向生产企业、配套销售服务商、产品使用者的全方位用户覆盖及应用。中联重科未来服务体系整体框架如图 3-4 所示。

为构建未来的服务体系，中联重科完成了物联网互联云平台、CRM 平台、全媒体交互中心平台，以及设备健康管理、农机远程运维新模式等专项智能应用。

关键要素

运用 AR/VR 技术拓宽物联网应用之路。物联网互联云平台中运用了 AR/VR 技术，技术人员可直观地看到产品的运行状态、性能

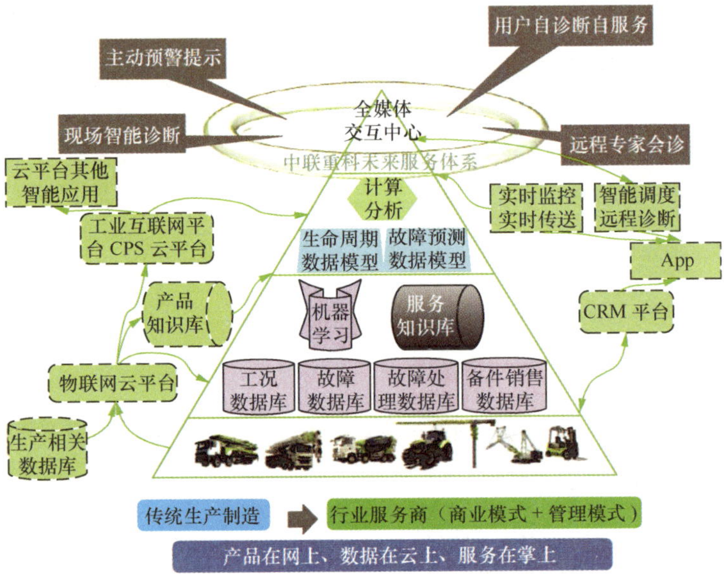

来源：中联重科

图 3-4　中联重科未来服务体系整体框架

和各项重要参数，同时这些数据也能直观地反映给产品设计师，从而帮助他们不断优化、完善产品，为用户带来更好的体验。

一键响应。设备在出现紧急故障或需要紧急求助时，用户通过一键操作，将求助信号发送至呼叫中心，同步发送的还有该车辆设备的地理位置、出厂编号、设备配置等基本信息。呼叫中心在接收到求助信号后，第一时间根据实际情况制订处理方案。

中联重科将呼叫中心建设成平台统一、业务线独立、座席分布式、面向客户多渠道的“多媒体综合服务中心”，全面融合微信等新的沟通渠道，为用户提供更好的服务体验；并打通 CRM/OA/ 营销 E 通等自由业务系统，更有效地为决策者提供有价值的数据。

搭建农业装备大数据平台。中联重科根据专家经验建立故障模型库，并通过机器学习的方法学习和模拟验证物联网采集的历史工况数据、核心业务系统中的配件信息和运维服务信息，实现农机装备及核心配件的生命周期分析、远程运维诊断和预测性维护，为向新的商业模式转型提供了数据基础，实现了从被动式呼叫服务向自主感知、智能诊断、提前预防和主动维护的主动式远程运维服务的转变。

应用价值

通过建设工业互联网平台，中联重科实现了实时、精准的企业决策支持和智能化管理，加速从传统的生产制造业向高端智能制造服务业的转型升级。产品库龄计算与分析耗时从过去的 5.2h 降低到 19s，达到实时同步抽取；集团主机发货日报从过去数据滞后 2 天降低到 10s，并实现多维、随时、全局的数据视图，参与计算的数据达4.02亿条；报表平均运行时长1.8s，驾驶舱平均展现时长3.9s。

通过“远程运维服务新模式应用”项目的实施，农机运维成本降低了20%，生产效率提高了20%，单位产值能耗降低了10%，中联重科农机板块的服务能力显著提升。未来它将扩展至全部产品线，完成中联重科未来服务体系的搭建。

案例4：Xrea工业互联网平台在工程机械行业的应用

业务痛点

徐工信息在信息化建设中面临的主要问题：企业信息系统缺乏统一的平台；现有的信息系统存在数据孤岛；数据层不统一、大数据挖掘困难，不利于开展基于互联网的后市场服务；现有系统架构层面瓶颈严重，在性能、数据容量、扩展性、安全性等方面均无法满足企业的业务需求，严重制约了业务的发展，无法满足新形势下企业的服务化转型。

应用模式

公私并举的应用模式：对大型制造业企业采用“私有云+解

决方案”的商业模式进行推广应用；对量大、面广的中小企业，结合其在大型制造业中获得的行业应用经验、明星 App，推广基于 Xrea 的公有云平台，推进中小型企业的应用普及，推广按需付费、以租代买的商业模式。

徐工信息提供的基于工业互联网的挖掘机械全生命周期管理平台是基于分布式的高性能、高可用、易扩展、易开发、易管理的一体化物联网大数据平台，涵盖了物联网系统中的各个环节，包括数据接入、数据处理、数据存储、数据交换。该平台目前已管理徐工集团 1047 类、超过 22 万台设备，年数据存储量达 1.1PB。挖掘机械全生命周期管理平台的整体架构如图 3-5 所示。

安全管理平台从架构上主要分为业务层、平台层和设备层 3 层。业务层通过查询接口获取平台层中已经处理过的数据并进行展示，它提供物联网云平台服务。平台层基于 Xrea 工业互联网平台，主要提供数据的接入、数据的存储、数据的计算（包括实时计算和批量计算）以及数据的交换和监控管理等服务。

设备层使用 X-plore 系列边缘计算终端产品，在边缘端通过协议转换模块，自动转换与解析各类设备的发动机 ECU 与整机

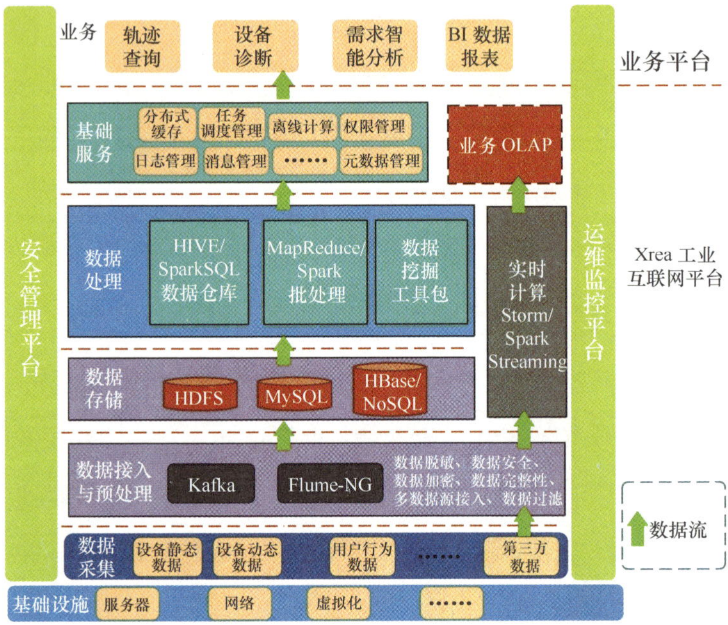

来源：徐工信息

图 3-5　挖掘机械全生命周期管理平台的整体架构

CAN 总线数据，同时实现了数据盲区补偿、工作时间统计、健康状态分析、地理围栏、动静监测、事件捕获等功能，与平台层协同优化管理设备，并进行数据分析。

关键要素

Xrea 工业互联网平台提供的集团级应用为集团职能部门

的用户提供市场分析、发现大项目机会、分析指标、统计等功能，辅助他们做出决策，便于集团整体管理，宏观把控产品与服务。

事业部管理平台为主机生产单位提供物联网注册、安装调试、库存和物流管理、售后服务、风险预警、远程控制、异常报警等功能。主机生产单位使用事业部管理平台进行设备入网、设备监控、设备数据采集与分析、市场分析与风险管控、售后服务管理、产品设计的优化改进等工作。

X-Link 徐工在线平台为经销商、产品用户提供设备监控、维保管理、运营管理、机群管理等功能，可以帮助经销商更好地服务用户群体，快速、精准地营销和提供售后服务；帮助各级用户更好地使用并管理徐工设备，创造更多的价值。

应用价值

平台能够为工业企业在数字化转型过程中产生的设备的连接、工业大数据的存储管理、智能分析和应用等共性基础技术难题提供解决方案，极大地提高了工业企业转型落地的成功率，实现个性化定制、服务化延伸、协同化研发、智能化生产，具有极佳的经济效益和社会效益。

实施本项目后，徐工信息提高了管控水平，降低了运营费用；并且借助物联网技术构建产品的数字化管理体系，提高了产品数字化、网络化和智能化水平，实现了企业从生产型制造向服务型制造的转变，提高了企业的主动服务水平，提升了用户服务满意度，单设备备件销售额平均提升2倍以上，故障处理周期缩短70%，服务成本降低了40%以上。

3. 轻工家电行业

目前家电消费升级态势良好。整个家电行业的运行特点表现为3个方面：一是产品结构升级显著，呈现高端化趋势；二是核心企业保持对研发的高投入；三是线上、线下销售渠道融合，开始出现订单式产销模式，制造智能化水平提升，开始出现智能化产品。

鉴于以上特点，家电行业的两个场景对工业互联网有迫切需求：一是消费场景，即家电产品到消费者手中以后消费者使用家电的过程；二是生产场景，即订单进入生产环节直到完成生产产品并送到消费者手中的过程。这两个场景都需要企业重点考虑终端消费者的消费体验和对产品的评价。

案例 5：中央空调工业互联网云服务平台

业务痛点

海尔中央空调互联工厂是海尔在中国投产的第 8 个互联工厂，也是世界上首个中央空调互联工厂。该工厂具备 10 项中央空调产品的生产能力，配置 8 条智能生产线。在大规模个性化定制和智能制造的战略背景下，海尔中央空调需要建设一个以用户需求为中心的研发、制造、物流、服务全产业智能生态系统。

传统的维保方式是根据天气或负荷需求，工作人员往返奔波于用户与空调机房之间，被动地响应故障报警，人工调节机组出水温度，且无节能措施。海尔希望搭建可支持用户参与制造、实现大规模定制的智能制造云平台，实现全流程利益相关方与用户零距离并联，高效配置资源，快速满足用户的定制需求，实现设备和质量状态实时远程监控与智能分析优化，实现用户订单的全流程可视，并通过用户交互实现产品的持续迭代升级。

应用模式

为满足用户的最佳体验及提升工厂的竞争力，海尔搭建了智能互联平台，其中央空调公司在行业内较先应用“云服务平台”。该平台服务于中央空调工程用户，是一个以大数据采集、专业分析、节能服务、智能维保、多项目统一管理的开发平台。该平台帮助用户精确掌握实际能耗数据，为用户提供系统而全面的节能增效和能源一体化解决方案。

智能云平台整体架构包括5类主体——研发、售后、供应商、客服和主机用户的实时可视和查询。海尔中央空调智能云平台的整体架构如图3-6所示。

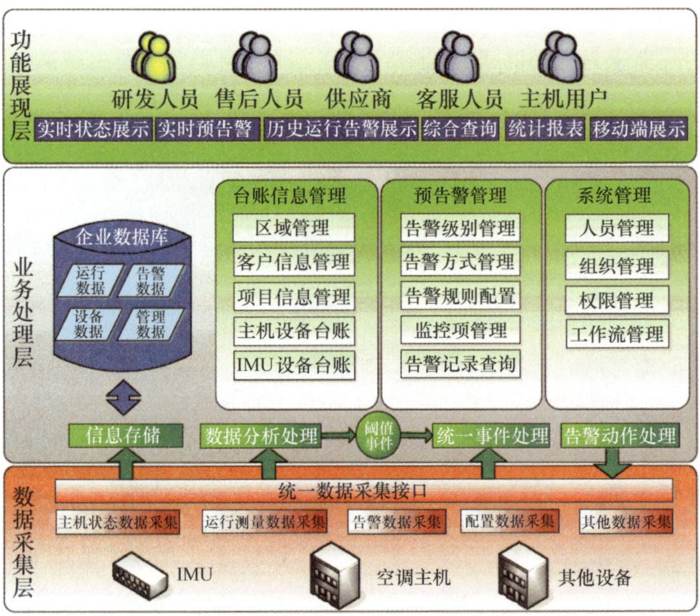

来源：海尔集团

图3-6　海尔中央空调智能云平台的整体架构

关键要素

基于工业互联网开展的应用聚焦用户，实现了实时设备监测、数据实时可视、设备故障预警实时提醒、远程智能开关机、远程温度调节、实时能耗统计、定期推送运营报告等功能。海尔中央空调工业互联网云服务平台，还可以与行业的其他品牌共享。其他品牌安装云服务模块，即可实现远程控制、大数据可视，海尔还提供免费检测、设计和改造服务，让各中央空调提供商一起为节能贡献力量。

应用价值

海尔中央空调互联工厂通过云服务平台实时监测，实现故障预警实时提醒，省去了工作人员在机房间的往返奔波，减少了一半的机房管理人员，并变被动为主动。云服务平台可实时显示当期的能耗情况，并分析采集的机组数据，形成节能报告，从而实现节能服务；它还能根据机组数据提出维保建议，防患于未然。云服务平台还可实现部分机组的远程开关机和设定温度功能，24h 在线，真正实现无忧运营。南京山水大酒店采用该平台，减少了机房人员 2 名，年维保支出费用降低 21%。

海尔中央空调云服务平台开创了节能发展新生态，企业应用该平台后每年可减少6200吨标准煤能耗，它的应用将行业带入节能时代。同时，平台探索了面向装备产品的远程运维服务新模式，为家电、装备等离散制造行业的转型升级提供了示范作用。对于海尔来说，平台还积累了设备及用户使用的数据，分析这些数据可以帮助其了解行业用户的使用习惯，进而实现产品的迭代引领。下一步，海尔中央空调正在探索通过手机App实现智能交互和管理，与用户实现实时互联。

案例6：美的家用空调南沙工厂智能制造项目

业务痛点

家用空调南沙工厂（以下简称南沙工厂）经历了美的“632”系统的信息体系改造，大部分业务已基本实现了信息采集。目前主要存在以下问题和改善需求。

上下游供应商和用户的信息未能实现互通，实时生产信息未被传递到上游链条，存在断点，需要增加库存满足生产及交货的要求。

需要融合信息化与自动化。单点的自动化信息系统需要人工干预，存在效率低和浪费人工的问题。

系统收集了大量生产过程中的信息，通过大数据分析，需要利用信息系统提高效率，降低成本。

应用模式

南沙工厂的应用模式可以分为以下结构。

应用层：在本地的采集上采用快速响应的客户端 C/S 模式，在管理人员的使用端采用 B/S 的免安装模式。

数据层：支持集中式和分布式管理，系统自动根据网络和系统的负载情况调整数据存储层。

物理层：使用自主研发的智联宝产品对接 COM、RS232、RJ45、I/O 等接口与硬件设备。

关键要素

南沙工厂从制造的精益管理角度出发，分别梳理了物流、生产、品质的管理流程，并实施了以下方案。

物流流程：以精益物流为基础，从供应商发货到入场验收，再到品检投料的整个环节实现了透明化拉动式管理；通过实时共享生产进度，供应商根据生产进度恰时地配货到厂，减少了整体供应链的库存，降低了成本。

生产流程：以生产透明、总部装拉动为核心，实现部装工厂生产单（Manufacture Order，MO）票按照价值的大小拉动生产，实现关键零部件（例如压缩机）的投料防呆和防错；同时，根据生产进度拉动配送到线边仓库，并根据实际消耗恰时配送。

品质管理流程：全面的品质管理系统，实现了对物料供方的品质检验、对来料的品质检验、对制品生产过程的检验、对成品的下线检查以及对过程的关键物料的防呆和防错。

智能联机：数据采集设备、注塑设备、高冲设备实现了智能数据采集及管控，以工单为基础，监控设备的运行情况及相关参数，实现了设备异常的自动预警，避免发生批量事故。

智造管理：通过中控大屏实现数据透明及生产数据预测分析，对异常进行预警和报警，并利用 App、可穿戴设备等工具将报警推送到责任人，规定责任人的解决问题时间，及时解决生产过程中的异常问题。

应用价值

美云智数的智造 MES 帮助美的家用空调广州工厂实现了从物流、生产到品质的全流程管理功能，实现了设备自动化、生产透明化、物流智能化、管理移动化、决策数据化的五化目标。同时，美云智数的智造 MES 通过采集制造过程的信息，配合大数据分析及人工智能，通过全过程的信息透明化，对生产异常实现了事前预警、事中管理，实现了前瞻性决策，为相关企业的智能制造管理带来了质的飞跃。智能制造项目经过业务的持续改善，最终经过美的集团的内部审计，实现了以下几方面的提升：制造综合效率提升 33%；生产损耗减少 68%；产品品质提升 10%；原材料 / 在制品库存降低 90%；物料提前期缩短 61%；物流损失工时缩短 58%。

4. 汽车制造行业

在“安全、环保、节能”的主旋律下，汽车产品技术向“电动化、智能化、轻量化”方向发展，新一轮科技革命和产业变革推动汽车的生产方式向“大规模定制化”方向转型。在不增加生产成本的前提下显著提高产品的多样性和个性化程度，更好地满足消费者的需求，是汽车行业在竞争压力日益加剧的市场环境中的转型方向。

汽车消费升级趋势日趋明显：轻价格、重技术以及网购、共享汽车等新的消费理念和趋势逐渐出现，汽车行业边界与产业链价值正在重构。随着“互联网 +”时代的到来，车厂亟须找到新的利润增长点，传统汽车制造商正在向移动出行服务商转型。如何利用先进的工业互联网平台赋能汽车全价值链，形成一个高效协同、有机互联的全方位生态圈，助推产业升级，成为汽车行业转型的关键。各大车企都非常重视车联网的发展，基于车联网的用车、养车生态圈正在快速发展。随着车联网的不断发展，车与车、路、人互联技术的不断成熟，驾驶辅助水平的不断提高，交通基础设施的不断完善，汽车行业正逐步向智能网联方向迈进。

案例7：北汽三坐标和在线检测数据联合分析提升产品质量

业务痛点

北汽集团在生产过程中面临的问题有：第一，台车的精度偏差及其不一致性导致基于台车的在线检测工位的三坐标测量结果数据可用性差；第二，台车的精度偏差大，对地板线和主拼线的加工精度影响显著；第三，在台车偏差分析和矫正机制中，当前的检测方式主要是通过将台车下线并对其在三坐标测量室进行检测，得到偏差并矫正，过程费时费力；第四，同一生产线上有几十辆台车轮转，导致对台车偏差进行测量并矫正的过程迟缓（一个月检测一轮），需要更高效和更自动化的台车偏差计算方式；第五，车身精度质量的不稳定性，导致总装质量异常，车身精度质量监测、及时感知车身精度质量问题的能力较弱，所以需要更自动化、更智能化的质量监测和异常识别机制。

应用模式

数据联合分析模型可以实现对台车偏差的周期性分析计算，从而指导相关人员矫正台车偏差，降低由于台车本身偏差导致的在线检测设备测量数据的偏差值，同时提高台车偏差的周期性矫正并提高地板线和主拼线的加工精度。通过采集和监控三坐标（测量室＋在线）的数据，及时发现现存的车身精度质量问题和潜在的车身精度质量问题并通知质量检测人员，及时追溯和解决质量问题，提高产品的质量稳定性。

关键要素

在分析项目数据之前，需要把数据接入工业大数据平台，一体化管理数据源，利用工业大数据平台内部的数据分析工具，一体化分析这些数据。

量产阶段，按每周一次的频率，对基于前一周收集的在线检测设备历史测量数据、三坐标测量室历史测量数据、在线检测设备测点与三坐标测量室测点的对应关系数据、台车车身 VIN 与台车对应关系的历史数据进行分析。对前一个月的在线检测设备历史测量数据进行时间序列分析，挖掘测量数据中各个测点在各辆车上的偏差。利用分析模型推算出的台车偏差，指导设备相关人员对台车进行矫正。在这个基础上分别选择专家报警模式、专家预警模式、挖掘报警模式、挖掘预警模式测试，将得到的在线检测设备测量数据相关模式加入模式库监控在线检测设备的测量数据库中。每次接入新的测量结果，对本次测量结果进行模式识别（“指标—阈值”规则计算，专家+挖掘），如果发现异常模式，则进行报警；将本次测量结果与前面 N 次结果联合进行模式识别（“指标—模式”规则计算，专家+挖掘），如果发现异常模式，则进行预警。

应用价值

基于台车的在线检测设备测点的三坐标测量结果的准确率提升 90%；将原来的台车下线在三坐标测量室检测转为在线快速矫正模式，大大缩减了检测过程费时费力的验证操作流程，提升工作效率 80%；解决了台车偏差矫正过程迟缓的问题，由原来的一个月检测一轮调整为一周检测一次，周期缩短为原来的四分之一；台车高效地进行在线调整，台车偏差矫正效率提升至 95% 以上；量产阶段的总装质量异常率降低至 18%；形成了设备自动化和智能化的质量监测和异常识别机制。

案例 8：上汽大通打造汽车个性化定制平台

业务痛点

大通产品所处的市场容量较小且分散，导致 C2B 项目的推进受到自身的业务规模和业务能力的制约。

原来支撑信息化的组织架构已经无法支撑数据化产品的运营。

创新业务的辐射范围越来越广，传统的科层管理架构难以支撑。

应用的复杂度上升，系统的迭代升级存在技术风险。

业务响应要求增高，现有的系统架构与 IT 组织的不适应性日益明显。

大数据分析能力不足，企业的业务数据化能力不足。

应用模式

该项目以上汽大通当前不同的产品平台（V80 宽体轻客、房车、D90 SUV 等）为对象，打造完整的业务链；开展模式探索和人才储备，形成新的营销、研发、制造模式，然后将创新的 C2B 业务模式推广应用至其他产品平台，最终发展成为整个汽车行业的普遍业务模式。

关键要素

该项目旨在建立用户个性化需求、个性化定制服务和个性化产品定制平台，打造基于用户个性化需求的汽车大规模全生命周期定制服务，在全价值链上实现企业与用户及伙伴的数字化直联。项目的关键要素包括以下几个方面：

通过数字化方式建立多种贴近用户的线上和线下的前端渠道；

交互平台及包括技术中心在内的各公司，开放用户参与产品定义、子系统开发、产品测试、定价及配置的各环节；

在购买过程中向用户开放更多的配置，允许客户自由搭配，选择最适合自己的个性化定制产品；

智能工厂通过智能排产、智能制造和智能供应链，建立更为柔性和高效的生产体系，以完成个性化定制产品的生产；

通过社会化协同开发和供应，实现进一步的个性化服务；

通过交互平台分析现有和未来用户的需求，持续改进产品。

应用价值

该项目全方位地获取用户需求，促进信息的公开、共享和交换，从而带来巨大的经济效益和社会效益，主要包括以下几个方面：

提高了转化率，降低了销售成本，单车销售成本同比降低 20%；

将用户在线交流及社群运营能力提升至十万人级；

提升了网络调研“省、快、准”的能力；

大数据交互平台可以支持万人级用户同时在线、十万人级用户活动；

为单一用户定义了 24 种用户标签，支持通过离线数据库生成 18 个日常数据报表，支持查询各平台的运营数据；

提升了工程模块化设计能力，覆盖 80% 的客户定制化需求；

提升了生产工艺的柔性化能力，减少零部件库存 54%；

提高订单满足率至 76%；

平均订单的交付周期从目前的 21.3 天缩短至 13.3 天，降幅达 38%。

（二）流程型行业依托工业互联网打造新动能

与以产品设计为核心的离散型行业不同，流程型行业的生产工艺变革、生产过程连续、产品质量和生产安全水平要求高，同时其对产品和服务快速响应的要求高。目前，智能优化、预测性维护、精准物流管理、生产管理一体化、产品全生命周期管理的端到端集成，成为部分流程型行业正在实践的方向。

流程型行业面临生产工序多、设备能耗大、运营成本高等痛点，因此，该行业可以依托特定行业的工业互联网平台推动设备运行和生产工艺数据的采集、汇聚，强化各类设备与系统互联互通，开展物料平衡、智能排产、工艺优化、能耗管控、安全管控等应用，提升生产效率和产品质量。

1. 钢铁行业

钢铁制造过程复杂、工序多、装备种类繁多，是典型的流程型制造业。目前，规模较大的钢铁企业已经实现了大批量、标准化、成本可控的生产运营。伴随互联网的发展，钢铁行业又面临新的挑战：个性化需求、快速响应服务。

钢铁制造装备的大型化是高效率、低成本的基础，目前尚无颠覆性的创新性制造工艺来改变现状。通过提升制造管理的柔性来适应日益快速变化的用户需求，就显得极为迫切。实现钢铁产品的个性化制造，解决方案归结为“以大规模、标准化制造的成本满足多品种、小批量的需求”。而这主要是通过“软实力”来实现的，除了服务领域的提升之外，最重要的是制造组织管理的智能化。

案例 9：宝钢与下游汽车整车厂实现供应链协同

业务痛点

宝钢集团具有良好的信息化基础，具备了与战略用户信息对接的基础条件；但由于关注点不同，其与用户之间的数据传输壁垒仍然存在。同时，宝钢也希望介入用户的早期研发阶段，了解用户对产品的要求，便于先行研发相关产品，从而为用户提供更多的差异化服务。

应用模式

基于工业互联网的理念，宝钢重新对钢铁制造 IT 系统进行了规划和重构，打破“竖井式”管理的界限，打造适合钢铁智能制造的高度集成化平台。除了制造过程以外，物流、存储、营销系统与客户之间的信息共享和交互，也可以在这种扁平的架构中实现。钢铁行业与下游客户供应链协同系统如图 3-7 所示。

关键要素

为了实现用户需求与钢厂生产系统的对接，以及加快钢企生产订单兑现的进程，及时反馈给用户，关键要素包括：第一，基

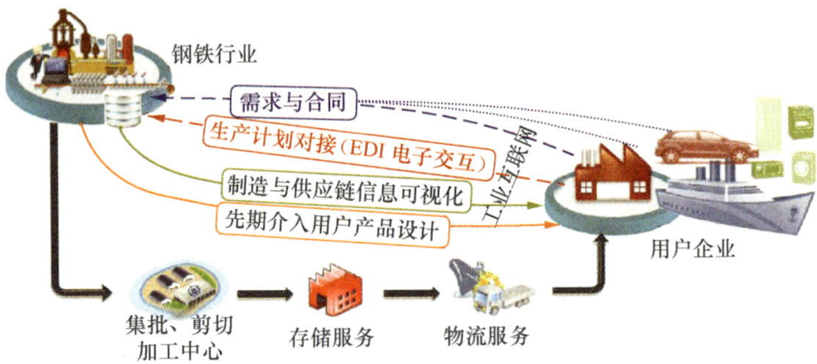

来源：宝钢集团

图 3-7　钢铁行业与下游客户供应链协同系统

于制造云平台技术，设计和构建多层次、跨平台的大规模异构计算机协同制造系统；第二，研发供应链计划的协同技术，实现钢厂与下游客户间订单、质量设计、材料设计、生产计划、物流信息的贯通对接，以客户需求直接驱动钢企的制造和物流过程；第三，利用 AI 技术，形成高级智能排产、组批、剪切模型，提高材料的使用效率；第四，广泛采用标识自动化配置和识别技术，实现物料配送与产品的定位、跟踪、控制等功能，并实现精准物流调度和配送；第五，电子质保书管理，钢厂产品的认证体系数据、钢厂与用户间的数据互联互通，通过机密机制实现用户自助打印产品质保书，规范钢厂与用户的产品编码体系，实现产品全生命周期追踪。

应用价值

这一案例的核心是供需双方生产计划的自动对接和协同，实现了用户的需求拉动及全生命周期管理，从而实现了分散业务链的高效集成和快速互动响应，制造端到用户端的全程供应链合同按需交付。全程供应链实现了周期压缩、库存降低，并且信息实时共享、可视。

两项项目成果值得关注。一是需求自动预测：通过建立用钢量需求预测模型，并结合客户定期发布的生产计划，得出最终的预测结果，并根据结果编排生产计划。二是智能配送：物流配送计划按照客户的拉动计划自动生成，并对各个关键业务节点实现了全过程监控预警，实现了运输过程的可视化。

案例 10：东方国信实现钢铁行业生产优化

业务痛点

炼铁主反应器（高炉）具有体积巨大、耐高温、耐高压、密闭、连续生产的“黑箱”特性，其中存在气、固、液多相流以及复杂的物理和化学反应的数字化解析难度壁垒。目前，炼铁生产过程的判断和操作仍以主观经验为主，“白头发”和“盲人摸象”

式操作仍在整个炼铁行业普遍存在，所以迫切需要数字仿真技术实现高炉生产“可视化”，建立基于 BIM+GIS 的炼铁数字化工厂。

应用模式

通过炉料运动及受力方程的建模，实时显示当前高炉“黑箱”的布料情况，实现高炉内部真实冶炼状态的可视化，实时读取高炉布料状态，自动调用布料仿真数学模型，计算出炉料颗粒的受力和运动轨迹，并以三维可视化模式实时显示排料流量、料罐冲压、布料模式及料面形状等。平台高炉布料数字“黑箱”实时建模监测如图 3-8 所示。

来源：东方国信

图 3-8　平台高炉布料数字“黑箱”实时建模监测

关键要素

在高炉的生产过程中，煤气流分布调整和控制是高炉操作的重要内容。煤气流的分布关系到炉内温度分布、软熔带结构、炉况顺行、煤气的利用状况和高炉的寿命，最终影响高炉的冶炼指标。平台通过炉体煤气流分布模拟仿真，有效地帮助操作人员实现高炉更加合理、及时的操作，进而促使煤气流的分布更适合当前的炉况，从而实现高炉“黑箱”上部和下部调剂的“可视化”。

应用价值

平台通过高炉数字仿真，实现对高炉生产的虚拟—现实映射及智能监控。通过上部调剂量化、可视化，提高高炉上部调剂水平，稳定高炉操作，减少上部调剂不合理或滞后导致的炉况异常损失，实现单座高炉成本每年下降 2400 万元。

2. 石化行业

石化行业是典型的流程型行业，具有多原料输入、多产品输出、工艺过程复杂、控制点多、流程连接呈网状结构、原料及产品市场价格变化快、生产工艺对设备可靠性要求高等特点，特别是大型炼化项目，更是一个庞大的系统。

当前，石化行业的发展进入“新常态”，增速由高速转向中速；增长动力由要素投入驱动转向创新驱动；发展方式由粗放式规模扩张转向集约式绿色低碳发展。在行业产能总体过剩的同时，高端化工产品的需求仍然保持了较高增速，资源环境约束不断增强，安全生产的社会诉求日益提高。另外，劳动力等要素成本上升较快，国际竞争更趋激烈。大数据、云计算、智能制造的蓬勃兴起，给石化行业的发展带来新的不确定性，这既是机遇又是挑战。

案例11：石化盈科—华为ProMACE工业云在石化行业设备管理中的应用

业务痛点

石化行业设备尤其是大机组设备具有转速高、功率大、技术密集、价格昂贵、无备机、检修周期长等特点，一旦发生设备故障而停机检修，将会造成整个生产装置的全面停产或大幅度减产，造成重大的经济损失。

应用模式

ProMACE以工厂为中心，采用云计算、大数据、物联网、人工智能等技术，提供集中集成、实时计算、智能分析、物联网接入、可视化等核心能力，构建ProMACE工业云，支撑流程型行业智能化的转型升级，实现流程型行业物理世界与虚拟世界的融合。

关键要素

ProMACE 沉淀了对流程工业的认知，由 ProMACE 平台与流程工业的核心应用组成。它通过数据库、规则库、模型库、知识库的有效整合及协同应用，可提供对供应链优化、能源优化、调度方案推荐、工况识别、生产异常分析、设备预知性维修、设备腐蚀评估、安全环保管理等方面的支撑。通过工厂模型、生产监测、预测预警、优化分析服务支持运营优化、运营管控及资产优化，打造新一代的生产运营新模式。

设备预知性维修

故障诊断与预测（动设备）：建立诊断模型和知识库，采取案例、专家、机器学习相结合的方式，实现对设备故障的准确定位、趋势预测和措施建议的推送。

腐蚀诊断与评估（静设备）：以腐蚀回路为对象，建立腐蚀机理模型，监控腐蚀相关参数，提高腐蚀速率的预测精度，对腐蚀回路进行综合评估，根据评估结果实现防腐措施的持续改进。

大机组装备在线运行分析

建立设备性能模型，对典型设备进行状态分析和效能分析。

核算设备的实际效率和能耗，并与设计指标进行偏差分析，找到优化方向，降低运营成本。

采用云端和本地两级部署

云端侧重共性业务的大数据分析，进行业务应用服务梳理、抽提，例如生产运营指挥、大机组监测等。

本地侧重本地化流程集成，高效支持企业日常业务运行，例如实时优化、操作报警等。

基于混合云技术实现总部平台对分支企业平台资源的集中管理，并实现资源的扩展与互备，提高整体平台的可用性和可管理性。

应用价值

ProMACE实现对石化行业设备的预知性维修与维护以及机组装备在线运行分析，可以大幅降低停产风险，为石化行业降低运营成本。ProMACE的预测性维护、在线状态分析、分布式部署与集中管控等能力不仅可以降低石化企业停产维修的风险，而且可以通过引入新模型，将其复制到钢铁、冶金等其他流程型行业，对流程型行业的整体数字化水平提升具有很大的意义和较高的商业价值。

案例 12：中油国际管道战略与过程指标管控

业务痛点

跨国管道公司如何以管道为中心实现管控的透明化，服务于管道安全、高效、可靠运行；跨国经营模式，对战略与过程指标缺乏全视角掌控，为跨国管控带来了巨大的挑战；数据分散在各个系统（例如 SCADA、PPS、PIS、EAM、ERP、OA、HSE 等），形成数据割裂；战略与过程指标的计算、统计、分析主要依赖于人工；数据的及时性、一致性、有效性完全靠人保障；缺乏闭环的数据指标评价方法；缺乏对战略与过程指标实时可视、可控、可分析以及移动应用的技术支撑。

应用模式

通过采用大数据云端部署方式，利用大数据平台数据融合技术以及建立指标分析模型，以各种图表的形式展现战略与过程指标的分析结果。通过大屏、个人计算机端及移动终端等应用方式，为不同层级用户提供战略与过程指标浏览、查询、钻取、报表打印、指标预警、报警推送、绩效生成、指标红绿灯、指标排名、对标、多维分析等应用功能。

关键要素

为保证战略与过程指标管控的实现，需要关注以下几点关键要素：

必须建立一套管道安全、可靠、高效运行、管理行之有效的、可度量的战略与过程指标体系，形成指标闭环评价的方法；

由于跨国管道运行管理涉及业务范围广、数据多源、数据海量等，需要采用大数据接入技术、多源数据融合技术；

建立数据管理标准与数据治理的方案，并依照标准与治理方案将各类数据源的数据对照一致；

需要厘清数据资产情况，建立数据链路关系，并通过大数据平台建立指标分析模型；

有机融合管道规划与设计、工程建设、生产管理以及设备运行海量数据，充分利用大数据融合技术，综合评价管道运行管理的全过程；

通过大数据平台提供的战略与过程指标的多维度、多级钻取能力，为管理者或专业人员快速查明问题根源提供技术手段；

建立战略与过程指标预警、报警模型，平台需要具备能够按照不同战略与过程指标预警、报警级别向不同的管理专业角色、设备运维专业角色进行预警、报警信息主动推送的能力。

应用价值

支撑战略与过程指标评价的真正落地，极大地提高了跨国管控指标的透明化，降低了跨国管控的难度，为管理者及时做出管理决策提供技术支撑。主要成果有以下几个方面：打通端到端数据价值链，数据统计口径一致，数据传递的及时性、一致性和有效性成倍提高，减少了大量中间人工环节，极大地降低了管理运营成本；跟踪支持运行管理的持续改进和绩效提升，实时指导跨国管道公司运行管理决策的实施；通过与国内外先进管道公司对标，综合分析了薄弱环节，明确各责任主体的贡献路径；通过分析战略与过程指标，保障了管道安全、可靠和高效的运行，同时为培养和衡量管理人才提供了客观依据。

3. 电力行业

低碳、绿色的清洁能源逐步替代高碳、高污染的非清洁能源，这是电力行业转型的方向。在这一背景下，水、风、光等清洁能源规模快速增长。以国网青海省电力公司为例，2018 年仅风能、光能等新能源装机就接近水电规模，占比达到 40.6%，增长 42%。在 2017 年清洁能源连续供电 7 日的基础上，2018 年实现青海全省连续9天全部以水、风、光等清洁能源供电，实现用电零排放，有效提升了青海新能源发电对全省经济社会的有力支撑。

案例13：青海电网绿能互联平台

业务痛点

新能源场站分布偏远、人才流失率高、数据支撑不足、产业协同不够，面临管理运维效率偏低、产业运营效益不高、并网消纳瓶颈等挑战。

应用模式

绿能互联平台充分发挥电网中心环节的优势，汇集源侧、网侧、荷侧的海量数据，引入第三方研发团队挖掘数据价值，打造集产、学、研、用、金于一体的开放共享的市场化平台，为发电企业、用电客户、装备制造企业、金融服务、政府等新能源产业链各方提供服务支撑，构建覆盖新能源全产业链的生态圈。绿能互联生态如图3-9所示。

关键要素

平台层：提供超过20个开发工具，支持10种类型的开发语言，提供超过100个通用算法模型库，提供27类64个安全防护功能模块和组件，提供6类超过13个安全防护工具库、病毒库、漏洞库等，提供 PB 级数据存储容量和高吞吐数据并发存储能力。

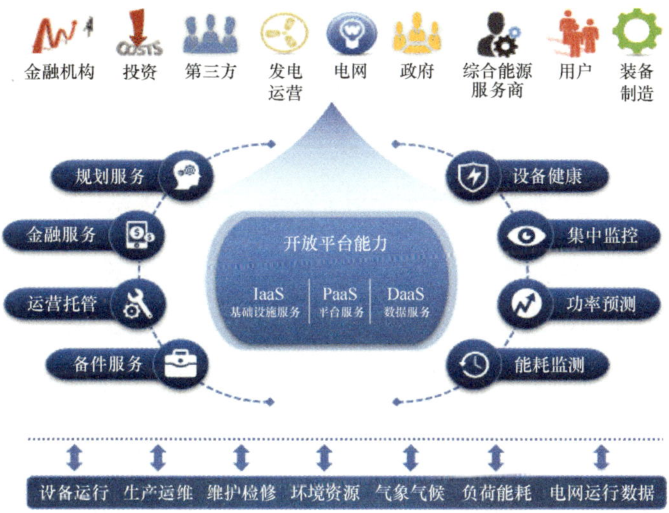

来源：国网青海电力公司

图 3-9　绿能互联生态

服务层：实现源、网、荷侧各类设备数据的实时采集；上线生产管理、报表管理等 6 类 52 个云化设计、管理类工业软件；开发集中监控、健康管理、业务智能、集中功率预测等 28 类工业 App；形成 577 个新能源行业的机理模型和具有新能源行业知识与算法的微服务组件。

生态层：以海量数据和平台开放能力吸引更多的服务提供方，以更多有业务价值的服务吸引更多的服务使用方，积累更为海量的数据。目前平台上已经聚集国内领先科技企业、设备制造等产业链开发团队超过13个，政府部门、发电集团、金融机构等不同类型的29家企业客户正在使用这些应用和服务。

应用价值

绿能互联平台实现新能源电站远程监控，建立17项数据及管理标准，有效降低新能源企业的人员成本40%以上，可提高发电量1%～5%，新能源电厂备件消耗平均降低10%，功率预测水平同比提升2%～6%。解决新能源集中监控、并网消纳、新能源行业数据资产沉睡、产业链缺乏有效协同、多能源优化互补、电力市场交易等问题，将推动新能源产业转型升级，为政府扶贫及产业集聚发展提供基础平台，有力保障电网和数据安全，培育行业市场生态，引领产业健康发展，服务区域社会经济发展。

案例14：华能重庆珞璜电厂工业互联网实践

业务痛点

状态检测、优化运行、指标监管等是水电站日常生产管理的重要任务，受制于人力资源和技术手段，这些工作的开展有巨大难度。大数据与人工智能技术为安全生产提供了革命性的方法和技术，适时引入这些技术和方法，对提升发电企业的技术管理水平有重要的意义。

应用模式

人工智能模块的关键技术在于建立系统模型，包括结构与辨识两部分。模型结构的确认由领域工程师完成，模型参数的辨识由机器学习（算法）完成。人工智能的算法应用中提供了多种机器学习算法，可用于各种模型的在线学习。

关键要素

在华能集团公司所属水电站、火电站部署大数据分布式采集服务节点，完成现场实时数据的采集、存储、传输和共享。

在华能集团公司本部及下属区域公司部署 AI 计算引擎服务和应用展示服务端，应用于大数据的智能分析、预警和故障诊断等智能算法的部署运算和应用展示。

基于工业大数据和人工智能的数据处理方法及模型计算方式，结合机器学习的动态建模理论，设计开发用于水电站、火电站主设备的趋势预警、故障诊断、运行优化、运行特性的多种人工智能模块，部署至华能集团公司本部的 AI 计算引擎服务端，完成安全生产决策支持所需的在线智能数据分析任务。

在应用服务器上开发、部署展示和交互页面。

应用价值

针对设备异常、复杂工况等风险因素，使用基于大数据的安全预警模型，实现了设备的异常检测和风险评估。及时发送风险预警信息，提高检修运维效率，减少因设备异常而产生的经济损失。现已开发水电设备诊断模块 128 个，应用模型 258 个，可取代 20% 以上的常规设备巡检任务，通过设备模型已成功预测 100 多次故障，通过及时报警检修，为电厂节省了 500 万元。

通过使用基于大数据的智能化设备趋势分析模型，实现企业生产设备间的联动调节与管理，提高能源的使用效率，降低企业的生产能耗。其中热力引导系统模型在重庆珞璜电厂的应用使锅炉降低煤耗，两台机组共节省 7480 吨煤，实现直接经济效益 698 万元。

（三）特定区域工业互联网平台促进企业融通发展

我国不同区域的工业产业基础和特色存在较大差异，很多区域长期以来形成自身的发展特点，同类产业聚集或产业链上下游配套企业聚集的现象比较普遍。这些企业的业务关联度高，块状经济特点显著，需要符合自身的行业特点、具有地方特色的区域互联网应用平台。依托特定区域的工业互联网平台，可以汇聚区域企业的产、供、销数据，整合不同企业的业务系统，推动制造业企业实时感知现场物料消耗和产品市场价格的波动，开展供需对接、集成供应链、产业电商等应用，能够促进区域大中小企业融通发展，提升产业链上下游协同能力，优化区域制造资源的综合配置效率，促进当地产业转型升级，并吸引创新、创业企业和创客入驻，加速形成“智造”经济发展的驱动力，提升制造业创新转型的活力和实力。依托各级产业园区建设的特定区域的工业互联网平台，与行业和企业的平台特色各异、联动互补，实现我国工业互联网平台的整体提升。

案例 15：华亚智能工厂项目

业务痛点

苏州华亚智能科技股份有限公司是华东地区最大的精密钣金制造商之一，产品涉及轨道交通、半导体设备、精密仪器、高端医疗器械、智能电网、新能源等行业的生产制造和组装。随着企业的发展，以下问题突显。

多品种、少批量：华亚智能具有超多品种、小批量生产的特点，当遇到客户插单、客户需求变更、设备状态异常调整、生产现场计划变动等情况时，企业的排产计划无法在统一平台上协同，也无法及时回答客户准确的交期，造成商务端的困扰。

无法细化成本：目前制造成本不够细化，管理层不清楚每单产品的成本和利润，无法给企业的发展做出评估。

设备运行效率低下：由于订单增加，公司为扩大产能购置了许多设备，但是无法有效监控和优化设备的运行质量。

应用模式

紫光云引擎为苏州华亚智能打造了云上工厂，依托紫光的工业互联网平台，通过物联网、企业云图、成本优化及钣金行业整体解决方案，华亚智能提高了内部运营的效率，加快了客户响应的速度，节约了运营成本，实现华亚智能制造的全面升级，提升了核心竞争力。

关键要素

对设备保养和维护进行建模，对设备中产生的信息进行一定的计算，以获得设备整体或某个部件的运行趋势，并提前对设备进行相关的保养和维护。

基于设备物联采集到的数据，可进行数据的可视化展现，保证实时管控现场的状况。紫光云引擎从顶层设计开始建立华亚智能企业云图，综合运营、管理、用户、设备、计划、生产、品质等全方位的数据，建立了统一的沟通协同平台。华亚智能企业云图实施效果如图3-10所示。

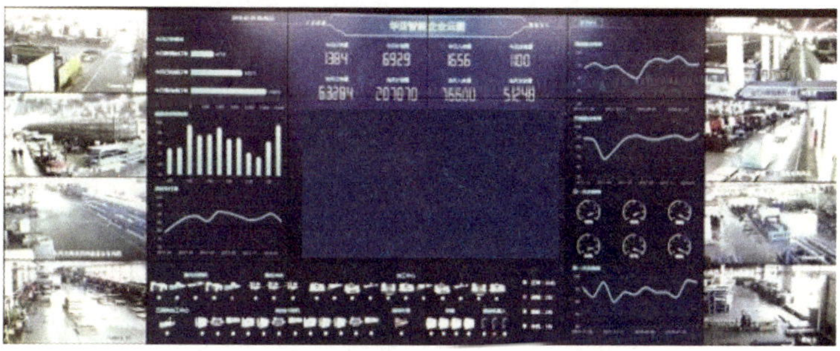

来源：紫光云引擎

图 3-10　华亚智能企业云图实施效果

通过构建华亚智能企业云图，企业可以在统一平台上查看生产调度、产品跟踪、质量控制、设备分析等管理功能，同时为生产部门、质检部门、工艺部门、物流部门等提供管理信息服务，帮助华亚在数字化转型中实现透明化制造。

成本优化模块以生产订单为源头，通过处理特殊轮廓图形，设定不同的切割速度，减少激光穿孔数量，通过数控冲床零件自动留割、自动共边工艺、热变形计算等工艺优化方法，优化现场机台排版生产，明确每块板材的实际利用情况，得出板材利用率最高的方法，从而节约板材原料，实现有效的成本管理。

应用价值

华亚智能企业云图项目实现了对设备预测性维护，延长了设备的使用寿命，降低了设备备品、备件数量；透明化制造可以多维度地实时监控企业各节点，便于企业管理者快速制订出符合企业实际需求的发展策略，优化了供应链协同和敏捷制造流程，为企业整体战略把控方向；成本优化模块的实施提高了材料的利用效率，节约了板材原料。

案例16：长虹电视产业人工智能的服务化延伸和个性化定制

业务痛点

随着社会的快速发展，家庭在消费电子发展中扮演越来越重要的角色。继桌面互联网、移动互联网之后，家庭互联网成为物联网大趋势下的必然产物。电视机的对外接口种类也丰富起来，接口的位置一直是困扰或者阻碍用户使用的绊脚石；复杂繁多的遥控器按钮常常会给用户带来不便；被动的售后服务模式不利于品牌形象的提升。

应用模式

在家庭消费的基础上，长虹面向四川家电产业集聚区，加快企业系统性改造，把“产品智能化 + 服务个性化”作为发展重点，用终端给服务赋能，用服务定义终端。以长虹智能电视为例，把电视卖给用户时，长虹与用户的体验之旅才刚刚开始。利用云计算、大数据、人工智能等时下最先进的技术，采集用户的操作行为数据，并结合用户其他相关数据进行数据挖掘与分析，辅助提升产品的竞争力与用户体验。

关键要素

长虹工业互联网平台架构如图 3-11 所示。

分析用户使用外设端口，例如 VGA、HDMI、USB 等端口的情况，发现用户基本上未使用 VGA 端口，2 个 USB 接口已经满足用户的日常需求。长虹在后续设计智能电视时，去掉 VGA 端口，把空间预留给其他必要的硬件。

通过分析遥控器的按键使用情况，长虹发现了用户基本上不使用的按键，于是设计了更简洁的遥控器，既降低了遥控器的成本，又提升了用户的体验。

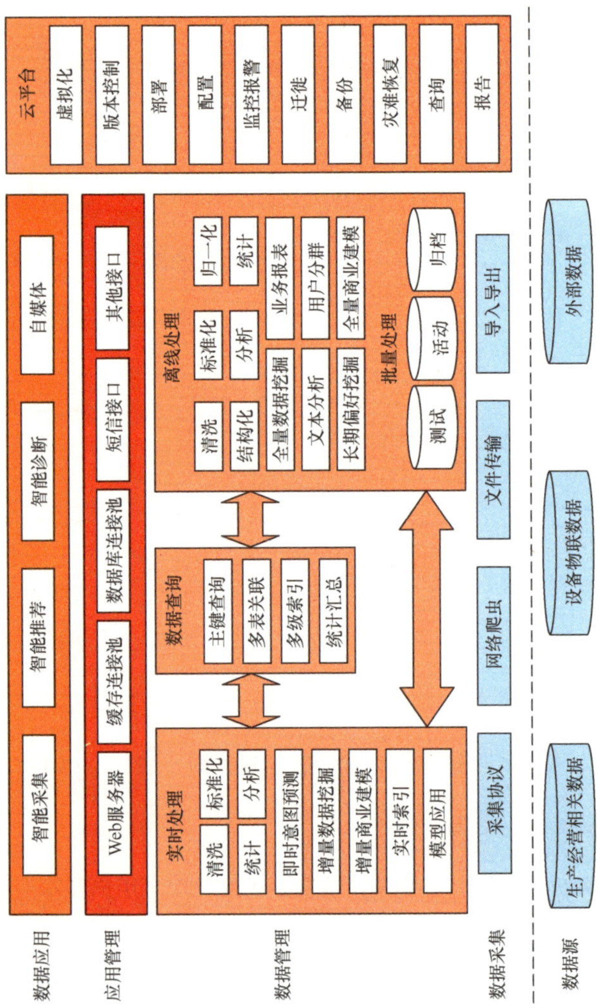

来源：长虹

图 3-11　长虹工业互联网平台架构

在电视内容方面，为了解决用户查找电视内容难的问题，长虹 CHiQ 电视率先为用户提供个性化推荐功能，通过观察用户的观影行为，构建电视用户画像，从而为用户提供更优质的影频服务。

传统的售后服务是当用户的电视发生故障后，联系售后服务中心，售后服务工程师通过上门或电话指导用户操作解决问题。这样的售后服务相对被动且用户体验差、售后成本相对较高。长虹智能电视通过采集用户电视的故障行为数据，并对故障数据进行建模分析，主动发现电视故障，售后服务工程师主动联系用户，并携带备件完成一次性上门服务，这既降低了售后服务的成本，又提升了用户的体验。

应用价值

在降低生产成本方面，每个电视终端减少一个 VGA 端口，成本按 5 元计算，假设一年的电视销量为 600 万台左右，可节约直接成本约 3000 万元。

在提升用户体验方面，通过分析用户的行为数据，将用户经常使用的 HDMI 接口设计到一个更合理的位置；在设计遥控器的按键布局时，采用更简洁易懂的设计理念；采集故障数据，变被动服务为主动服务；采用个性化推荐手段，在用户面前主动展现用户想看的内容，有效提升用户的体验，不仅能够增加用户购买的转化率，还进一步提升了产品的竞争力以及品牌形象。

在用户数据潜在的服务延伸方面，基于当前物联网技术，长虹构建了用户数据中心，目前已接入的终端数量约900万个，每个终端就是一个用户，通过构建用户画像、制订用户标签等，针对不同用户的开机广告进行个性化定制，这样既不影响用户的体验，又能很好地开展广告业务，带来一定的广告收入。

案例17：贵州航天云网区域的工业互联网创新服务平台

业务痛点

企业受困于生产效率不高、生产能力不足的痛点；面临产品柔性化生产、质量提升困难和仓储物流复杂等制约行业进步的瓶颈；普遍存在信息化程度低、大数据分析及利用手段不够等问题，增加企业获利和持续盈利能力成为迫切需求。

应用模式

针对智能制造业的管理难点和需求，为企业提供设计、生产、销售、检验检测、供应物流、售后等全流程的数字化解决方案，解决制造业产品质量管控、库房管理、生产周期控制、生产效率提升等管理需求。

关键要素

企业拥有各类专业设备，例如机械加工设备、钣金焊接设备、热表处理设备、环境试验设备、铸造锻造冲压设备、计量检测设备、检验检测工具等，有“哑设备”和“非哑设备”，不同专业设备产生的数据和需要采集的数据各异（异构数据），因此，不同专业设备采集数据的方式和方法也不同。贵州航天云网区域的工业互联网平台明确了不同设备接入的方式和方法，明确了采集的 3 类数据内容，即设备（工位）运行数据、设备（工位）异常报警数据和设备（工位）能源消耗数据；同时，平台可针对贵重设备个性化定义数据的类型。贵州航天云网工业互联网平台架构如图 3-12 所示。

单台设备直接接入云平台：“非哑设备”或“哑设备”经过改造，例如加装采集器 / 传感器等数据感知设备成为“非哑设备”，通过工业物联网网关直接接入云平台。

设备通过 SCADA/MDC 系统间接接入云平台：不同设备之间集成并建立监控与数据采集系统（SCADA）或制造过程数据实时采集与数据处理的软硬件系统（MDC），采用 WebService 技术，调用云平台 API，实现不同设备数据上传至云平台。

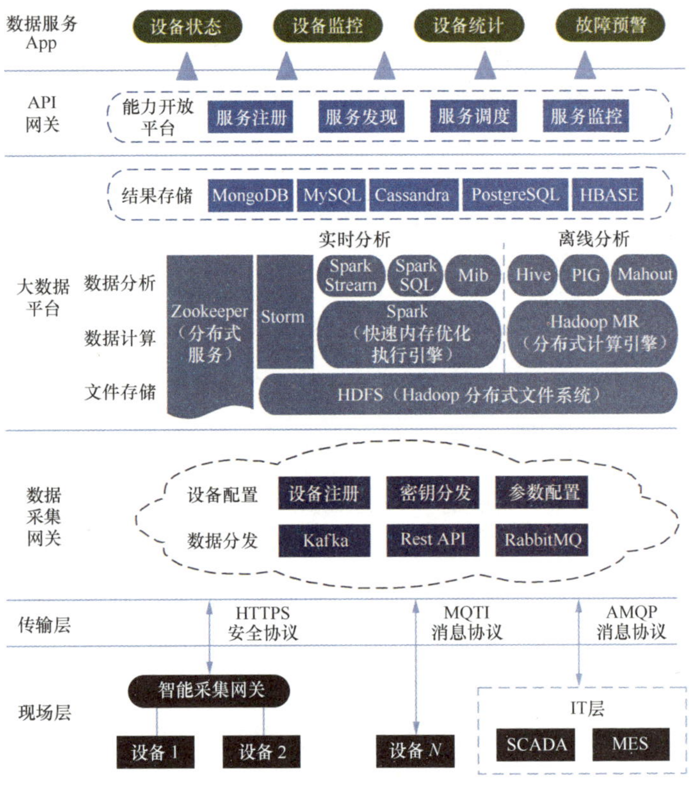

来源：贵州航天云网

图 3-12　贵州航天云网工业互联网平台架构

应用价值

平台建立了制造资源共享、按需对接、能力交易、产业协同的区域云服务模式，面向行业内企业及产业上下游企业提供服务，进一步激活闲置和富余的资源和能力，促进企业由原来的纯生产制造型企业向“生产制造＋服务”型企业转型，帮助行业形成核心凝聚力，提升综合竞争力。

以平台为载体，打通电子信息产业相关配套行业及产业上下游资源的信息鸿沟和数字壁垒，在产品设计研发、采购销售、生产加工、仓储物流等多个关键业务环节实现跨企业乃至跨行业的资源共享和能力协同，拉动整个产业链进一步发展。通过平台建设和应用，接入了不少于50%的电子信息企业，接入工业设备不少于30万台，建成了贵阳电子信息产业产能地图，建立了贵阳电子信息产业专家资源库，为贵阳电子信息产业聚集区带来不低于10亿元的经济效益。

案例18：北京汽车产业工业互联网平台应用

业务痛点

中国汽车制造业正在实现由弱到强的跨越，面临促进产业转型升级、抢占国际竞争制高点的紧迫任务。同时，汽车向多元化方向发展，智慧、生态、绿色、共享化的发展趋势正在引领汽车产品研发、生产、运维、服务等全生命周期各环节的业务变革。面对这些变革，北汽集团提出以推进供给侧结构性改革为主线，结合实施“互联网 +”，通过信息技术与制造业深度融合，打破信息孤岛，促进制造资源、数据等集成共享。

应用模式

贯彻落实国家“京津冀一体化”发展战略，构建以用户个性化定制需求为入口，从产品研发、云采购、区域协同智能化生产制造，到销售网络、售后增值服务、车联网、共享出行的全价值链核心竞争力，利用工业互联网打通中间环节的屏障，整合全区域协同制造能力，力争打造出具有国际竞争力的自主品牌产品，并将沉淀的能力通过工业互联网对内、对外释放，带动区域产业发展。

关键要素

项目实施的主要内容包括以下几个方面。

构建以北京研发基地为核心、以河北黄骅汽车制造基地和廊坊区域动力总成制造基地为支柱的制造体系，以海纳川为零部件供应商的供应链系统，形成支撑“北京研发、京津冀制造、全球供应”的跨区域联网协同制造工业互联网平台。北京汽车产业工业互联网平台架构如图 3-13 所示。

利用工业互联网平台的能力，存储和分析海量的车联网大数据，为存量车主服务、新车研发改进及相关区域的售后服务产业提供强大的信息服务支撑。

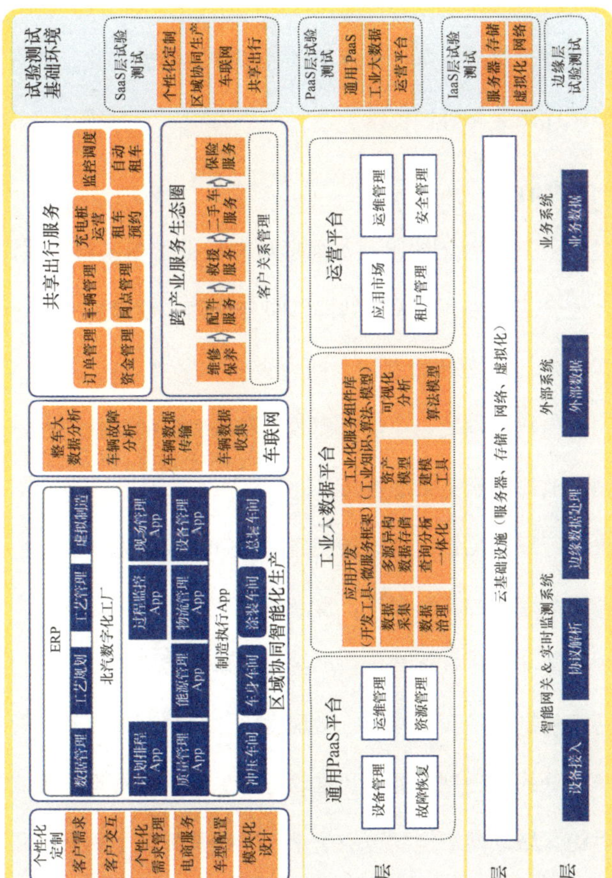

来源：北汽集团

图 3-13 北京汽车产业工业互联网平台架构

建立跨产业的互联网生态圈，关联供电服务、地理信息服务、生活信息服务、金融服务、医疗服务等多种服务类产业，实现全区域汽车产业服务化延伸体系。

应用价值

通过工业互联网云端平台，本项目与行业上下游整合联动，实现社会化分工与协作、设计协同、供应协同、仓储协同、物流协同，实现产品的分布式制造，助力企业重塑供应链、产业链、生态链和价值链，推动企业供给侧改革和激发新的效益增长，为同类型的企业形成示范带动效应。

在推动行业产品设计模式转变方面，针对“异地研发、协同制造、资源共享”的实际需求，重点解决产品模块化设计、个性化组合的具体问题；在推动行业产品生产模式转变方面，针对跨区域联网智能制造的实际需求，实现网络化协同制造转变，重点提高汽车行业的柔性制造能力和推动行业供应链协同运作模式转变；针对跨区域联网智能制造的需求，围绕具体车型的网络化协同制造过程中的零部件需求，重点解决多生产基地、多家供应商的协同化运作问题。

企业竞争赋能：提质增效

从宏观层面来讲，工业互联网将推动制造模式的巨大变革，重塑工业体系。从微观层面来讲，工业互联网成为企业获取长久竞争优势的必要条件和发展方向。工业互联网关系到企业生产经营的各个环节，将会极大地改变企业的竞争战略。不论是大企业还是中小企业，谁在探索中先找到适合自己的导入和应用模式，谁就有可能早一步树立起核心竞争力，在市场中处于领先地位。尽管每个垂直行业和企业投资与建设工业互联网的目的、场景不尽相同，但是它们实施架构的逻辑和步骤是相似的，它们的试错成本和经验是可以共享的。工业互联网平台部署实施的关键在于建设核心要素，包括边缘层、平台层（工业 PaaS）和应用层（工业 App）。

（一）边缘层的赋能实践

边缘层依托传感器、工业控制、物联网技术打通和聚合工厂内外的数据，实时采集和处理设备、系统、环境等要素信息。边缘层从功能上可进一步划分为计算、存储、网络和应用，通过大范围、深层次的数据采集，以及异构数据的协议转换与边缘处理，构建起工业互联网平台的数据基础，并开展边缘侧应用的部署及服务。基于多协议解析、数据存储、元数据管理、设备敏捷连接、边缘计算分析、边缘实时控制等关键技术在工业互联网平台中的应用，制造企业面向设备数据采集、异构协议兼容、边缘计算分析等特定工业场景，形成了竞争赋能的典范。

1. 设备数据采集

设备数据采集的主要功能是通过各类通信手段接入不同的设备、系统和产品，采集海量的数据。当前，在设备数据的采集环节，一方面，一些设备数据接口不开放，存在数据不能被采集的现象；另一方面，一些老旧设备不具备数据采集的功能，需要改造。随着数据采集需求的增强，设备生产厂商逐步增强设备自身的数据采集能力，越来越多的设备将具备开放的数据接口。

案例 19：华龙讯达设备接入与数据采集应用

业务痛点

我国工业控制系统、高端工业软件、云计算平台等产业基础薄弱；平台数据采集、开发工具、应用服务等核心技术存在不足，自动控制与感知基础有待夯实；OT、IT 融合难，人、机、料、法、环的测量数据难以被贯通，造成工业现场的信息孤岛；不同行业的产品特点、生产流程、制造工艺、质量控制等存在很大差异，对设备接入方式和异构数据的采集方式及要求也不同，行业特性造成了经验复用难。

应用模式

以工业物联网智能终端“机器宝”为核心，构筑了多源异构数据设备接入、采集、集成、传输、交互、存储、应用于一体的设备数据接入和数据采集平台，以强大的设备数据接入和数据采集能力打破了工业现场的信息孤岛，形成以“机器宝”为纽带、连接“云端 + 物端”的工业物联网人机对话模式。

关键要素

本应用案例的关键要素：“广”“强”“全”“严”。

协议转换和接入能力“广”。在数据采集端支持标准协议，支持接入主流厂商的设备，具备将非标准通信协议转化为标准通信协议的功能，兼容80%以上主流通信协议。

异构数据管理及边缘计算能力“强”。通过“机器宝”边缘智能设备安全地处理和收集机器和传感器的数据，并将机器和传感器数据传送到云端，将各种异构要素数据在信息空间中建立数字工厂的镜像。

数据采集服务能力“全”。数据采集服务已实现平台化、模块化，数据采集平台具有数据清洗、数据分类、数据编码、数据交互、数据存储、数据展示等模块，为连接各类设备提供了统一接口，实现不同设备之间的互联互通。平台化数据采集平台如图3-14所示。

数据采集安全防护服务“严”。建立信息安全基础防护框架，实现对系统、网络、终端等安全状态的集中监控、分析与响应，实现安全风险可视化、可管理，支撑安全运行、安全管理、安全决策能力。

应用价值

该项目的主要应用价值如下所述。

解决设备数据采集难，数据“烟囱”贯通难，海量数据处理难，异构数据采集和处理知识、经验的复用难，以及边缘计算的软硬件载体少等问题。

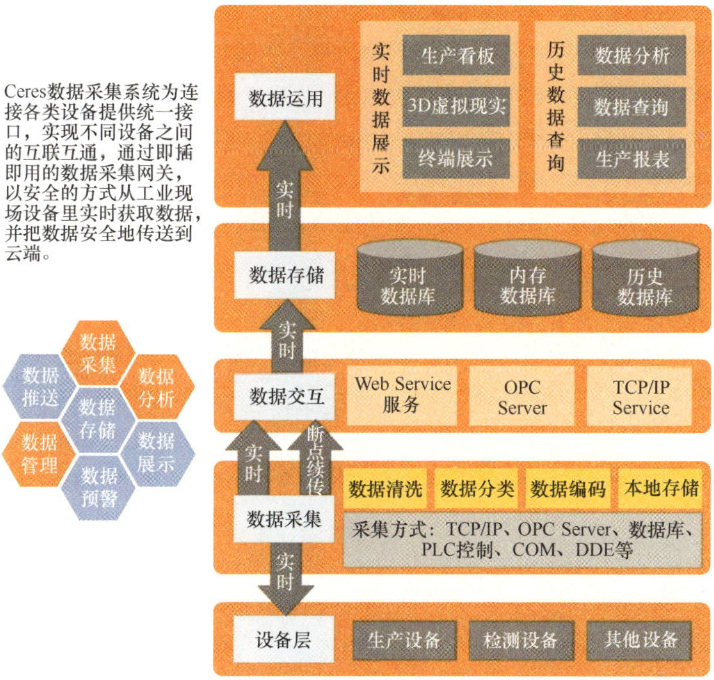

来源：华龙迅达

图 3-14　平台化数据采集平台

为 IT 与 OT 的贯通夯实数据基础，加快建设制造行业数字化工厂的步伐，提升智能制造的整体水平。

降低了数据采集的门槛和难度，提高了各类设备联网的准确性和可靠性，为企业实施智能制造、网络化制造奠定了数据来源基础，降低了制造行业融入工业互联网的技术门槛，为“基础化云、万物接云、应用入云、企业享云、生态构云”提供了数据驱动力。

案例20：宝舜集团工业互联网实践

业务痛点

宝舜集团是专业从事煤焦油精深加工、苯加氢及精细化工生产和研发的企业。目前，煤焦油加工能力达到105万吨/年，煤焦油深加工产能居全国首位，生产规模和工艺水平位居国内同行前列。

作为能源转换的产业链发展集团，宝舜集团在河南、山东、新疆有生产基地，业务运营中心在上海，集团管理本部在河南安阳市，各工厂资金、物资管控难度大；公司有20多套DCS、10000多点实时数据分散，管理者只能到监测室查看生产的实时数据，非常不方便；生产过程异常只能逐级汇报，对异常问题的分析没有历史工艺参数值，缺少数据支撑；公司煤气消耗占能源成本的70%～80%，煤气计量缺失，计量不及时，监控手段少，能源优化可利用经验少；质量数据记录方式没有电子化，质量数据与工艺数据不能关联分析；另外，煤化工企业的安全环保压力大，隐患整改没有有效监管形成闭环，安全环保事故风险高；大宗物料进出厂管控难度高、人员多、成本高；成本管理粗放，一般以月度为单位计算成本，不能精细化到装置，成本控制不力，难以控制利润。

应用模式

宝舜集团信息化计划实施范围涉及财务系统、采购系统、销售系统、库存系统、质量系统、计量系统、一卡通系统、协同系统、成本系统及生产执行 MES 系统。宝舜科技信息化框架如图 3-15 所示。

关键要素

构建企业的阿米巴管理模式，创新车间、工段、班组的大巴、中巴、微巴的管理模式。精细化管理成本计算由月度计算提高到每日结算，管理人员能及时地发现生产成本的波动，及时调整优化，降低生产成本。

智能工厂自动采集装置的投入、产出、能耗等成本数据，并按班组归集，支撑阿米巴管理模式落地。

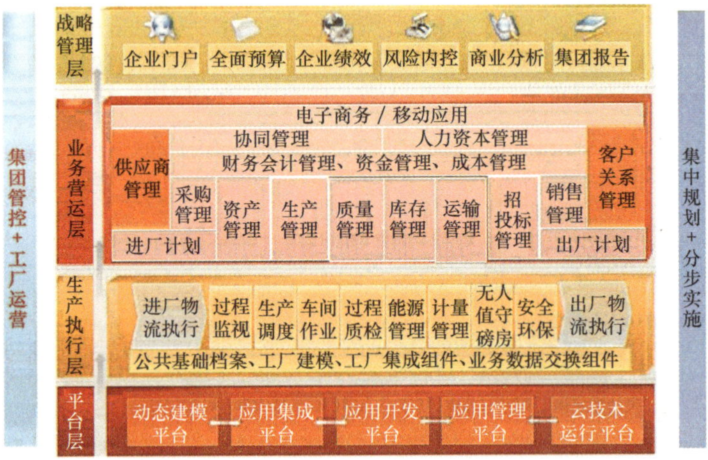

来源：宝舜集团

图 3-15　宝舜科技信息化框架

应用价值

实现公司物流信息平台的统一，物流的统一操作计划被直接下达到各生产部门；提高产、供、销各部门信息的沟通效率和工作效率。公司通过进出厂物流无人值守，司磅人员由 24 人减少到 6 人，年节约人力成本 100 万元。

计量优化升级、能源数据采集、能源统计平衡、能源优化利用等功能节能2%。

宝舜集团采用工业互联、智能制造系统以来，电耗下降30%，综合能耗下降10%，劳动生产率提高30%，年增加经济效益800万元。

2. 边缘计算分析

工业生产过程中高频数据采集，往往会给网络传输、平台存储与计算处理等方面带来性能和成本上的巨大压力，在边缘层计算分析数据，正成为主要平台企业的共同做法。为了更好地满足工业用户的实时性、可靠性要求，越来越多的平台运营企业开始将计算能力下放到更靠近物或数据源头的网络边缘侧，在实现底层数据汇聚处理的基础上，边缘侧实现向云端平台的集成，同时可以开展应用的部署及服务。这样做有以下好处：一方面，在边缘层预处理数据，剔除冗余数据，减轻平台负载的压力；另一方面，利用边缘缓存保留工业现场的全量数据，并通过缓存设备直接导入数据中心，降低网络的使用成本。

案例 21：歌尔基于边缘计算的智能传感器数字化工厂集成应用建设

业务痛点

歌尔股份有限公司（以下简称歌尔）自 2004 年进入 MEMS 传感器领域以来，经过多年的努力，已拥有 MEMS 麦克风、气压传感器、MEMS 麦克风 + 气压复合传感器等多系列量产产品，年销量超过 15 亿只，在智能手机、可穿戴设备、汽车电子、智能家居等领域具备较强的影响力。

当前，歌尔面临的主要问题是自动化率偏低，有较大的人工成本压力，需要减少生产线上的工人数量；产品在制时间长，生产效率不高，难以保证产品的质量和稳定性，系统集成度不够，导致质量互锁差，且产品交货周期长，难以适应市场变化快、产品多样性的要求；检测力度不足，难以严格把控产品质量，良品率波动较大，普遍采用抽检模式，质量追溯能力有限，缺乏有效的全检技术手段。

应用模式

基于边缘计算的智能传感器数字化工厂工业互联网平台，以实现对生产过程、计划资源、关键设备等方面的全方位管控与优化为目标，有助于实现设备要素的泛在感知、云端汇聚、高效分析和科学决策，促进生产要素的解耦、整合和重构，实现设备资源的优化配置，构建数据重构价值创造体系的新模式。

关键要素

基于各个系统平台间接口数据流向的主线，以企业云平台的建设为牵引，搭建车间设备的改造及优化升级、设备自动化控制平台、CIM 边缘云平台，基于数字化工厂生产数据，融合公司现有 IT 系统，包括 ERP、PLM、MES、WMS 等，还要建设贯穿智能传感器数字化工厂安全及运行维护服务准则，搭建企业云端，包括生产数据分析云与经营数据分析云。基于边缘计算的智能传感器数字化工厂总体架构如图 3-16 所示。

本项目的主要内容包括制订工业互联网边缘计算总体架构与要求和工业互联网边缘计算边缘节点模型与要求两套标准体系；覆盖工厂内的生产线设备及车间物流等的企业内网络建设；生产、运维、管理数据的采集和流转系统建设；企业云平台和安全及运行维护服务建设。

应用价值

本项目通过建设工厂内生产线设备及车间物流等的边缘计算节点，企业内各类设备、仪器仪表、传感器间通信的企业内网络，

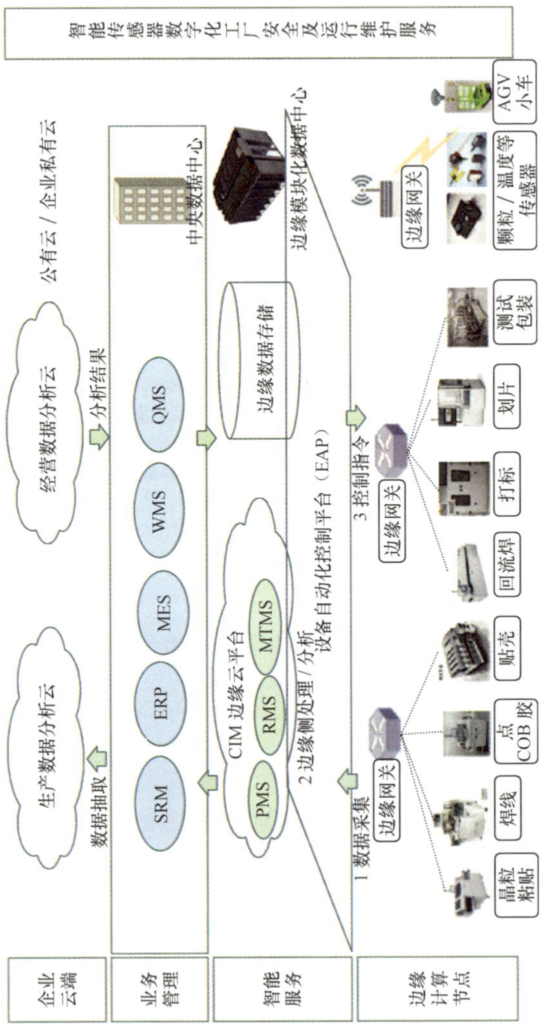

来源：歌尔股份

图 3-16 基于边缘计算的智能传感器数字化工厂总体架构

基于智能资产和智能网关的智能系统和用于智能传感器数字化工厂运营、分析、决策及优化的智能服务，实现智能传感器数字化生产、运维、管理数据的实时采集、流转、汇集、处理和分析，实现企业内网网络化生产环节网络化覆盖达到 90% 以上，全面提升生产与服务过程的敏捷性和协作性，提高资源共享水平，降低生产运行和运营的不确定性，降低运营成本 20% 以上，生产效率提高 20% 以上。

案例 22：中国科学院沈阳自动化研究所车联网实践

业务痛点

随着我国汽车保有量的不断增加，道路交通安全形势已日趋严峻。据统计，截至 2017 年年底，我国每年因道路交通安全事故伤亡的人数超过 20 万，事故约 470 万起，在全球处于事故率、死亡率较高的水平。研究车联网技术，提升智能车辆的水平，已经成为我国关注的热点。

应用模式

车联网对实时性的要求较高，通常要求时延在 10ms 以内。而车联网产生的海量数据上传到云计算中心会增加实时处理数据的难度，因此，在数据源附近（汽车上或路边基础设施）执行边缘计算可加速处理事故，增强路面环境决策的实时性。

关键要素

基础设施：车联网技术要求车辆、行人的手机或可穿戴设备以及道路等基础设施具备近距离通信的功能，以实现物理位置相距较近的车辆、路侧设施、行人之间通过通信提高行车安全和交通效率。

LTE 移动基站：车联网云平台如图 3-17 所示，将汽车云分散部署到网络边缘的移动基站中，移动基站为应用程序提供服务器，使数据处理尽可能地靠近车辆和道路传感器，从而减少数据往返的时间。

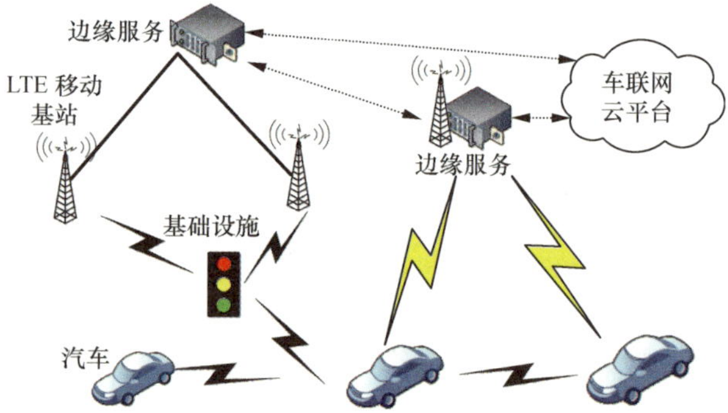

来源：中国科学院沈阳自动化研究所

图 3-17　车联网云平台

边缘服务：边缘服务是指直接从车辆和路面传感器的应用程序中获取本地消息，通过算法分析后识别其中需要实时传输的高风险数据和敏感信息，并将预警消息直接下发至该区域的其他车辆，使附近汽车可以在 10ms 内接收预警，驾驶员将有更多的反应时间去处理突发情况，例如躲避危险、减速行驶或改变线路等。

应用价值

车联网可以实现道路危险预警、减少道路拥堵并提升智能交通的安全性，同时还可以为驾驶员提供其他增值服务，具体内容如下所述。

无人驾驶。无人驾驶技术一再突破，预示着我们离无人驾驶越来越近。而车联网是无人驾驶的基础，无人驾驶车通过各类传感器获取外部信息，并通过车辆内部的物联卡传输给处理系统，系统对车辆做出正确的指示，确保安全行驶。

新能源汽车。新能源汽车主要使用电力作为驱动能源，对环境污染小，受到国家政策的鼓励。但是新能源汽车的发展也受到诸多因素的限制，例如电池的续航能力不够和充电桩数量不足。采用电池管理系统远程管理是提高新能源汽车电池组的使用性能和寿命的一种有效方法。作为车联网的一种终端形态，远程信息处理器已经成为国产新能源汽车的基础配置。

共享汽车。共享汽车虽然被多次提出并已实践，但多以失败告终，并未像共享单车一样“火”起来。除了共享汽车公司运营不当外，使用不方便、用户体验不佳也是共享汽车频频失败的原因。共享汽车是移动互联网与车联网相结合的一项业务，也是“互联网＋汽车”的典型应用，通过车联网可以提升共享汽车的用户体验。

案例23：电子六所工业设备接入与边缘计算应用

业务痛点

工业设备数字化水平低，大部分设备没有联网，联网设备也存在通信协议不统一等问题。受限于数据采集瓶颈以及工业大数据自身的专业性、关联性、流程性、时序性和解析性的特点，工业设备在边缘侧数据建模分析、微服务等能力也非常薄弱。

应用模式

电子六所利用异构数据管理、边缘计算、工业机理模型和工业互联网等技术，建立一套工业互联网平台测试床，开展技术成熟度、功能完整性、应用兼容性及可靠性测试，可实现设备的远程运维、健康诊断、数据可视化、智能售后等功能。

关键要素

电子六所研究了工业设备接入协议，研发一整套满足大量设备接入的智能数据终端产品，并且验证其能满足工业设备接入的需求。

电子六所还研制了一套边缘计算机制，生产相应的硬件产品，验证边缘计算功能需求。硬件产品可实现智能采集、自主推送、数据运算、灵活配置的功能，具备安全通信、远程配置等能力，作为产品运维平台的边缘层，为健康诊断、智能售后提供数据采集、处理等功能。

电子六所研发的工业互联网平台测试床验证基于异构数据管理和边缘计算的工业互联网平台的技术成熟度、功能完整性、应用兼容性及可靠性，形成面向设备接入和边缘计算应用场景的标准化解决方案；基于异构数据管理和边缘计算，实现设备健康诊断方式，建立和验证针对振动、温升等常见故障的检测和分析模型。

应用价值

该测试床实现对不同行业工业制造类 200 种不同设备异

构数据管理和设备接入功能，具备15000台设备的连接和处理能力；实现对远程运维应用场景进行技术成熟度、功能完整性、应用兼容性及可靠性的试验测试，形成2200个不同的测试用例。

该测试床提供边缘侧在线监测、优化决策与控制应用模型和微服务，满足550种控制应用模型和微服务；提供边缘侧面向传感、数据处理与控制的编程工具与基础服务库（120个）；在边缘侧提供网络化的计算、存储能力，实现1000个点的数据运算和存储能力；建立1100个不同设备的可视化模型。

（二）平台层的赋能实践

平台层基于通用PaaS叠加大数据处理、工业数据分析、工业微服务等创新功能，构建可扩展的开放式云操作系统，为上层应用提供基础支撑，主要功能包括提供工业数据管理能力，将数据科学与工业机理结合，帮助制造业企业构建工业数据分析能力，挖掘数据的价值；把技术、知识、经验等资源固化为可移植、可复用的工业微服务组件库，供开发者调用；构建应用开发环境，借助微服务组件和工业应用开发工具，帮助用户快速构建定制化的工业 App。聚焦工业机理模型与微服务开发调用、工业大数据存储分析、工业 App 开发部署等特定工业场景的应用需求，制造业企业开展工业 App 与工业微服务开发调试、部署运维、重构集成等技术探索，综合提升了相关技术与应用的可行性、可靠性、兼容性。

1. 工业机理模型与微服务开发调用

在工业长期发展的过程中，工业企业面向不同行业、不同场景、不同学科积累了大量的经验和知识，这些工业机理能够精准描述和有效分析生产现象，对传统工业生产和管理的优化起到重要的作用。随着新兴数据科学的兴起，这些工业机理能够有效指导分析数据过程中的参数选择和算法选择，使它们其更加贴合工业生产的特点。工业企业通过服务化封装工业知识、数据分析算法、工业机理模型，逐步形成工业微服务组件库，支持灵活的组合和调用。微服务组件库的核心是企业在工业技术、知识、经验、模型等工业原理方面的积累与大数据技术的融合利用，提供了重构工业应用体系的新契机。当前，工业微服务理念的整体适用性、效率、兼容性等尚未明确，微服务组件库的实践也还需探索。

案例24：和利时公司：面向流程工业的控制机理模型与微服务工业互联网平台

业务痛点

在工业互联网、云计算、大数据等ICT技术的推动下，以能源、化工、建材、冶金为代表的流程工业正经历一场前所未有的变革，现有的生产模式不可持续发展，产业升级成为必然选择。工业企业需要建立物质流、能量流、信息流和资金流的深度融合和高效调控，提升信息感知、生产运行、能效安环和管理决策的能力与时效。

应用模式

和利时公司的工业互联网平台，面向火电、热电、热网、炼油、石油化工、化肥、精细化工和水泥8个流程行业的工业互联网应用场景，实现了工艺机理模型、设备机理模型、控制机理模型、优化模型、软测量模型和故障诊断模型六大类机理模型与微服务组件，以及生产控制、生产管理、工艺设计、物流管理、设备管理、能源管理、仓储管理、运行维护等典型流程工业App和应用解决方案的开发，还包括单元测试、集成测试、组件测试、接口测试、系统测试、场景测试、在线测试等软件全生命周期测试解决方案。

关键要素

和利时公司的工业互联网平台的核心要素如下所述。

该平台采用 Docker 容器技术实现微服务分布式架构，工业机理模型的建模语言支持 IEC 61131-3、Matlab、R、C、C++、Python 和 Java；提供可视化的建模工具和基础组件，通过简单的拖、拉、拽的搭积木方式实现模型搭建，提供可跟踪、可故障定位的模型运行调试工具；支持与国内外主流工业控制系统的对接，包括 DCS、PLC、FCS、OTS、AMS、EMS、DMS，支持 OPC、OPC UA、MQTT、Modbus/TCP、Profinet 等工业通信协议；孵化不少于 500 种机理模型或微服务组件，开发不少于 1000 个面向控制优化、动态仿真、设备故障诊断、能源管理等流程工业需求的工业 App 或解决方案，形成不少于 2000 个用于流程工业的机理模型、微服务组件、App 和解决方案开发测试用例。

应用价值

和利时公司现有流程工业用户 2 万余家、项目 3.5 万余个，累计有 1000 个项目会接入流程工业互联网平台。

和利时公司的工业互联网平台在两个产业园区的 30 多家工业企业中的应用，带来直接经济效益不低于 1 亿元。按照项目目标，项目成功实施后将会孵化出500个机理模型、1000个工业App、2000个测试用例，以每个开发成本10万元计算，将会产生3.5亿元的直接产值贡献；以给所有终端用户带来的效益3倍计算，则将带动全社会大约10亿元的产值和效益。和利时公司的工业互联网平台借助流程工业互联网和测试床项目，实现"换道超车"，将我国流程工业的发展推向一个新的高度。

案例25：基于模型组件的制导控制集成设计与仿真

业务痛点

飞行器制导控制系统的研发过程涉及大量的设计、仿真和验证工作。企业逐渐积累了大量的自研工具与仿真模型，但这些模型与工具通用性差、标准化低，设计人员在型号应用中不得不编制、改编大量的程序代码，重复性工作多，且耗费大量的时间与精力。此外，相关设计经验与成果大量存在于分散的设计分析报告以及会议记录等文档中，知识重用度低，无法实现企业的知识沉淀与共享。

应用模式

索为公司的 Sysware 研发平台，实现了以下几个方面的应用。按照制导控制系统研发流程，Sysware 研发平台将设计与仿真过程分解为设计、仿真单元，定义单元间数据接口关系，实现设计流程模型化；将专业设计算法、程序、软件与模型封装为机理模型组件，并发布为微服务组件，实现统一管理；调用设计与仿真组件，开展专业设计工作，并将设计数据与仿真工程统一提交管理。

关键要素

构建专业设计组件。Sysware 研发平台通过组件开发与发布功能，构建制导、姿控系统设计功能组件，包括数据解析、制导算法设计、回路设计、弹道设计、设计数据分析、报告自动生成等。

构建制导控制仿真模型组件。制导控制仿真模型组件包括弹体模型、制导模型、姿控模型、导航模型、敏感器件模型、执行机构模型、插值函数模型、坐标系变换模型、数据类型模型等，形成多型号共用的共享模型，并规范化管理各模型的接口函数、接口数据，以及模型版本。

进行制导控制仿真工程管理。Sysware 研发平台应用仿真模型组件，搭建仿真工程，形成飞行弹道仿真流程，并统一管理仿真工程，同时管理仿真工程中与各模型对应的版本信息以及模型来源，实现仿真流程在不同仿真方案中的应用和仿真代码追溯。仿真模型组件如图 3-18 所示。

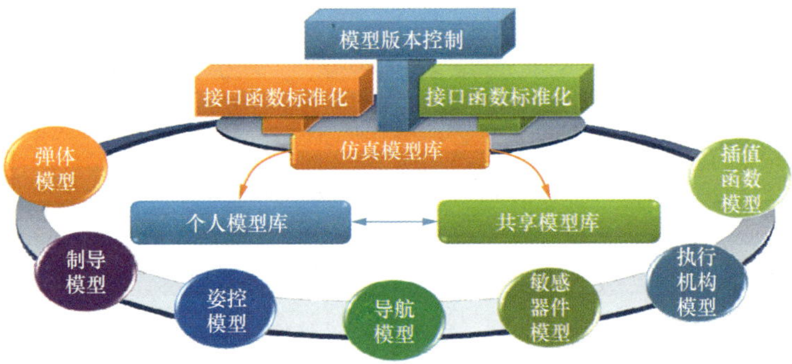

来源：索为系统

图 3-18　仿真模型组件

应用价值

项目实施成果包括：构建了专用的制导控制设计组件，实现了设计方法模块化、设计过程自动化，可大大提升制导控制设计能力；基于统一的模型规范进行仿真算法标准化，构建仿真模型组件库，实现了算法规范、共享与重用；基于仿真模型组件库，以图形化的方式实现了仿真流程的规范化搭建以及仿真工程的自动化生成，大大提高了仿真的建模效率，并实现了仿真过程的可追溯。

案例 26：安世亚太公司基于工业知识生态的先进设计与增材制造的工业互联网平台

业务痛点

伴随工业互联网平台的建设和发展，将社会上海量的工业知识集聚到平台上，使其具有自生长、自激励的特性；建立适合的知识管理评价体系，从而激励社会技术人员踊跃贡献知识，将知识显性化；深层次地应用知识，使知识有效地服务于创新，实现知识增值，都是在工业互联网模式中需要研究和探讨的重要技术内容。

应用模式

在工业互联网模式中，安世亚太公司深度结合工业知识生态与产品设计、制造、服务过程，建立和实现工业知识生态服务于产品全生命周期知识应用模式、基于工业知识生态的产品设计创新模式、基于工业知识生态和制造新技术的产品制造新模式，以及基于工业知识生态的产品服务新模式。

关键要素

安世亚太公司基于工业知识生态的先进设计与增材制造的工业互联网平台的主要建设内容如下所述。

建设形成完整的工业知识生态。工业知识生态是整个互联网平台的底层应用支撑，相当于 PaaS 层。它充分应用区块链等新技术，建设形成包括知识获取中间件、知识加工中间件、知识供给中间件、知识评价与交易中间件，以及知识应用增值平台的工业知识生态。

建设先进设计与增材制造平台。先进设计与增材制造平台是整个工业互联网平台的应用层，相当于 SaaS 层。根据工业知识生态应用与服务的目的和对象不同，本部分内容可以划分为普适性的先进设计平台、增材思维下的先进设计与智能制造平台，以及辅助性的经营性平台 3 个部分。

普适性的先进设计平台：基于工业知识生态，结合先进设计理论，利用工业仿真优化工具，完成产品的设计创新和优化。

增材思维下的先进设计与智能制造平台：将工业知识生态与增材制造技术相结合，完成产品基于增材技术的设计创新、优化和制造。

经营性平台：支撑上述业务。

基于工业知识生态的先进设计与增材制造的工业互联网平台如图 3-19 所示。

应用价值

此工业互联网平台的应用价值主要体现在以下几个方面。

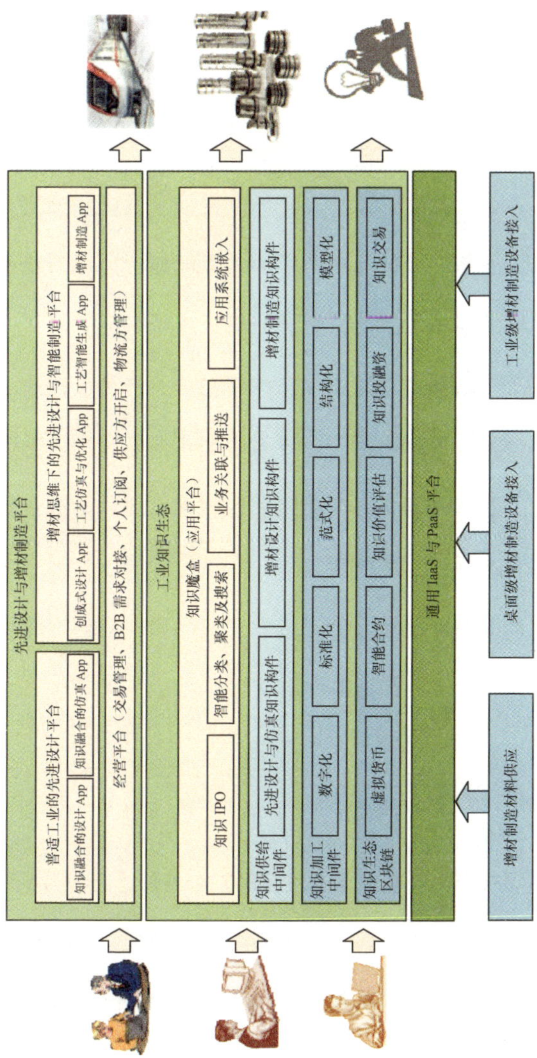

来源：安世亚太公司

图 3-19 基于工业知识生态的先进设计与增材制造的工业互联网平台

建立一个基于工业知识生态的先进设计与智能制造平台。该平台用于支撑基于本平台的产品设计与创新，建立起众创、众包等产品设计新模式，促进基于本平台的产品设计服务的发展和产品品质的提升。

形成一个产品先进设计与智能制造的测试床。该测试床可以用于支撑工业产品设计和制造中的技术创新、方法创新和模式创新，验证相关新技术、新方法、新模式的可行性。

形成一个基于工业知识生态构建和工业产品设计的工业互联网示范平台。该平台可用于指导大中型企业建设知识工程平台和产品设计工业互联网平台，通过平台的建设应用促进企业知识的应用增值和产品设计的创新。

通过产品设计创新，促进工业产品品质的提升，从而提升产品的竞争力和企业的盈利水平。

2. 工业大数据存储分析

工业互联网带来工业数据的爆发式增长，传统数学统计与拟合方法难以满足海量数据的深度挖掘，大数据与机器学习方法正在成为众多工业互联网平台的标准配置。尤其是以深度学习为代表的人工智能算法，正成为工业互联网平台解决各领域诊断、预测与优化问题的得力工具。基于工业互联网平台，数据分析方法与工业机理知识正在加速融合，从而实现对复杂工业数据的深度挖掘，实现对工业对象和工业流程的全面洞察。它贯穿于工业的设计、工艺、生产、管理、服务等各个环节，使工业系统具备描述、诊断、预测、决策、控制等智能化功能，可以优化决策。

案例 27：用友公司助力水泥企业打造统一的集团管控平台

业务痛点

随着水泥行业兼并重组步伐的加快，企业对于集团管控信息化应用的需求越来越迫切。水泥企业经营管理信息化的重点是业务财务一体、产供销一体和决策支持。产业链协同管理是提升水泥企业竞争力的重要手段，其难点在于上下游间管理衔接、业务协同和信息的共享。水泥企业生产管理的发展方向是管控衔接，其核心是制造执行系统的建设，难点在于生产状态监测、原燃料质量控制、窑炉专家系统的建设等薄弱环节。

应用模式

用友公司建立支持水泥企业统一管控的“集团—区域—子公司”管理体系，纵向责权明晰、横向高效协同，及时、准确、全面地反映企业的经营信息，实现事前计划、事中控制、事后分析评价，由结果控制转变为过程监控。用友公司建立适合水泥企业战略发展需要的完整、统一的信息化管理平台，全面提升企业的核心竞争力，其中包括一个平台即统一的信息化管理平台，两层部署即集团集中部署、工厂（子公司）分布部署，三级应用即工厂执行层、业务运营层、集团管控层。用友公司打造的水泥企业集团管控平台如图 3-20 所示。

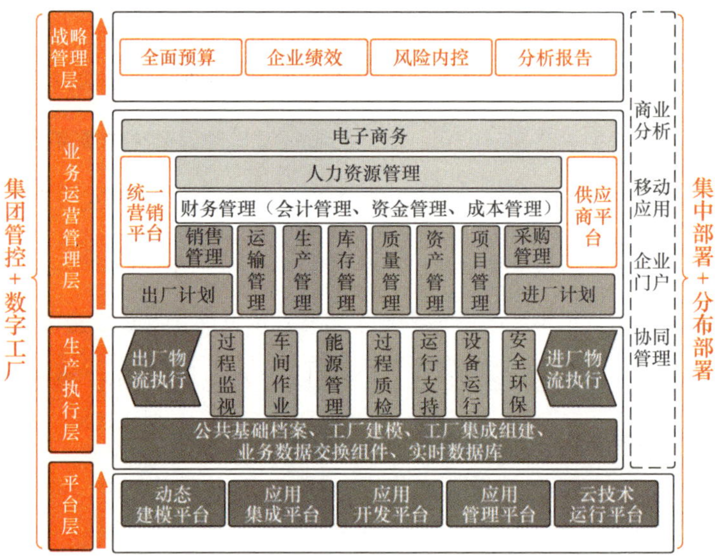

来源：用友公司

图 3-20　用友公司打造的水泥企业集团管控平台

关键要素

生产执行可视化：过移动画面、列表、趋势、报警等多种监视手段，分析生产现场的工艺、设备情况，随时发现异常。生产执行可视化包括数据感知、大数据智能分析、智能预警、智能监控和电子看板等。

设备管理：在设备远程管理与诊断方面，在企业下属 30 多家水泥厂工控网的基础上，通过互联网技术，实现了 613 幅画面监控，12.7 万个数据点采集分析，每年 4 万亿条数据存储；实现了设备的智能巡检，并实现了实时数据库与关系数据库的对接，从而能实现企业总部对下属各工厂集中监控及远程管理与诊断，提高了设备的台时运转率，并显著降低了能耗与物耗。水泥行业大数据智能分析与决策应用系统如图 3-21 所示。

互联网采购：部署在公有云 / 私有云上的企业采购平台，包括友云采门户、买家、卖家、公共和内部商城（超市化采购）、平台运营、微信及移动应用，帮助企业做出最佳库存策略和高效供应协同，实现共享闲置库存、连接供方需方、库存业务入口、协同库存作业等功能。

应用效果

在智能物流方面，实现了企业货物的安全，并减员增效：通过双卡认证，确保了发货安全，每家水泥厂每年减少货物损失的费用约为 50 万元，为整个水泥企业每年减少损失近 1000 万元。

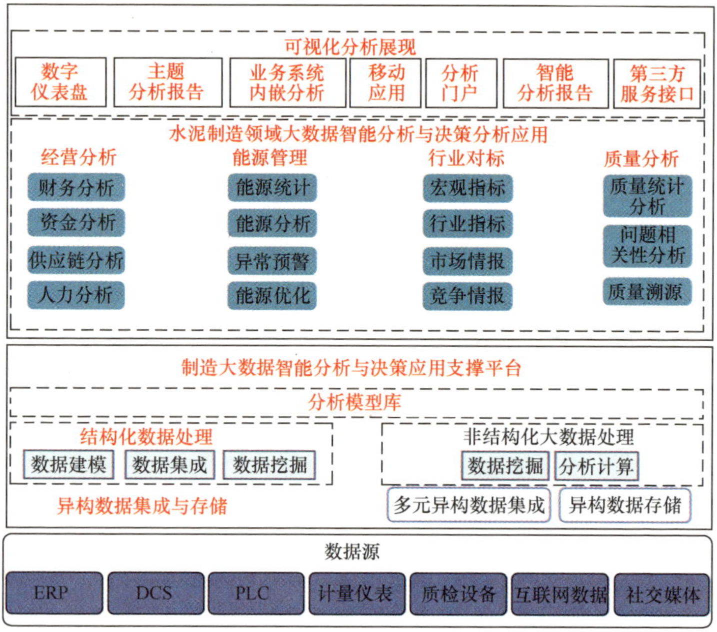

来源：用友公司

图 3-21　水泥行业大数据智能分析与决策应用系统

在互联网采购方面，企业的采购行为变得更高效、透明。以南方水泥为例，其管理效率提高 10%，原材料库存水平下降近 10%，维修与作业耗材库存积压每年降低近 3000 万元。

在节能环保方面，以天瑞水泥为例，在建设完成在线监控管控集成系统后，企业的能源消耗（包括原煤、电的消耗）减少3%～5%；原煤节约42.7万吨/年、电量节约9.66×10^7千瓦时/年；设备维修费用节约3446万元/年。

案例28：天合光能公司依托平台提升电池片质量

业务痛点

光伏产品供应商天合光能公司在光伏电池片生产质量方面遇到瓶颈。由于光伏电池的生产需要经过表面制绒、扩散制结、腐蚀、清洗、镀膜、丝网印刷、测试分选等多道环节，数千类维度的数据影响着电池片的成型，面向单点环节的传统工艺参数优化方法难以有效地优化生产的整体流程，因此，天合光能公司需要新方法进一步提升良品率。

应用模式

以光电转换率为标准，其中，电池片转化率在18.8%以上的为A品。天合光能公司希望借助云计算、大数据等人工智能技术提高A品的比例。借助阿里云ET工业大脑平台全面采集光伏电池片生产过程中所产生的物料数据、设备参数、MES系统数据等，天合光能公司将车间设备、人员、工艺、质量等海量数据输入工业大脑，通过海量数据的深入挖掘和关联性分析，识别出在生产过程中对电池片质量有显著影响的关键环节，提供针对性的设备参数优化，并在产品线实际应用过程中对比测试、反复调优，最终提高电池片的生产质量。阿里云ET工业大脑架构如图3-22所示。

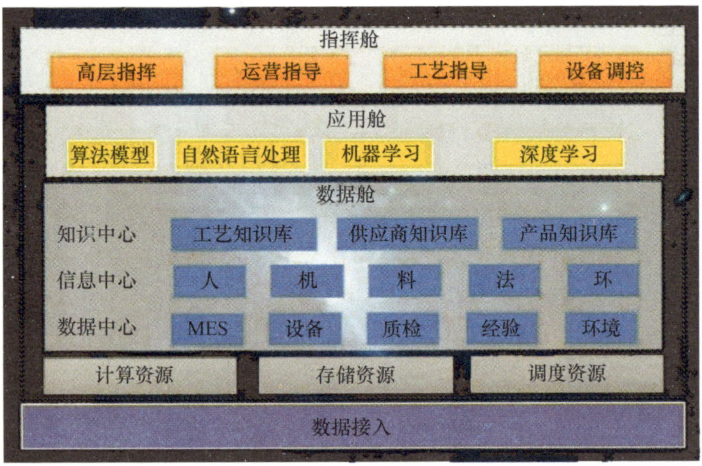

来源：天合光能公司

图 3-22　阿里云 ET 工业大脑架构

关键要素

在提高电池片良品率的过程中，捕获关键因子是关键。从传统角度来看，利用人的知识和经验，可以发现两个单独因子之间的关联，而通过 ET 工业大脑的大数据分析，最终可发现 5 个因子之间的关联，远远超出了人的能力所及。

应用价值

通过优化生产线的关键环节，天合光能公司的 A 品率增加了 7%，有效提升了产品的整体质量。

3. 工业 App 开发部署

天合光能公司实现了通用 PaaS 平台资源的部署和管理。通用 PaaS 平台向下可以调用软硬件计算资源，向上可以面向用户提供应用服务，包括提供开发环境、运行环境和运营环境，提供开发框架、通用开发工具、分布式计算、多用户管理、资源分配等功能，可以大幅提高工业 App 的开发效率。开发环境是指工业互联网平台用户可以通过统一的调用接口获取平台提供的云基础设施、数据、分析处理等能力；开发工具主要为平台用户提供建模工具、开发模型、组态工具等，用于支撑开发者在平台上快速开发工业微服务和工业 App。目前，众多平台提供的工具与模型都与平台企业自身的领域有关。未来，开发工具的通用性、灵活性、扩展性将进一步提升，数量、种类、使用者将会逐渐增多，基于平台的软件开发工作将越来越多。

案例 29：索为公司打造飞机集成研发平台建设

业务痛点

飞机总体方案设计有 80% 的概率决定了该型号研制的成功，同时也非常复杂，涉及 14 个大专业、74 个子专业。现有的飞机总体设计过程主要存在以下几点问题。

不清晰：各研发环节的工作目标、工作界面、做到什么程度等不清晰。

不畅通：缺乏统一的业务模型支撑飞机设计，各专业模型不统一、格式不规范会导致飞机研制全生命周期中一半以上的时间用于沟通和协调，严重影响飞机设计过程的畅通开展。

不规范：各飞机设计机构工具太多，格式及接口不统一，相互形成壁垒；流程未规范化、模型化和显性化；数据模型不规范统一，信息不准确；知识未模型化、结构化和显性化，无法提炼与重用。

不好做：商业软件的通用性难以满足企业用户灵活多变的个性化需求，专业知识和工具软件不融合。

不好说：界面不清晰、模型不统一、关系不畅通、方法及过程不规范、工具不统一等，不好评判设计结果。

不好管：飞机总体设计过程复杂且存在不确定性，结果形式多样且不可预知，复杂的研制过程、方案状态及方案演变难以进行有效的管理。

应用模式

工业 App 开发工具。索为公司构建工业互联网 App 驱动的协同设计平台，研发出包括型号论证、飞机布局、布置、外形、重量、气动设计、气动特性、进排气、性能、操稳、载荷、静弹、状态等专业类别的设计 App 模块 157 项，集成各类设计分析软件 82 种。工业软件适配器如图 3-23 所示。

来源：索为系统

图 3-23 工业软件适配器

构建 App 统一模型。索为公司通过建立统一的活动模型、数据模型以及业务模型，将工业研制中的活动、流程、组件、模块、数据、知识、资源有效整合起来。基于模型自动、动态构建流程和数据中心如图 3-24 所示。

工业 App。飞机总体协同设计平台采用基于模型的理念，通过工程 App 的开发与应用、流程 App 的开发与应用、基础数据库 App 的开发与应用以及 App 统一数据管理中心几大部分，支持大型航空器的总体设计工作。

关键要素

App 统一数据管理中心是各专业在各型号、各阶段、各轮次产生数据的最终去处和所需数据的唯一来源，将专业间直接的输入、输出关系转变为与数据中心的交互关系，相关专业围绕数据中心开展工作。根据构建的数据模型及其与任务模型之间的数据提交和获取关系，数据中心实例在应用过程中自动生成，用于结构化、层次化管理飞机总体设计产生的参数、模型和报告，同时根据与任务模型节点的关系自动构建数据关系；数据中心的结构和关系也伴随数据模型自动更新，同时提供数据版本管理功能，对数据进行版本管理。

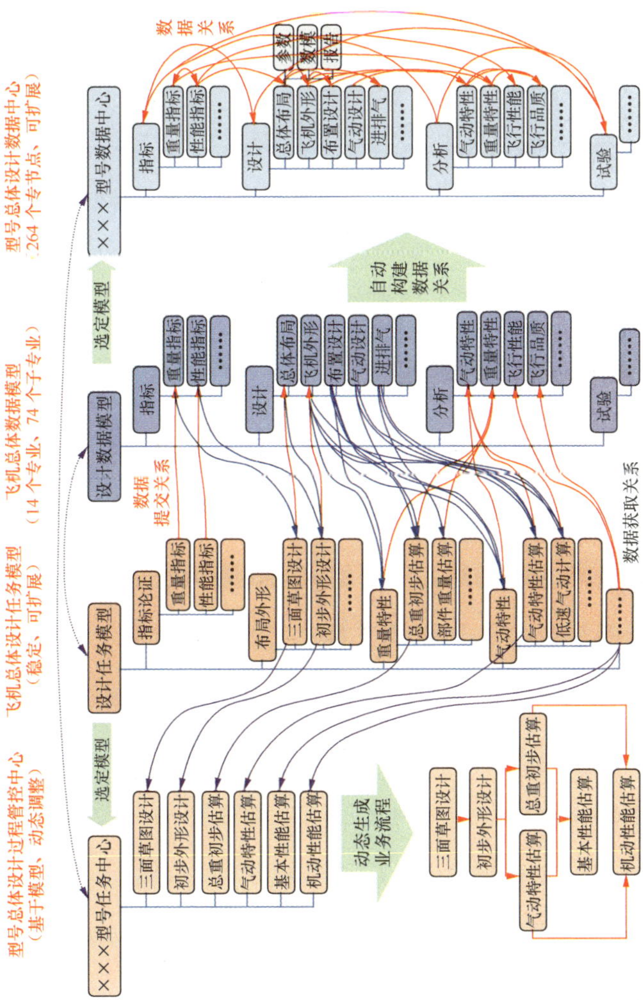

来源：索为系统

图 3-24　基于模型自动、动态构建流程和数据中心

应用价值

飞机总体协同设计平台能增强设计协作、加快知识沉淀、减少中间消耗、增加推进力度、规范工作程序，从而提高了飞机总体设计水平和核心竞争力。从整体应用效果来看，飞机总体协同设计平台能够有效地缩短飞机研制周期 50% 以上，降低飞机研制经费 30% 以上。

（三）工业 App 层的赋能实践

用户需求个性而灵活，大型工业软件无法满足需求。现阶段，工业软件逐步向轻量化和微服务靠拢，应用的个性化、灵活化特征越来越明显。应用层依托设备物联接入、工业大数据分析等平台的 PaaS 能力支撑，将机器、数据、流程、人等因素融合创新，形成直接的经营管理系统解决方案，打通工业互联网应用的“最后一公里”，产生直接的客户价值。依托工业互联网平台，一些典型的工业互联网垂直行业应用正在逐步推广，在智能化生产、服务化延伸、网络化协同、个性化定制等领域的创新应用不断出现，正在形成一股推动制造业变革的强大力量。与手机 App 相似，工业 App 也将呈现百花齐放、百家争鸣的繁荣景象。面向企业数字化、网络化、智能化转型的特定需求，聚焦工业互联网平台在虚拟仿真设计、网络协同制造、质量检测分析、设备健康管理、产品远程运维、制造能力交易等工业场景的应用创新，制造企业探索出一大批成功的赋能实践。

1. 虚拟仿真设计

在设计工作中，人们对于仿真技术的依赖和期望越来越大。过去，人们只用仿真技术模拟某个物理现象、设备或简单的系统；今天，人们要求能用仿真技术描述复杂系统，甚至由描述众多不同系统组成的系统体系，对仿真技术提出了更高的要求。由于仿真技术过于高端，使用门槛高，对应用者的要求也很高，用起来困难，所以让仿真技术大众化，已经成为众多中小企业的共同心声。虚拟仿真设计以仿真为目标，将设计流程、方法、参数等工业技术和知识固化为平台上的仿真 App，实现设计工作与专家经验的有机结合。在复杂产品的多学科设计中，基于云平台的协同能力，可以建立涵盖多学科专业的虚拟样机系统，通过仿真完成系统级的整体评估和验证工作，极大地提高企业的数字化研发实力。

案例30：国电富通仿真云平台

业务痛点

国电富通公司属于传统的制造企业，产品包含高压管道、大型变电设备冷却系统、煤化工设备等。在产品研发和优化工程中，迫切需要应用仿真技术，以加快产品研发的速度。但是目前的通用商业仿真软件使用复杂，对使用人员的能力要求很高，难以在短时间内形成有效的仿真能力。

应用模式

国电富通仿真云平台架构如图3-25所示，基于仿真安卓平台，根据自身产品的仿真需求，国电富通公司定制了满足个性化需求的仿真云平台，并在此平台上开发产品研发专用的仿真App。工作模式为“企业仿真云平台+仿真App”：专业团队开发仿真App，设计研发人员应用仿真App。

关键要素

国电富通仿真云平台梳理国电富通公司产品在研发过程中的仿真需求，包括煤化工设备、环保设备、高压管道、水冷系统等，其仿真需求涵盖化学反应、CFD多相流计算、温度计算、结构强度计算、加工工艺成型计算等多个领域。

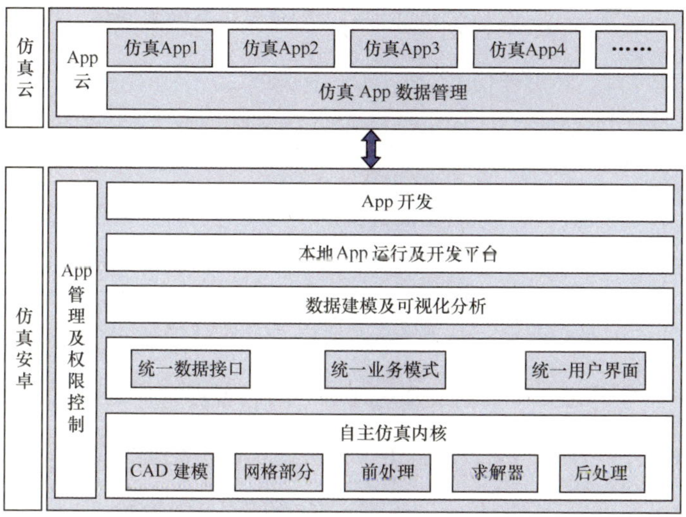

来源：云道智造

图 3-25　国电富通仿真云平台架构

在仿真安卓平台的基础上，国电富通公司集成特需的求解器，定制开发专业的前后处理功能和 App 开发功能，求解器包括 CFD 多相流求解器、化学反应求解器等，前后处理功能包含专业的网格剖分功能、边界载荷条件、对求解数据的再次运算等，App 开发功能包含自动批处理程序、文件关键字识别等。

企业内部门户管理系统的定制，包含用户权限管理、App 权限管理、App 授权及加密等。

产品仿真 App 的合作定制开发包括管道推制仿真 App、闪蒸罐仿真 App、煤热解仿真 App、生化反应器仿真 App、三通管仿真 App、水冷器仿真 App 等。

应用价值

基于仿真安卓平台定制开发的国电富通仿真云平台在实际应用过程中获得了以下效益。

“仿真云平台 + 仿真 App”的模式在企业内部得到了应用，将国电富通公司长期工作积累的经验和数据软件化、App 化，形成了一批软件资产，避免了人员流动导致的知识损失。

仿真 App 的使用门槛较低，它将仿真技术简单化，将仿真技术的应用融入产品的设计研发过程中，替代了部分试验。例如闪蒸罐仿真 App 有力地支持了闪蒸罐新产品的优化，将原有的设计周期缩短了三分之一。

平台的应用提高了仿真效率。例如管道推制仿真 App 将单次管道推制的仿真时间由 2 周缩短至 3 天。

2. 网络协同制造

工业互联网平台基于供需数据的集成对接可以实现复杂产

品的网络化协同制造。在生产协同场景下，工业互联网平台提供线上核心工业软件服务，可实现跨企业工艺协同，以及以计划为主线的生产全流程（进度、质量）管控。在供应链协同场景下，工业互联网平台可以汇集供应链上下游企业的需求、库存、销售以及外部环境数据，并通过共享服务把关键数据及时分发给各环节的用户；同时，用户可以借助工业互联网平台的数据挖掘能力基于历史数据进行销售预测，并根据上下游企业的供需情况预测结果，通过共享数据实时地调整生产计划和产品交付周期，实现供需精准对接。例如，河南航天液压气动技术有限公司基于航天云网 INDICS 平台实现了与总体设计部、总装厂所的协同研发和工艺设计，研发周期缩短 35%，资源利用率提高 30%，生产效率提高 40%。

案例 31：南钢集团船板定制配送 C2M +JIT

业务痛点

产业链下游的船企处于去产能化过程，个性化需求不断增多，需要南钢集团提供分段配送服务，即按船号、批次号、分段号堆垛集批，按船企生产进度分段送货，存在大规模生产与小批量多品种定制的矛盾；南钢集团建立了完善的企业内部数据总线，打通了企业内部数据孤岛，但仍需要打破与外部船企之间的数据传输壁垒，建立企业间的数据交换标准与规范；另外，船企需要对自身的订单产品进行全流程跟踪，这对南钢集团的产品生产与跟踪系统要求很高。

应用模式

随着工业互联网技术的发展，南钢集团已具备促进用户与生产直接对接，转变传统的以产定销的模式为以销定产，实现即时生产，提高钢铁产业链的整体协同制造效率的基础条件。本案例的应用场景是定制化生产。船企提前 2 ～ 3 月将设计规格交给南钢集团，南钢集团按 JIT（准时制生产）方式组织生产，在船企计划使用前一周完成生产，并按船号、批次号、分段号堆垛集批，严格按顺序将产品送达船厂。

从用户定制化需求出发，南钢集团运用云计算、互联网、工业大数据、物联网、移动应用、智能制造等新技术，进行管理和系统集成创新，构建融合用户、钢铁企业、加工配送企业、物流企业，面向用户的协同供应链、智慧物流、冶金全流程质量管控等应用系统的制造云平台，构成一个完整的“C2M+JIT 定制化准时制交付钢铁企业全流程协同制造系统”。南钢集团与下游造船企业供应链协同系统架构如图 3-26 所示。

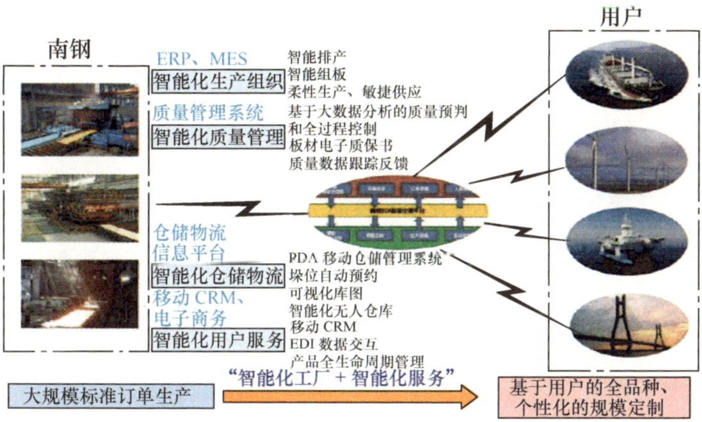

来源：南钢集团

图 3-26　南钢集团与下游造船企业供应链协同系统架构

此供应链协同系统功能包括订单管理、综合生产管理、可视化库存管理、PDA 移动仓储物流管理、电子质保书管理、看板管理以及移动 CRM 管理等。值得一提的是可视化库存管理功能，该功能建立了钢厂仓库全景地图，以地图形式显示出全厂板材仓库位置、库存量、库存状态等信息，并可链接各仓库货场的全景图。通过建立货位立体图，提供可视化 3D 模拟存货图，可以显示板材尺寸、堆放的层次、对应的订单、船号、分段号、交付编号、交付日期、轧制号、生产日期等信息。

关键要素

该项目的创新之处有以下几个方面：基于制造云平台技术，设计和构建多层次、跨平台的大规模异构计算机协同制造系统；研发供应链计划的协同技术，实现南钢集团与船企等大客户间的订单、质量设计、材料设计、生产计划、物流信息的贯通对接，以客户需求直接驱动钢铁企业的制造和物流等过程，实现真正意义上客户驱动的供应链协同；利用AI技术，形成高级智能排产模型，例如“一坯多订单组板”“马赛克组板”“多排列组板”等综合组板技术，降低了非计划附带，提高了坯料设计效率；生产过程广泛采用二维码、电子标签和移动扫描终端等自动识别技术，实现物料配送与产品的定位、跟踪、控制等功能；基于移动应用技术，构建跨平台的移动应用系统，实现传统业务由个人计算机端向移动端的迁移，提高工作效率。

该供应链协同系统的关键技术是实现了定制配送的基础，实现了南钢集团与船企的数据通信与数据传输标准的统一。系统利用EDI数据集成技术、高级计划排程技术、智能化数据采集与物联网传输以及移动应用技术，实现了用户需求与生产系统的对接，以及将生产订单的兑现进程及时反馈给用户。

应用价值

PDA 手持终端辅助现场人员管理仓库，提高了入库、倒垛、发货作业的效率，使信息流与实物流保持一致，仓库管理人员的工作效率得到提高，使大大降低了误差率，进一步提高合同兑现率。通过可视化库存管理，客户可以很直观地查看仓库钢板的情况，提高现场管理水平。通过移动 CRM 系统，客户可以随时随地通过移动终端查看合同的生产、交付情况，并通过移动 CRM 与销售专员进行实时对接反馈；利用高级计划排程，南钢集团发挥生产线的生产优势，通过系统的持续优化，提高了合同的交付率，通过不断深入的互动，增加了客户黏性，逐步提高了企业的客户满意度。

案例 32：船舶精益研发平台建设与应用

业务痛点

船舶企业在建设研发业务系统的过程中，会遇到研发业务系统的互联互通和集成应用问题，主要体现在以下 5 个方面。

船舶企业新产品开发的多项目管理和产品组合管理措施难以落地，通用的研发管理系统难以支持灵活多变的研发流程。

船舶企业在研发过程中的资源流、工件流、专业工作流在不同的管理系统中各自独立运行，无法实现面向产品全生命周期的管理和优化。

船舶企业在研发过程中建设了数量众多的工具系统和非标系统，各种系统之间的数据互操作性差、模型一致性差、交互界面风格迥异、迭代优化费时低效。

船舶研发体系的数字化转型面临模型化技术流程、精益化管理流程和端到端知识流程的三重叠加挑战。

船舶企业知识资源分散，缺乏积累过程资产，知识资产随人员流动逐渐流失。

应用模式

船舶精益研发平台以解决船舶研发不同业务系统之间的互联互通和集成应用问题为导向，构建面向研发过程的多型号、多专业协同的一体化流程平台，实现工具、模型和数据的集成，促进知识、方法和经验的共享和重用，在此基础上搭建专业应用系统，进一步解决船舶企业内研发模式实施和研发能力提升的问题。船舶精益研发平台架构如图 3-27 所示。

关键要素

建设船舶精益研发平台，目的是让船舶企业的战略层、管理层和执行层 3 级的工作人员在统一的平台上借助不同的交互环境实现密切合作。

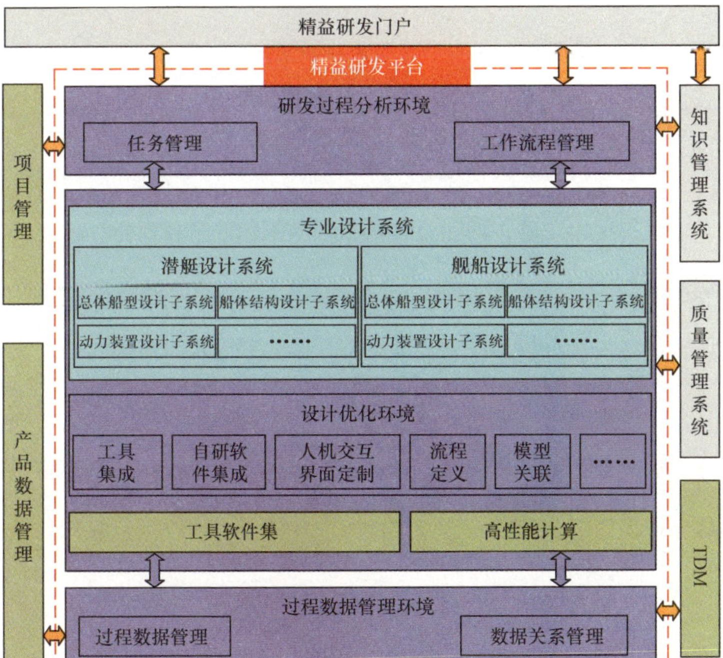

来源：索为系统

图 3-27　船舶精益研发平台架构

总设计师/总师系统/院所领导等高级管理人员和决策者通过数据面板可以查看和检索各型号、各项目研发全过程、全方位的实时信息，无须进入项目管理、专业设计、PDM等具体的业务系统。船舶精益研发平台对各研发业务系统中流转的数据进行清洗、抽取、汇总、分析和呈现，形成系列化的研发管控视图，使企业管理人员可以及时知悉研发现状、了解问题并快速处理问题，在实时、准确和全面的信息支持下形成具有针对性的决策。

对于项目负责人/部门负责人/主任设计师等中层管理人员，在登录工程门户后，即可查看其权限范围内的项目执行、问题反馈和资源使用等各种信息，并可通过门户启动研发过程分析环境，进行任务分解和任务流程定义，并关联各种可重用的知识组件，包括数据传递模板、执行逻辑模板、数据定义模板、工具操作模板和专业设计模板等。通过工程门户和研发过程分析环境的综合使用情况，管理人员能够实时、可视化地监控项目执行的全过程，还可以细致地观察每个设计人员的工作内容。

对于从事具体工作的工程师/设计人员/仿真人员/试验人员/数据维护人员，船舶精益研发平台提供了一个统一的工作台面，在集成的工作环境中可以完成其所有的工作。统一工作台面集成了与工作任务关联的任务信息、工具软件、参考数据、分析模型、技术规范和标准等知识内容，提供了面向产品对象的专业设计系统。专业设计系统提供了预置的设计模板，并根据工程师当前的工作语境主动从后台的知识库中推送符合规则的知识内容到前台，形成伴随性的知识支持，从而减轻工程设计人员的重复劳动负荷。

应用价值

经过两年的建设，船舶企业完成了船舶精益研发平台的一期建设，覆盖全部设计专业门类，应用价值体现在以下 4 个方面。

提供设计优化环境。后台驱动各种软件完成建模、计算、分析、数据处理等软件操作过程，打通不同工具软件之间的数据流、控制流，实现跨学科的数据流通。

构建研发过程分析环境。对任务和流程进行一体化管理和全面、实时监控，避免管理与技术的脱节，提高企业设计流程的执行力，保证了研发的质量和效率。

建立舰船设计知识体系。整理和挖掘舰船设计经验，将 CAD 操作、CAE 操作、设计经验和知识有机融入设计流程。通过固化设计流程，实现了知识资产的积累和重用。

船舶精益研发平台的建设应用，显著提高了型号高效精细的综合管控能力、敏捷的需求响应能力、持续的创新发展能力，以及设计与仿真、测试、试验的验证能力，为舰船实现先进的设计能力、船舶企业向全产业链的发展奠定了必要的基础。

案例 33：斯捷尔传动机械（杭州）有限公司的网络协同制造实践

业务痛点

斯捷尔传动机械（杭州）有限公司（简称斯捷尔）是一家专业从事各类传动机械开发、制造的厂商，公司 80% 的产品远销海外。信息孤岛是斯捷尔在生产中面临的主要问题，繁多的物料给生产、仓库和财务管理工作带来困难，例如生产计划安排不妥当、容易拿混物料、库存数据不准确等，甚至各部门对于某些半成品零件的叫法不统一，部门之间的协同效果较差，制造过程较混乱，与上游供应商及下游客户的沟通协调也存在很大的时间差和错误率。

应用模式

斯捷尔采用“一云通”云端部署，节省硬件和人员投入，采用软件分期租赁方式减轻企业压力。

各大应用无缝集成，斯捷尔根据工厂的实际情况按需随选，打通企业内外部系统，实现各个生产车间的制造协同。

斯捷尔通过软硬件结合，实现车间执行管理，提高企业流水线品质和在线工艺管理，实现车间生产计划、生产进度、品质管控、设备管理的精益化。

关键要素

“一云通”的核心模块是云ERP、云MES、云OA、云条码和云供应链。“一云通”通过优化企业的流程，使软件在两个月内迅速上线。企业日常的业务、采购、物流、生产，顺利地在系统内流转。“一云通”平台还可以对企业员工、上游供应商、下游客户等关键节点进行约束与管理，提高了日常业务数据的采集频率，大幅度提高了数据的准确性，而统一的数据平台让日常的业务数据可以在系统中通过报表的方式体现，一目了然地展示给相关管理者和员工。一方面，防止了盲目采购；另一方面，对于客户交期的时间管控也提升了一个档次。

随后，服务团队可以帮助企业将云MES、云条码、敏捷质量等模块应用上线，将企业的生产工艺、工序流转、生产进度、品质控制等与系统结合应用，从而基本实现了资金流、业务流、事务流与信息流的四流合一。

应用价值

信息化管理系统已成为企业快速健康发展的助推器。目前，从最初的业务下单，到生产环节的跟踪，再到根据物料需求计划核算整个订单的用料、成本预算等流程，极大地提升了整个企业的运营效率，将每个部门有效地串联成一条线。企业在使用“一云通”后，整个企业的业务流程呈闭环状态，保证了信息的传递准确性和及时性。采购部通过系统的安全库存提醒及物料需求情况反馈，可以及时安排采购，库存周转率提升了70%，原材料采购周期缩短了50%；通过系统的汇总功能，采购部由之前的按单采购，逐渐转为预测式集中采购，成本降低20%左右，一年时间就减少了1000多万元的采购成本。企业在使用“一云通”后，不需要再支付昂贵的服务费和IT人员费用，这种云模式的总体费用比传统信息化服务模式费用低80%左右，使企业的整体经营成本下降，利润提升20%。

3. 质量检测分析

产品质量是工业企业关注的重要问题。随着工业现代化水平的提高，机器自动化检测逐步替代了传统的手工检测，检测效率和产品质量的稳定性显著提高。然而仍有部分工作需要检测人员主观判断，人工检测依赖检测人员的经验，缺乏检测一致性，同时也不利于工厂自动化水平的提高。工业互联网平台通过获取生产线上的各项数据，对产品检验数据和人、机、料、法、环等过程数据进行关联性分析，从多个角度保证产品生产线的正常运转，避免发生生产异常。工业互联网平台中的边缘计算服务器在检测端通过深度学习的方式可以弥补机器检测与人工历史检测在经验方面的差距，依靠边缘计算器强大的计算能力可进行模式识别等复杂计算，保证机器检测的有效性和一致性，最终实现产品质量自动化全机器检测，提高产品的检测效率，降低产品的不良率。

案例 34：大西洋焊接材料股份有限公司利用工业互联网转型升级

业务痛点

四川大西洋焊接材料股份有限公司（简称大西洋公司）是从事焊接材料专业制造企业，是行业内唯一一家上市公司。作为一家资源耗费型、劳动密集型、传统加工型国有企业，经过 70 多年的发展，目前已成为国内焊接材料行业中自动化水平最高、产品门类最全的焊接材料制造企业。

大西洋公司面临的主要问题有以下几种：传统的面向计划

生产模式难以满足客户的个性化需求；在特种行业，客户要求有严格的订单交期、性能指标、全生命周期质量可追溯等；传统的管理模式管理难度和成本极高；生产过程管理粗放，生产效率低，产品质量追溯困难；生产过程噪声高、粉尘大，生产环境较为恶劣，工人劳动强度大。

应用模式

大西洋公司借助移动互联网、物联网、大数据技术，基于用 NC ERP、智能工厂系统与遍布生产现场的智能物流设备、智能仓储系统、数字化生产线的无缝集成，构建基于软硬一体化、人—物料—设备—信息系统互联互通的智能制造体系。大西洋公司焊材智能制造体系如图 3-28 所示。

大西洋公司焊材智能制造体系实现的主要功能包括自动计划排程、制造过程透明化、物流智能化管理、设备效率最大化、实时质量检验并且可追溯，以及绿色制造、零排放。

关键要素

通过 ERP+MES 一体化设计与实施，大西洋公司焊材智能制造体系实现产品制造全程信息化、智能化，在行业内率先进行智能制造新模式的实施与应用。

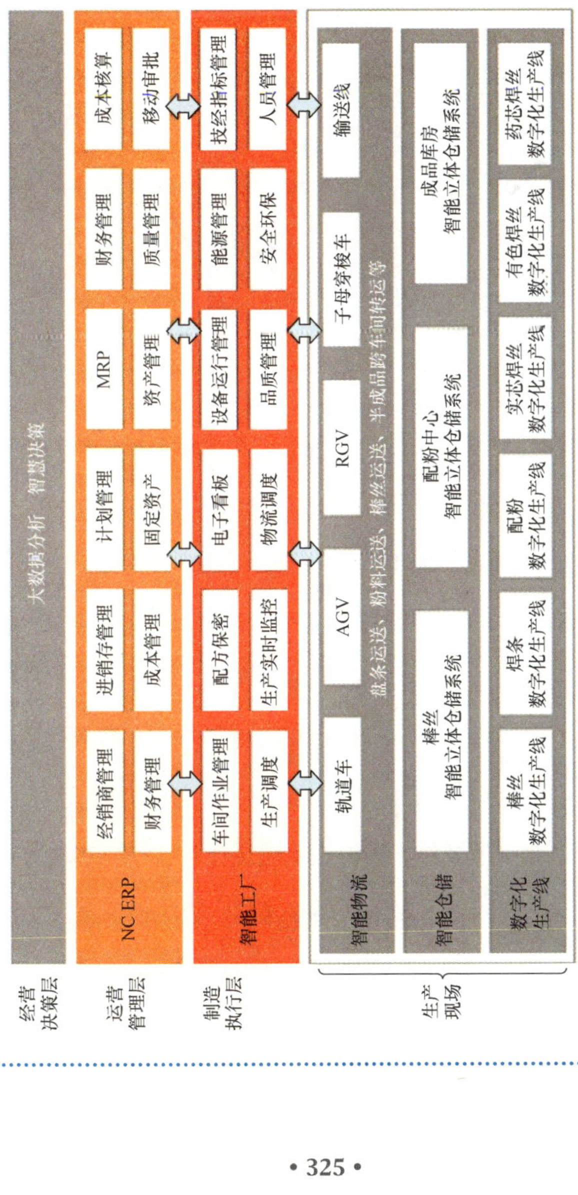

来源：用友

图 3-28　大西洋焊公司材智能制造体系

在该体系中，新型的智能化仓储物流、全数字化生产线和实时数据采集系统与工业互联网平台、大数据分析、云服务等智能制造新技术深度融合。

焊材生产工艺的个性化定制和人工智能技术相结合的国产化装备自主研发将数字化生产线核心设备的国产化率提升至90%，从而打造焊接材料生产行业领域的首个智能制造示范基地。

应用价值

焊接智能制造体系实现了大西洋公司制造方式的重构，实现了全生产流程MES系统的集成，实现了全企业的信息化管控。

大西洋公司实施互联网营销与生产线流程数字化改造深度融合，极大地提高了企业的生产柔性和满足个性化市场需求的能力，传统产品附加值提高15%，交货期缩短40%，有效提高客户的满意度，拓展市场规模。

构建企业MES系统，用数百块能源计量仪表生产线进行全覆盖，完成了针对单机单人的能效考核，极大地提高了每个员工的节能意识。同时，在全国首创了焊条干燥“温湿双控”新工艺和集中供热、余热回收新模式，万元增加值综合能耗降低30%

以上，实现低碳制造。

大西洋公司推进生产流程、生产工艺、生产装备、管理模式颠覆性创新，通过建设自动仓储、自动配粉、自动包装等诸多自动化系统，深度创新和改造专用生产装备，首次实现多工序无人值守，企业的劳动生产率提高一倍以上，同等规模焊接材料制造用工人数减少 30% ～ 50%。

大西洋公司采用自主开发的新工艺和新装备，对焊接材料制造中产生的噪声、废水、废气、粉尘等，进行了分类归集、集中处理和综合循环利用，基本做到零排放，大幅度改善员工的作业环境和工作舒适度，实现绿色制造。

案例 35：宝钢集团基于平台优化产品质量

业务痛点

宝钢集团生产的钢材成品卷的表面质量是最重要的质量指标之一。产品表面的任何划痕、孔洞、指纹和凹坑等都属于产品的质量瑕疵，以前，这些表面瑕疵的检测手段是难以用传统传感器实现的，只能依靠人工检测。然而人工检测可能出现人为错误，不利于产品质量的闭环控制。

应用模式

宝钢集团选择使用宝信平台作为产品质量优化的解决方案。宝信平台主要分成三级架构，第一级是面向工业现场的边缘计算，第二级是部署在云端的大数据平台，第三级是面向企业各种业务的应用系统。宝信平台可根据钢铁制造的数据特征和业务要求，实现数据存储、传输和获取的标准化。目前，宝钢集团已经基于宝信平台，通过现场设备数据的采集和协议转换，打通了企业的OT层与IT层，使数据得以在整个制造系统和IT系统之间高效流通。宝信平台架构如图3-29所示。

关键要素

宝钢集团通过宝信平台，实现了表检仪实时分析。首先将生产缺陷以图像的形式经表检仪上传到宝信平台，平台参照图像数据库确定产品缺陷等级，然后将这些标定好的图像库通过机器学习算法进行处理，形成缺陷等级分类器，最后将数据传送到现场的边缘服务器上，快速对生产线上的产品缺陷等级进行分类，并发送指令对生产过程进行干预。

应用价值

凭借宝信平台产品，宝钢集团实现了对多源、多结构数据信

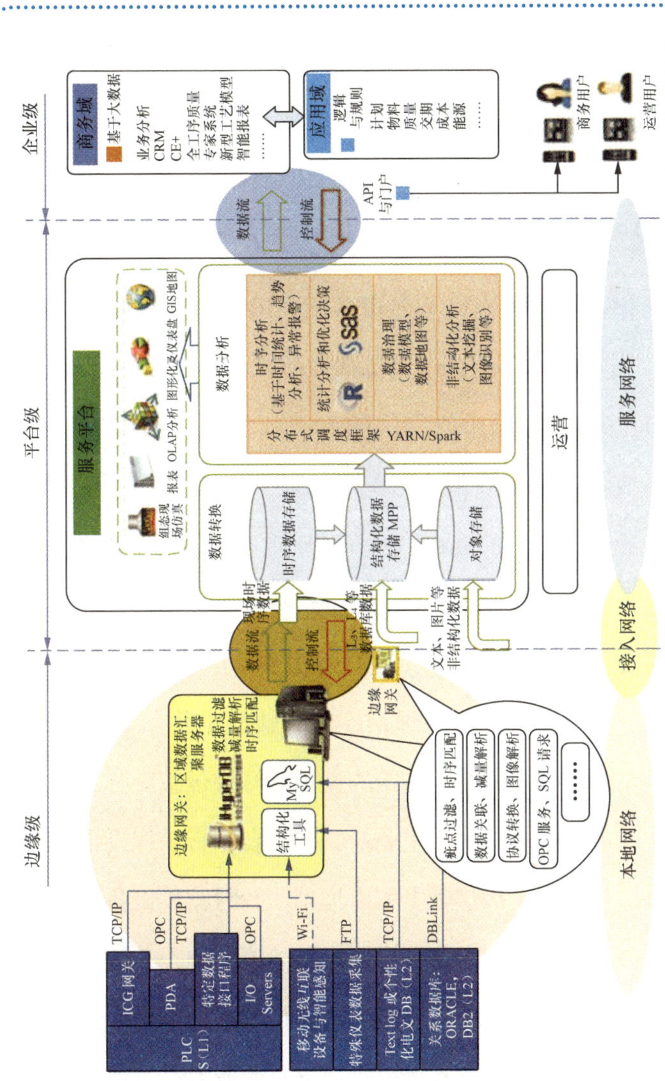

来源：宝钢集团

图 3-29 宝信平台架构

息的融合处理，完成了对生产过程中的钢板进行质量闭环控制，减少了人工的直接参与，降低了工人的劳动强度，减少了出错的概率，同时也减少了人力成本的投入。

4. 设备健康管理

自动化工厂中的高端智能设备不断增加，其维修难度也越来越大。“定期检修”的传统设备维护模式易造成维修成本过高、工期不可控的问题，常出现“过度维修”与“维修不及时”的情况，两者均会直接影响设备的有效运行时间，而事后维修会造成工期延长，导致运行维护成本的上升，严重影响到生产主业。

另外，在缺乏专业化检修人员的情况下，大多数企业设备检修通常采用外包方式，在没有设备大数据全生命周期管理系统支持的情况下，容易造成设备维护管理信息不连贯，没有继承性，碎片化严重的问题。同时，传统的设备维修外包服务容易使企业丧失掌控设备资产的能力。工业互联网平台结合智能设备历史数据与实时运行数据，构建数字孪生模型，及时监控设备的运行状态，并实现设备预测性维护，避免设备故障影响企业的生产；同时，针对高端智能设备建立全生命周期档案，加强对生产设备的健康管理，做到维修过程有据可查，提高企业对设备资产的掌控能力，减少在高端设备维修过程中的大量维修外包费用。

案例36：上海电气电机及驱动设备运行优化工业互联网平台

业务痛点

电机系统复杂多变，运行工况多样，运行状态涉及领域涵盖电路、磁路、绝缘、机械系统等，工业机理模型复杂。目前，电机系统数据采集分析能力、故障诊断预测知识库等还不健全，难以满足设备运行优化的需求。

应用模式

当采用工业互联网平台向行业内相关企业提供设备云优化、云服务的应用模式时，应先建立设备运行优化工业互联网平台，用户通过按需付费的远程运维服务模式实现设备快速接入，再通过运行优化App实现设备的运行优化管理。电机及驱动设备运行优化工业互联网平台如图3-30所示。

关键要素

用户需求调研及关键技术研究：深入调研、分析用户需求，开展面向电机运行优化的机理模型、状态评估、故障诊断、预测性维护、能源评估、边缘侧设备接入、微服务组件、特定场景App实现等。

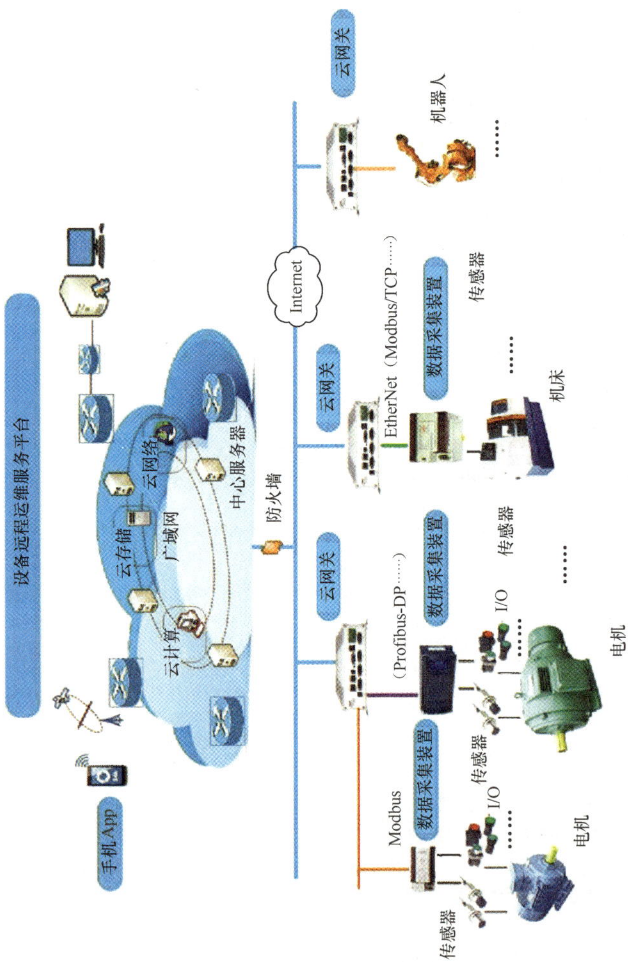

来源：上海电气

图 3-30　电机及驱动设备运行优化工业互联网平台

核心产品、平台研发：在深入调研需求、充分研究关键技术的基础上，按计划研发云网关、电机优化运行平台等核心产品。

工业互联网平台建设方案的设计及实施：制订工业互联网平台建设方案，撰写具体测试用例，通过现场实际运行大数据积累和机器学习，进行关联性分析，优化模型、微服务组件及 App，最终建成满足特定场景需求的工业互联网平台。

市场应用推广：研究平台服务模式，加速平台及解决方案在电机行业不同工业场景下的推广及应用。

应用价值

本案例所建设的电机及驱动设备运行优化工业互联网平台，将针对电机运行优化需求，建立电机本体数学模型、状态评估模型、故障诊断模型、剩余寿命预测、维护决策模型和能效评估模型等上百个机理模型，并形成微服务组件。

该工业互联网平台针对制造、冶金、水利、纺织等多个行业开发特定场景工业 App，形成特定场景解决方案，在多家工业企业进行应用推广。

该工业互联网平台开展电机及驱动设备运行优化工业互联网平台测试、验证优化、解决方案制订、运维、培训等各类服务。

案例37：上海隧道股份有限公司智能管控中心项目

业务痛点

上海隧道股份有限公司（简称上海隧道）每年会同时推进40多个隧道工程，随着工程量的增加，管理难度加大，加之井下施工人员的素质、水平良莠不齐，管理人员无法及时掌控井下的情况，野蛮施工、偷工减料时有发生，很多设备在出井后才发现严重损坏，同时不规范施工带来的事故也越来越多。十多年来，盾构作业已经发生多次严重事故，轻则项目进度滞后，重则造成人员伤亡。

上海隧道的领导层已经明显感觉到在机械设备管理、材料管理、方案与工法管理、劳务管理等方面力不从心，尤其是在保证盾构机的稳定运行方面更是忧心忡忡。据了解，国产直径6m的盾构机，造价3000万元以上，相近规格的日本进口设备要3500万元左右，德国进口设备接近4000万元。因施工人员在挖掘过程中操作不当、监控不到位所导致主轴断裂的维修等待时间超过一年，直接经济损失超千万元。

应用模式

为此，上海隧道计划构建智能管控中心以实现对工程精确设计和模拟，围绕施工过程管理，建立互联协同、安全监控和智能化生产，实现工程可视化管理。历史数据显示，盾构机每掘进

100 环会产生 400 多万条数据，每年仅盾构机产生的数据量级就极为庞大。

寄云科技公司为上海隧道提供了“轨道交通企业智能管控中心解决方案”。该方案的主要内容有以下几个方面：构建以盾构为中心的产品质量生命周期管理平台，实现对产品质量的统一管理，并方便提供给用户和应用系统使用；构建盾构法隧道施工相关数据模型，对数据进行集中、清洗、补录和整合，实现企业资源共享和统一的业务视图，支持各部门管理和业务发展的分析型应用；建设领导驾驶舱，为企业管理和决策层提供及时、精确的经营信息；逐步修订盾构机关键部件的预测性维修目标，通过收集关键部件的传感器数据，进行预测性维修。轨道交通企业智能管控中心项目架构如图 3-31 所示。

关键要素

四个阶段的智能管控中心总体规划是项目成功的关键要素之一。四个阶段的划分和主要工作内容包括以下几个方面。第一阶段：实验、探索阶段，该阶段除了开展业务调研，了解数据情况和可用性，完成数据准备及清洗之外，还对数据进行探索，导入关键部件维修和库存备件数据，建立了分析模型。第二阶段：提高、优化阶段，该阶段生成了关键参数曲线，对模型进行评估、优化和调整，

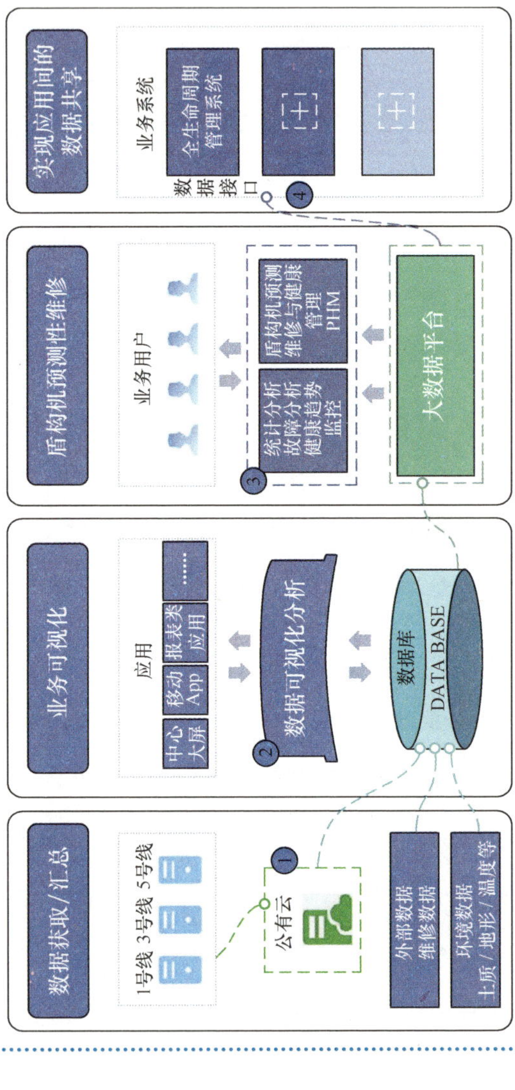

来源：上海隧道

图 3-31　轨道交通企业智能管控中心项目架构

并且加入了土壤信息、地形、温度等外部环境数据。第三阶段：尝试进行维修性预测，对关键部件进行状态分析，开展预诊断。第四阶段：推广阶段，实现了数据流转自动化，并将项目成果扩展到其他型号的盾构机，实现了决策优化。

应用价值

上海隧道通过实施“轨道交通企业智能管控中心解决方案”，开展了预测性维修、统一管理等，实时监控施工设备的健康状态，为预测性维修提供了决策支持，减少了关键部件的意外故障，从而减少了维修次数，有效降低了因盾构机故障而维修带来的高额成本，并解决了其他管理方面的不足，更好地了解实时施工情况，为合理安排施工作业计划提供决策支持等。

智能管控中心可以为管理和决策层提供更加全面的经营和生产信息分析结果，帮助企业数字化转型，实现 IT 与 OT 的进一步融合，提升企业的生产和运营效率，提高企业竞争力。

案例 38：中建八局智慧工地建设

业务痛点

安全使用工地大型设备是工地安全生产管理的重要内容，防止大型设备倒塌、坠落、误操作等造成的群死群伤是工程企业面临的重要课题，监控、监督和管理设备操作人员也非常必要。树根互联通过根云平台为中建八局搭建起建筑工地塔吊、电梯等大型机械设备工作数据采集、安全监控管理平台；通过对建筑工地塔吊、电梯等设备的实时物联数据接入，实时地监控和获取设备的操作及状态信息。这对工地安全管理者实时了解安全运行状态、设备开工率和操作员的工作状态、支撑工地安全生产起到很大的帮助作用。

中建八局是世界500强企业——中国建筑股份有限公司的全资子公司，下设20多个分支机构，国内经营区域遍及长三角、珠三角、京津环渤海湾、中部、西北、西南等区域，国外经营区域主要在非洲、中东、中亚、东南亚等地区。综合实力位居国内同级次建筑企业前列，是国内最具竞争力和成长性的建筑企业之一。

随着基础建设的推进，建筑工地的起重机、门式吊车、升降机等施工设备的数量越来越多，使用范围越来越广泛。但是由于设备操作人员的技术水平参差不齐，操作人员人证不全、设备管理手段不足、施工设备工作状态监管难、工地设备管理不到位等问题，因此工地存在较大的安全隐患。

应用模式

根云平台通过在塔机、工地电梯等设备上进行云盒的布控，集成各种数据传感器接入云盒接口，云盒自动采集和计算所需信息，同时将数据实时无线传输至根云平台。设备操作人员通过驾驶室里的云盒可以实时获取塔机间的碰撞报警、危险情况制动、塔机区域的防护、塔机施工环境的监控、塔机运动状态监控等信息。远端的管理者、业主安全监督员、政府安全稽查人员可以通过根云平台结合无线传输技术实现施工现场塔吊与塔吊、塔吊与监控中心之间的集中管理，并在根云平台实现工地内部设备数据联动、施工状态和施工环境数据的分析等应用扩展。

关键要素

根云平台为工地施工设备提供了数据采集功能和设备运行状态远程监控功能，远程实现对设备运行状态的实时监控，满足了塔机数据可管理的需求。将同一施工环境下的设备形成有机的关联，使不同设备可以基于本机及其他设备的数据进行防碰撞计算，实现距离预警和高度预警，并基于防碰撞的计算结果进行报警或切断不安全方向动作的电源。

根云平台为工地施工设备提供了多层管理模式，有效解决了设备级管理、项目级管理及区域级管理的不同需求，大大提高了管理效率。从起重机司机至设备管理部门及集团公司、政府部门都有其相应的权限对设备进行集中—分布式管理。

应用价值

根云平台能够实时地反馈预警和报警信息，通过声光电等形式提示操作人员，督促操作人员的操作按照合规化、标准化进行。在平台部署20天后，设备操作人员的规范化作业水平明显提高，提升25%的工作效率。根云平台通过设备物联、大数据分析、平台监控等技术，很好地协助管理方进行设备维护保养管理，为施工方节约了30%以上的维护成本。

根云平台实现了实时监控、安全指导、重点布控、防患于未然，从根本上解决了工地安全监督难的问题，解决了人工监察造成的生产作业场所多、安全人员配备不足、安全管理责任不清、无法及时处置等多维度隐患，降低事故率85%以上。

5. 产品远程运维

当前，较多企业采用修复性维修和预防性维修对产品和装备进行维护：修复性维修属于事后维修，往往由突发故障导致；预防性维修虽然属于事前维护，但由于没有经过严谨分析，而是基于时间、性能或条件对设备进行定期维修，所以它假设设备存在突发故障的可能性，若过度维护将导致不必要的额外费用，降低用户的满意度。产品智能化和联网使预测性维护的模式发生了极大的转变，已成为工业界的大势所趋。数据收集、状态监测以及事件预防有助于及时做好对应的维护计划，预防机器出现故障，减少用户的维护成本。同时，依据装备的状态发展趋势和可能的故障模式，有理有据地提供运行决策和维护建议，预先制订预测性维修计划，有助于实现产品故障的提前预警和远程维护。

案例 39：江淮汽车 J-ConNet 车联网平台

业务痛点

江淮汽车基于公司对远程故障诊断分析、远程软件升级、与用户便捷沟通等需求，以及客户对车辆联网智能出行服务的需求和商用车车队管理、信贷管理等需求，编制了车联网发展规划，拟基于无线通信、GPS 定位、大数据分析等技术，结合江淮信息系统的服务能力，开发远程诊断、远程车控、远程升级、远程监控、远程服务等核心功能，旨在更好地服务市场，满足客户需求。

应用模式

J-ConNet 是江淮汽车注册的车联网品牌，集成了公司 DMS 系统、400 系统、4S 店、通信运营商、物流企业、互联网服务等多方资源，向车主及行业客户提供车、行、生活的全方位服务。江淮汽车 J-ConNet 车联网平台的核心功能包括以下几个方面。

涵盖乘、商、电车型完善的运营管理流程设计。针对各车系的生产制造信息化水平、售后服务系统、客户需求功能等不同特点，从配件准备、车辆组装、车辆销售、车辆使用、维修保养、转卖和报废 7 个阶段设计车联网全生命周期管理。

升级 FOTA（移动终端的空中下载软件升级）。开发差分 / 增量升级系统，生成比通用算法小 30% 的差分包，升级速度提升 90%。有效降低升级包大小，节省流量和下载时间，提高升级效率。目前其已经在瑞风 S7 车型上达到量产状态。

车联网安全设计。江淮汽车车联网平台架构从一开始就遵循行业最成熟安全的 NGTP2.0 架构，并从“端”“管”“云”3 个方面进行全面的安全架构设计。

车联网大数据分析。主要包括里程分析、位置分析、油耗分析、区域分析等在内的 24 个分析功能，预期分三期完成。第一期主要完成位置分析、里程分析、故障分析、油耗分析、碰撞分析和用户分析。江淮汽车车联网平台架构如图 3-32 所示。

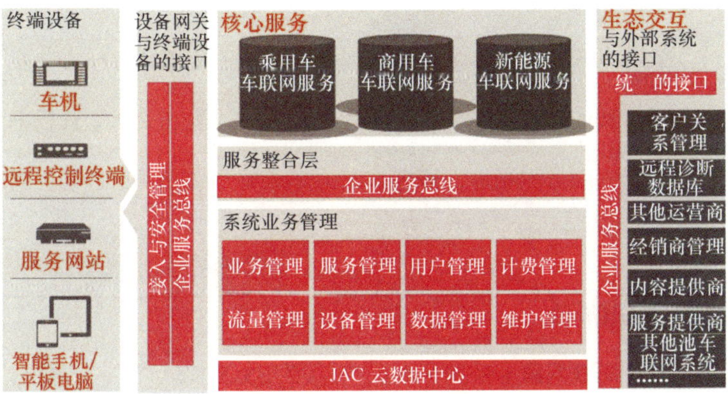

来源：江淮汽车

图 3-32　江淮汽车车联网平台架构

关键要素

建立系统化的统一平台。江淮汽车采用行业最成熟的 NGTP2.0 架构，引入“模块插件 + 接口方式”的设计方案，使车联网系统可模块化分解，形成开放的车联网技术平台，兼容乘用车、商用车及新能源汽车。

规范公司车联网数据管理。江淮汽车开发了车联网平台各层服务软件及应用管理模块，构建乘、商、电三大车型统一的大平台架构，统一管理车辆接入数据、客户数据，统一接入公司内外部信息系统，使车联网系统具备平台化、快速迭代化，能够快速响应市场的需求。

兼容多系统接入。江淮汽车以统一的车联网平台为核心，融合公司诊断信息数据库、经销商管理数据库、客户关系管理数据库、第三方服务数据等，兼容第三方车联网系统接入，共同为客户提供车联网服务。

应用价值

基于车联网服务的瑞风 M4、M6、S2、S3、S7 车型已率先量产，为客户提供包括远程诊断、升级、车控、监控和远程服务在内的车联网服务。车联网平台的应用已覆盖商用车全系车型，目前已在江淮重卡、中卡、帅铃、骏铃、康玲、皮卡六大平台 20 余款车型上搭载，为企业货主、物流企业和物流司机提供多方位服务。车联网正在为不同类别的客户提供贴心服务，持续提升客户的满意度。

江淮汽车计划分阶段布局，从智能互联和智能服务两个方面逐步推广应用车联网，全系车型车联网平台正按计划有序推进。以 2018 年作为起点，整合汽车制造、互联网、服务业等产业链资源，逐步开发自动驾驶功能，覆盖江淮全系车型，构建“人、车、社会的互联生态圈”。

案例 40：湖南星邦重工有限公司实现产品全生命周期智能服务

业务痛点

湖南星邦重工有限公司（简称星邦重工）是国内领先的高空作业设备设计商、制造商和销售商，星邦重工的生产规模达每年数千台，并远销东南亚、中东、南美洲、大洋洲、欧洲等地区。在快速开拓市场的同时，传统的售后服务体系制约着星邦重工的发展。从成立之初至今，星邦重工提供了一系列优质的产品，赢得了众多客户，未来，更好地服务客户成为星邦重工业务发展的突破口。

传统的信息流动模式，例如 ERP 系统、电话、邮件沟通，及时且准确地反馈信息比较困难，要么是时差比较大，要么是信息不准确，特别是对于高空作业车这种安全性要求极高的设备来说，实现高效、准确的设备运行数据反馈是提升星邦重工全球整体售后服务水平的关键。

目前，星邦重工面临三大问题：一是如何严格控制主机故障率，延长设备服役时间，降低产品能耗；二是如何降低设备管理及服务人员技术要求，实现设备智慧管理及“人人皆可服务”，有效地解决客户需求和售后服务脱节的问题；三是如何加强零部件再制造、二手设备交易租赁、服务保险等增值服务，在售后服务市场寻求新的利润增长点。为了解决这三大问题，星邦重工将希望放在了根云平台上。

应用模式

根云平台是树根互联为星邦重工打造全球智能服务体系，提供了端到端的完整解决方案，包括从产品智能互联、产品工业大数据分析到物联监控和智能服务等的 SaaS 核心应用。

关键要素

一方面，树根互联联合国际主流芯片厂商、通信服务商，研发满足全球范围物联接入的智能车载终端，提升星邦重工产品的智能化水平。另一方面，大数据、人工智能等服务能力基于根云平台，实现装备工况数据的存储、分析和应用，有效监控和优化装备运行工况、运行路径等参数与指标，提前预测故障与问题，智能调度内外部服务资源，为客户提供智慧型服务。根云平台智能服务应用产品如图 3-33 所示。

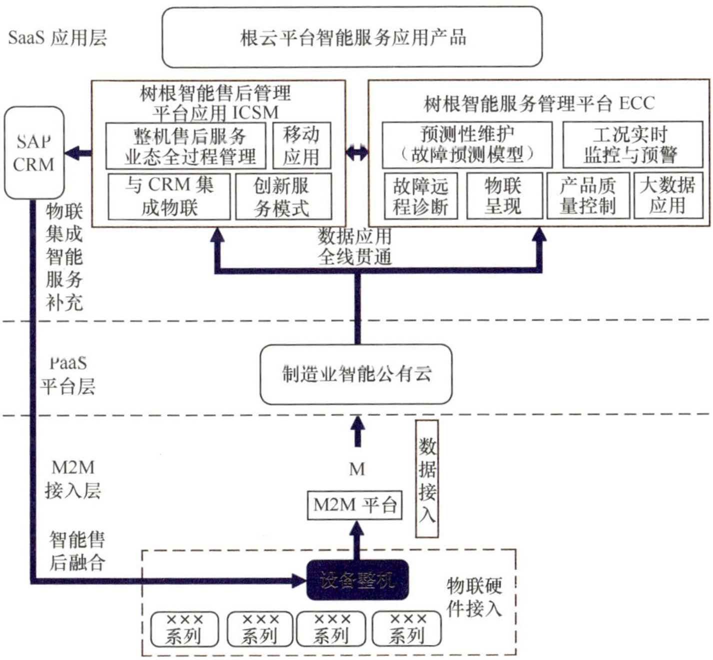

来源：树根互联

图 3-33　根云平台智能服务应用产品

星邦重工通过提供国际化、轻量化的 SaaS 服务，建立全球服务体系业务流程，覆盖设备全生命周期的维修、保养、技改、交机、巡检、旧件返厂、配件销售、回访监督，提高企业客户售后的服务效率。

应用价值

星邦重工基于根云平台实施产品全生命周期智能服务解决方案，以服务流程优化驱动，融合信息化管理手段，输出公司服务体系业务流程，建立基于工业互联网的智能服务平台。

星邦重工的主要客户是设备租赁公司，其通过为客户提供一个 App 或者端口，使设备的管理效率得到很大的提升，原来一个业务员能管理好 50 台设备就很好了，现在业务员可以管理 100 ～ 200 台设备。同时，星邦重工作为制造厂商也可以观测到产品的运行状态，便于了解设备的改进方向，提升产品和服务质量。目前，工业互联网的应用对于星邦重工自身来说，已经取得了一些明显的成效，客户服务及时率提高了15%，客户满意度提高了 6%，每月线上单据量稳定在 400 ～ 450 单。客户还可以使用手机 App 直接了解设备情况，自行故障报修，非常方便。

目前，星邦重工依托根云平台这一全球工业互联网平台，构建了全球化智能服务体系，覆盖东南亚、中东、南美洲、大洋洲、欧洲等已有的市场。在谈到未来 5 ～ 10 年的发展目标时，星邦重工负责人表示，星邦重工要成为全世界一流的高空作业平台企业，至少要进入世界前三位。同时，星邦重工要在高空作业平台这个领域，以主动性的安全策略和维护服务，成为客户值得尊重和信赖的品牌，让工作人员在高空作业时，不需要担心安全问题。

6. 制造能力交易

在制造能力交易场景下，工业企业通过工业互联网平台对外开放空闲制造能力，实现制造能力的在线租用和利益分配。例如，沈阳机床基于 iSESOL 工业互联网平台向奥邦锻造公司提供了 i5 智能机床租赁服务，该企业通过平台以融资租赁模式向奥邦提供机床，按照制造能力付费，有效降低了用户资金门槛，释放了产能。

案例 41：沈阳机床助力机械加工行业协同制造

业务痛点

我国从事机械加工的企业以中小型企业为主，随着社会经济的发展，中小型企业的发展规模受限，缺乏足够的资源，技术力量薄弱，行业整体创新能力不足，在质量上被动满足用户需求等一系列弊端渐渐显现。

此外，我国制造业面临生产力大量闲置的问题，据不完全统计，一方面，我国中小型机械加工企业的设备使用率普遍低于30%，大量生产设备闲置。另一方面，机械加工企业很难及时满足灵活多样的生产需求，产业协同不畅、设备利用率低、灵活需求难以满足等问题亟待解决。

应用模式

沈阳机床打造盐城5D智能制造谷，其中的智能工厂通过i5智能机床、WIS智能车间管理信息系统及iSESOL工业互联网平台、网络、智能设备的有机集成，实现装备技术智能化、生产流程智能化、订单管理智能化及服务模式智能化。

关键要素

在协同制造方面，盐城5D智能制造谷工业云平台通过对分布在区域内的工厂实施信息化互联，并以WIS智能车间管理信息系统为引擎进行实时过程管控，协同企业所有的生产活动，建立过程化、敏捷化和级别化的管理模式；其在系统制造方面超越了目前单一组织范畴，扩展至与供应商及用户的连接。

在智能制造方面，该工业云平台不限于收集、分析与展现生产过程要素，而是要进一步实现现场实时分析、协同智能决策，以及调整制造执行过程。

该工业云平台通过建立租户级虚拟工厂的方式，打通上下游企业信息壁垒，打造企业间协同制造模式。所有注册在5D智能制造谷的生产企业基于该工业云平台：一方面实现企业内生产制造全过程的信息化、实时透明化管理；另一方面通过基于云的iSESOL工业互联网平台实现订单级、工序级的协同生产。同时，生产企业可充分享有工业云平台为企业提供的设备、订单、工艺、物料、检测、培训等支持与服务。盐城5D制造谷工业云平台如图3-34所示。

来源：智能云科

图3-34　盐城5D智能制造谷工业云平台

应用价值

盐城5D智能制造谷建设了六大服务中心——i5智能制造体验中心、区域行业研发中心、实训培训中心、云服务中心、智能检测中心和再制造中心，以及“n个智能工厂”，旨在助力全国智能制造升级。其通过与政府合作构建共享平台实现优势互补，联合打造智能制造共享基地，联合招商引资。

在实现地区产业升级的同时，盐城5D智能制造谷深入助力地区供给侧改革，助力企业向服务型制造企业转型，共享经济价值。同时完善区域智能制造规划，拓展覆盖范围，加快发展和促进当地产业转型升级，并吸引大批智能制造创新创业企业和创客入驻；进一步加强整体产业经济战略布局，加速形成“智造”经济发展的驱动力，提升了制造业创新转型的活力和实力，促进了地区产业的转型与升级，以及参与全球智能制造的竞争与合作。

实践篇：

工业互联网，制造强国的建设路径

工业互联网既是支撑现代经济体系的基础设施和科技保障，更是建设制造强国的伟大实践。在这一实践中，政策推进、应用推广和组织推进成为三大主要路径。政策层面，在国家顶层设计的指导下，多部委制定发布了《工业互联网发展行动计划（2018—2020年）》，工业互联网平台建设及推广地方落地政策也正全面铺开。应用推进层面路径已基本清晰，大体上需要经历单点突破期、垂直深耕期、横向拓展期和生态构建期4个阶段。组织推进层面，在强化企业主体地位的基础上，激发产、学、研、用各类主体的创新激情和活力，推进省部合作和地方—园区—企业合作，增强产业联盟的引领、聚合和服务功能，构建工业互联网平台生态体系。

政策推进路径

党的十九大报告提出："加快建设制造强国，加快发展先进制造业，推动互联网、大数据、人工智能和实体经济深度融合。"习近平总书记在十九届中央政治局第二次集体学习时强调，要"深入实施工业互联网创新发展战略"。国务院于 2017 年 11 月 27 日印发了《关于深化"互联网 + 先进制造业"发展工业互联网的指导意见》，对发展工业互联网做出重要部署。李克强总理在《政府工作报告》中进一步对"发展工业互联网平台"等工作提出了明确要求。2018 年 4 月 20 日召开的全国网络安全和信息化工作会议强调"必须敏锐抓住信息化发展的历史机遇""发挥信息化对经济社会发展的引领作用"。

作为工业互联网工作的主管部门，工业和信息化部从多个方面积极推进工业互联网的发展：一是以指导意见、行动计划、实施指南等政策为抓手强化政府引导，逐步完善顶层设计；二是以产业联盟为载体构建产业生态，推动产、学、研、用协同发展；三是以专项与示范为引领加快产业应用推广，加快平台建设及推广；四是以国际合作为途径推动技术与标准的“引进来”和“走出去”，增强国际影响力。

（一）国家顶层设计高屋建瓴

从国家层面来看，目前已经出台了两个主要政策，一是国务院发布的《关于深化“互联网＋先进制造业”发展工业互联网的指导意见》，二是工业和信息化部等多部委印发的《工业互联网发展行动计划（2018—2020年）》。

1. 国务院发布《关于深化“互联网＋先进制造业”发展工业互联网的指导意见》

该文件从我国工业和互联网发展的现实基础出发，围绕支撑制造强国建设、网络强国建设和促进经济转型升级的需求，坚持“遵循规律，创新驱动”“市场主导，政府引导”“开放发展，安全可靠”“系统谋划，统筹推进”等原则，提出工业互联网发展目标。

总的目标是，通过努力构建与我国经济发展相适应的工业互联网生态体系。重点明确了到2025年，基本建成覆盖各地区、各行业的工业互联网网络基础设施，不断健全并规模化推广标识解析体系；形成3～5个达到国际水准的工业互联网平台，产业体系较为健全，掌握关键核心技术；形成一批具有国际竞争力的龙头企业；新技术、新模式、新业态大规模推广应用，基本建立安全保障体系；基本形成具有国际竞争力的基础设施和产业体系。其中，2018—2020年作为起步阶段，要在上述方面取得初步成效，为后续目标的实现打下良好基础。此外，到2035年，我国工业互联网重点领域实现国际领先；到21世纪中期，工业互联网综合实力进入世界前列。

在工作部署方面，主要围绕网络、平台和安全3个领域展开。

工业互联网网络体系是工业系统互联和工业数据传输交换的支撑基础，它是在现有互联网的基础上，通过技术演进升级和叠加新型专网而形成的，包括企业内网络和企业外网络。构建网络体系，主要包括以下3个方面的重点工作。

一是工业企业内网改造升级。我国工业企业的发展水平差异较大，很多企业特别是中小企业数字化、网络化基础薄弱。因此，企业需要通过实施内网改造，推进IP化、扁平化、柔性化技术改造和建设部署，打通信息孤岛、数据烟囱，为更广泛的互联互通、为先进制造业的深入发展打下良好的基础。

二是加快工业企业外网建设。重点加快推进宽带网络基础设施建设与改造，扩大网络覆盖范围，优化升级国家骨干网络，为实现产业链各环节的泛在互联与数据顺畅流通提供保障。同时，进一步推进连接中小企业的专线提速降费，降低中小企业的信息网络服务成本，支持大中小企业的融合发展。

三是推进标识解析体系建设。推进标识解析体系建设，赋予工业互联网每个机器和产品“身份证”，推动实现供应链系统和企业生产系统精准对接和人、机、物全面互联，进而实现跨企业、跨地区、跨行业的产品全生命周期管理，促进信息资源集成共享。

工业互联网平台体系是面向制造业数字化、网络化、智能化需求，构建基于海量数据采集、汇聚、分析的服务体系，支撑制造资源泛在连接、弹性供给、高效配置的载体。其核心要素包括数据采集体系、工业 PaaS 平台、应用服务体系。工业互联网平台的建设及推广，要从“供给侧”和“需求侧”两端发力，聚焦融合重点，注重夯实平台发展基础，着力提升平台的运营能力，打造多层次、系统性的工业互联网平台发展体系。

一是加快工业互联网平台培育，围绕数据采集、平台管理、建模分析以及平台间互联互通等关键技术，发挥骨干企业与科研院所的核心作用，搭建跨行业、跨领域的工业互联网国家级平台，建成一批能够支撑企业数字化、网络化、智能化转型的企业级平台。

二是开展工业互联网平台试验测试，支持产业联盟、企业与科研机构合作共建测试验证平台，开展功能、性能、适配性、安全性、可靠性等技术验证与测试评估服务，规范平台发展秩序，推动平台功能不断完善，加快平台的落地应用。

三是推动百万工业企业上云，鼓励工业互联网平台在产业聚集区落地，推动地方政府通过财税支持、政府购买服务等方式鼓励中小企业业务系统向云端迁移，实现“建平台”与“用平台”双向迭代、互促共进。

四是培育百万工业App，支持软件企业、工业企业、科研院所等开展合作，在重点行业领域，逐步培育100万左右面向特定应用场景的工业App，推进工艺经验程序化、工业知识显性化和工业智能云计算化，壮大工业互联网平台产业。

工业互联网安全体系强化设备、网络、控制、应用和数据的安全保障能力，识别和抵御安全威胁，化解各种安全风险，形成工业智能化的“免疫防护系统”。

一是提升安全防护能力。加强工业互联网安全体系研究、技术和管理相结合，建立涵盖设备安全、控制安全、网络安全、平台安全和数据安全的多层次工业互联网安全保障体系。加大技术研发和成果转化支持力度，重点突破标识解析系统安全、工业互联网平台安全、工业控制系统安全、工业大数据安全等相关核心技术，推动攻击防护、漏洞挖掘、入侵发现、态势感知、安全审计、可信芯片等安全产品的研发，建立与工业互联网发展相匹配的技术保障能力。构建工业互联网设备、网络和平台的安全评估认证体系，依托工业互联网产业联盟等第三方机构开展安全能力评估和认证，不断提升引领工业互联网的安全防护能力。

二是建立数据安全保护体系。建立工业互联网全产业链数据安全管理体系，明确相关主体的数据安全保护责任和具体要求，加强数据收集、存储、处理、转移、删除等环节的安全防护能力。建立工业数据分级分类管理制度，形成工业互联网数据流动管理机制，明确数据留存、数据泄露通报要求，加强工业互联网数据安全监督检查。

三是推动安全技术手段建设。督促工业互联网相关企业落实网络安全主体责任，指导企业加大安全投入，加强安全防护和监测处置技术手段建设，开展工业互联网安全试点示范，提升安全防护能力。积极发挥相关产业联盟的引导作用，整合行业资源，鼓励联盟单位创新服务模式，提供安全运维、安全咨询等服务，提升行业整体安全保障服务能力。充分发挥国家专业机构和社会力量的作用，增强国家级工业互联网安全技术的支撑能力，着力提升隐患排查、攻击发现、应急处置和攻击溯源能力。

文件从法规制度、市场环境、财税支持、融资服务、人才支撑和组织机制 6 个方面提出了以下保障措施。

一是建立健全法规制度。完善工业互联网规则体系，细化工业互联网网络安全制度，建立工业互联网数据规范化管理和使用机制，加快新兴应用领域法规制度的建设等。

二是营造良好市场环境。构建融合发展制度，深化简政放权、放管结合、优化服务改革，推动相关行业在技术、标准、政策等方面的充分对接，打造良好的外部环境。健全协同发展机制，引导工业互联网产业联盟等产业组织完善合作机制和利益共享机制。

三是加大财税支持力度。强化财政资金导向，加大工业转型升级资金对工业互联网发展的支持力度，探索采用首购、订购优惠等支持方式，鼓励有条件的地方设立工业互联网专项资金、建立风险补偿基金，落实固定资产加速折旧、企业研发费用加计扣除、软件和集成电路产业企业所得税优惠、小微企业税收优惠等政策。

四是创新融资服务方式。支持扩大直接融资比重，支持符合条件的工业互联网企业开展股权融资，积极推动项目收益债、可转债等在工业互联网领域的应用，引导社会风险投资基金等向工业互联网领域倾斜。加大精准信贷扶持力度，完善银企对接机制，鼓励银行业金融机构创新信贷产品，探索开发质押贷款业务。延展产业链金融服务范围，加强资金集约化管理。拓展针对性保险服务，支持保险公司根据工业互联网风险需求开发相应的保险产品。

五是强化专业人才支撑。加强人才队伍建设，引进和培养结合，兼收并蓄，广揽国内外人才，壮大工业互联网人才队伍。加强工业互联网相关学科建设；培育技术人才和应用创新型人才；引进一批高水平人才；建立工业互联网智库；鼓励科普教育活动。创新人才使用机制，畅通人才流动渠道，加强人才互通互享；完善面向全球的人才供需对接机制。优化人才评价激励制度，建立科学的人才评价体系；扩展知识、技术、技能和管理要素参与分配途径，完善相关机制；加大引进人才配套政策支持，并鼓励其参与创业创新。

六是健全组织实施机制。在国家制造强国建设领导小组下设立工业互联网专项工作组，负责统筹谋划、协调任务安排以及督促检查主要任务落实情况。设立工业互联网战略咨询专家委员会，开展工业互联网前瞻性、战略性重大问题的研究。建立工业互联网发展情况动态监测和第三方评估机制，开展定期测评和滚动调整。推动地方和有关部门根据本指导意见研究制订具体推进方案。

2. 工业和信息化部等多部委印发《工业互联网发展行动计划（2018—2020年）》

2018年6月17日，工业和信息化部联合多部委印发《工业互联网发展行动计划（2018—2020年）》（以下简称《行动计划》）。《行动计划》提出“工业互联网发展323行动”，即三大体系（网络、平台和安全）、两类应用（大企业集成创新、中小企业应用普及）、三大支撑（产业、生态和国际化），作为我国发展工业互联网的重要方向与指引。2018—2020年的工业互联网平台的主要目标包括以下四个方面。

到2020年年底，初步建成工业互联网基础设施和产业体系。

一是初步建成适用于工业互联网高可靠、广覆盖、大带宽、可定制的企业外网络基础设施。企业外网络基本具备互联网协议第六版（IPv6）支持能力；形成重点行业企业内网络改造的典型模式。

二是初步构建工业互联网标识解析体系。建成5个左右标识解析国家顶级节点，标识注册量超过20亿。

三是初步形成各有侧重、协同集聚发展的工业互联网平台体系。在鼓励支持各省（自治区、直辖市）和有条件的行业协会建设本区域、本行业的工业互联网平台的基础上，分期、分批遴选 10 个左右跨行业、跨领域的平台，培育一批独立经营的企业级平台，打造工业互联网平台试验测试体系和公共服务体系。推动 30 多万家工业企业上云，培育超过 30 万个工业 App。

四是初步建立工业互联网安全保障体系。建立健全安全管理制度机制，全面落实企业内网络安全主体责任，制定设备、平台、数据等至少 10 项相关安全标准，同步推进标识解析体系的安全建设，显著提升安全态势感知能力和综合保障能力。

3. 工业和信息化部发布《工业互联网网络建设及推广指南》

为指导工业互联网网络建设的有序开展，明确网络建设的方向和重点，加快网络的升级改造进程，工业和信息化部发布了《工业互联网网络建设及推广指南》（以下简称《指南》）。该《指南》细化了工业企业建网络和用网络的总体目标、实施路径和工作重点，有针对性地解决企业建网和用网的突出问题。《指南》提出以“立标准”为基础，以“建网络、用网络”为核心，以“创环境”“建秩序”为保障的思路。重点针对部分企业在网络建设时无从下手、无可参照、无法预期的现实问题，提出打造企业内网和企业外网标杆网络的重点任务。通过建设技术创新和行业应用测试床，增强网络技术创新的能力，加速新技术应用部署和标杆网络的复制推广，培育形成网络化改造新模式。

4. 工业和信息化部出台推动工业互联网平台发展的多项政策文件

为引导各方合理布局，加速工业互联网平台体系建设落地实施，先后出台了多份针对性政策文件。2018 年 5 月，工业和信息化部印发了《工业互联网 App 培育工程实施方案（2018—2020 年）》，提出培育工业 App 的重点方向、主要目标、四大主要任务及三项保障措施。2018 年 7 月，工业和信息化部印发了《工业互联网平台建设及推广指南》和《工业互联网平台评价方法》，指导并规范了平台标准制定、培育推广、生态建设、运营管理和能力评价等方面的工作。此外，上海、广东、江苏等多个省（直辖市）发布了工业互联网相关政策，明确提出要打造工业互联网平台体系，并通过“生态供给资源池建设”和“标杆打造”等多种方式，推动平台关键技术突破和实践推广。

其中，《工业互联网平台建设及推广指南》参考 4G、5G 的建设经验，按照“以测促建、以测带用”的基本思路，构建以工业互联网平台为核心的、全场景的试验环境，通过大量的试验和持续的迭代，寻找最佳技术和产品路线，形成标准化的解决方案。重点开展以下6个方面的工作。

一是加强顶层设计，做好政策宣贯。制定出台了《工业互联网平台建设及推广指南》，推动工业互联网平台培育、企业和工业设备上云、百万工业App培育等重点工作。组织开展工业互联网平台系列深度行、省部级培训班等活动，强化“互联网+先进制造业”政策引导。

二是建设两类平台，构建平台体系。制定出台了《工业互联网平台评价方法》，优先支持行业骨干企业建设本区域本行业平台，形成一批面向特定行业、特定区域独立运营的企业级工业互联网平台，再进一步分期分批遴选10家跨行业跨领域的工业互联网平台。支持建设开源社区，提升工业互联网平台的核心能力。

三是培育三类工业App，创新平台应用。围绕工业基础原理、关键基础材料、核心基础零部件（元器件）等领域，建设基础共性工业App和微服务资源池。面向特定行业的通用需求，打造设计制造协同、设备健康管理、制造能力交易等行业通用工业App和微服务资源池。面向特定工业场景的特定需求，建设一批解决企业特定问题的企业专用工业App。

四是推动工业设备上云，构建新型制造业生态。以工业设备上云作为推动工业互联网平台建设及推广的先导性、引领性、示范性应用，牵引平台技术、功能和商业模式的迭代升级。着力推动一批高耗能、高风险、高隐患、高通用性、高价值的工业设备上云，基于平台开展工业设备状态监测、预测预警、性能优化和能力交易等服务，打造新型制造业生态。

五是开展平台试验测试，“以测促建、以测带用”。实施工业互联网创新工程，支持建设面向跨行业、跨领域、特定行业、特定区域的工业互联网平台试验测试环境和一批特定工业场景测试床，通过大量的试验，迭代优化平台功能，形成面向不同场景的标准化解决方案。

六是完善公共支撑体系，营造良好发展环境。建立健全标准体系，制定一批工业互联网平台关键标准。建立监测分析体系，开展平台功能绩效评价。建立新型服务体系，推动建立面向线上企业资质、产品质量和服务能力认证新体系。建立安全保障体系，营造开放、规范、诚信、安全的工业互联网平台发展环境。

5. 工业和信息化部和十部委联合出台《加强工业互联网安全工作的指导意见》

加快构建工业互联网安全保障体系，提升工业互联网安全保障能力，促进制造业高质量发展，2019年8月，工业和信息化部、教育部等十部委联合出台了《加强工业互联网安全工作的指导意见》，分别面向2020年和2025年提出了两大发展目标，并提出了七大任务和17项重点工作，并提出4项重点保障举措，加快形成完备可靠的工业互联网安全保障体系。此外，地方政府统筹考虑安全和发展问题，将安全保障能力建设纳入各地工业互联网发展整体规划，并结合本地实际情况，通过开展安全监测、建立管理机制、推广安全应用等多种途径，构筑多层次的工业互联网安全体系，为产业健康有序的发展筑牢安全防线。

（二）地方政府落地政策全面铺开

自2017年11月国务院印发《关于深化“互联网+先进制造业”发展工业互联网的指导意见》（以下简称《指导意见》）以来，地方政府以《指导意见》为指引，结合本地实际情况，围绕推动政策落地、平台培育、试点示范、部省合作等内容快速布局、积极响应，相继推出本地的工业互联网相关发展政策，指导本地工业互联网发展。据统计，截至目前，已有北京、上海、天津、重庆、河北、广东、福建、辽宁、安徽、河南、吉林、青海、甘肃、贵州、山西、江西、浙江、宁夏、湖北、江苏等 29 个省（自治区、直辖市）出台了本地工业互联网发展政策，或将工业互联网作为推动制造业高质量发展的重要内容，积极开展部署企业上云、平台建设、技术改造等重点工作。从各地方政策的内容来看，结合本地产业基础和优势，重视各类要素投入保障，并强调通过引入外部资源助力本地发展。

1. 推动政策落地，制定适合本地工业互联网发展的配套政策

广东省于 2018 年 3 月率先出台了《深化“互联网 + 先进制造业”发展工业互联网的实施方案》和《广东省支持企业“上云上平台”加快发展工业互联网的若干扶持政策（2018—2020 年）》，推进企业向数字化、网络化、智能化转型升级；河北省、安徽省、天津市结合自身的发展优势，相继出台了深化“互联网 + 先进制造业”发展工业互联网的实施意见，布局发展网络、平台、安全三大功能体系；上海市发布了《上海市工业互联网创新发展应用三年行动计划（2017—2019 年）》，并配套发布了“工业互联网专项资金申报指南和管理办法”；江苏省、浙江省、四川省起草并出台了相关落实《指导意见》的具体实施方案。全国各地掀起布局工业互联网创新发展的政策浪潮，形

成良好的发展氛围。

2. 强化平台建设，立足优势资源培育本地化工业互联网平台

广东省先后引入阿里工业云、树根互联、浪潮、用友、东方国信、航天云网等一批平台企业落户，形成工业互联网产业扎堆发展态势；浙江汇集阿里云、中控和之江实验室三方优势，组建面向国内外工业企业的“一站式”工业互联网平台（supET 平台），打造“1+*N*”（1 个 supET+*N* 个行业平台）的工业互联网平台体系；上海市支持 6 类重点产业骨干企业建设独立运营的行业性及跨行业、跨领域的工业互联网平台；江苏省以推进“大合作”、培育“大平台”为指引，推动形成徐工 Xrea、紫光云擎等工业互联网平台；四川省重点围绕省内七大优势产业，打造七大省级工业互联网平台；内蒙古自治区携手东方国信，以和林格尔新区为基地，打造本地化的工业互联网和工业大数据基地。工业互联网平台建设在全国范围内聚集兴起，呈现稳步发展的良好态势。

3. 开展企业上云，加速工业企业业务系统工业设备上云、用云

浙江省持续实施“十万企业上云行动”，出台了《浙江省“企业上云”工作考核奖补办法》，形成“三个一点”（企业、云服务商、

政府各出一点）的联合激励机制，截至 2017 年年底，全省累计上云企业达到近 18 万家，占全省工商在册企业总数的 10.57%；广东省出台了专门支持企业“上云上平台”的扶持计划，推动工业企业基于统一的云平台重构企业业务系统，计划 3 年带动 20 万家企业“上云上平台”；上海开展“集成创新应用行动”，推动中小企业基础设施、业务系统、生产设备关键环节等“上云上平台”，实现产业链与供应链协同、业务流程再造和组织方式变革；四川省组织开展“两化融合，万家企业上云”专项行动，重点培育省内中小微企业、创业企业和产业集群内企业“上云、用云”的新时期数字化转型意识和产业信息消费习惯，打造西部云计算产业高地；山东省通过发放“云服务券”，以财政补贴的方式，充分调动企业上云的积极性，计划 3 年推动 20 万家企业上云，每年将节约信息化建设成本超过 60 亿元。

4. 抓好应用试点，以标杆示范引领带动工业互联网创新发展

上海市自 2017 年先后支持了两批工业互联网创新发展应用项目，认定了一批工业互联网创新基地，2018 年把试点打造成一批以工业互联网为特色的标杆园区、标杆工厂，形成一批可复制、可借鉴、可参考的发展模式；广东省面向省内 6 个规模体量

大、产业链集中度高的重点行业领域，优先选择自动化和信息化基础较好、转型意愿强烈的工业企业开展融合发展试点示范，积极培育制造企业应用互联网优化升级的思维和意识；浙江省开展工业互联网平台应用试点示范，着力建设产业协同创新示范基地，构建协同创新服务体系；江苏省联合阿里云等设立年度总额3000万元的资金池，支持省内30个工业云平台、工业大数据、工业互联网应用重点项目，形成一批应用示范案例。在全国范围内初步形成一批发展潜力大、可复制性好的标杆示范项目。

5. 加强交流合作，打造国家地方企业联盟多级联动工作体系

广东省与工业和信息化部签署部省合作协议，共同推动建设珠三角制造业与互联网融合发展示范城市带，成立广东省工业互联网创新中心，打造交流合作、技术转化等公共创新服务载体。上海市与工业和信息化部签署共同推进工业互联网创新发展合作协议，着力打造工业互联网创新发展示范城市；成立国家级工业互联网创新中心，促进工业互联网技术应用合作与成果转化；与IIC、AII等联盟组织建立了长期对话合作机制，推进长三角世界级先进制造业集群建设。浙江省与工业和信息化部签署部省合作协议实施方案，共同推进工业互联网应用发展；聚合政府、平台

商、工业企业、科研院所、联盟协会等，推动工业 Know-How 和知识在平台上沉淀为产品和服务。江苏省也在积极推进省政府与工业和信息化部签署合作协议，筹建省级工业互联网产业联盟，加强与部委、联盟及本省各地市的交流合作。国家、地方、企业、联盟多级互动，资源互补，叠加优势逐渐显现。

（三）工程专项和试点示范推动供需两侧发展

自 2018 年开始，工业和信息化部会同财政部连续 3 年实施工业互联网创新发展工程，坚持政府引导、企业主导的原则，“以测促建、以测带用”，发挥财政资金撬动作用，重点围绕网络、平台、安全三大体系，组织各类市场主体申报项目，并开展专家评审，入选的项目将获得相关财政资金的支持。此外，工业和信息化部还按照“揭榜挂帅”的工作机制，突破工业互联网产业发展短板瓶颈，树立领域标杆企业，培育创新发展的主力军，加快我国工业互联网产业高质量发展。3 年来，通过组织实施工业互联网创新发展工程，国家层面对工业互联网的支持正逐渐落实到具体的企业、产品和解决方案，政策支持的广度和深度得到提升，一方面提升了工业互联网产业的社会认知度，另一方面带动了大量社会资本投资工业互联网产业。

为深入贯彻国务院印发的《关于深化“互联网＋先进制造业”发展工业互联网的指导意见》，工业和信息化部以促进工业互联网发展为主线，以集成应用为落脚点，坚持应用牵引、试点先行，围绕网络化改造集成创新应用、标识解析集成创新应用、平台集成创新应用和安全集成创新应用4个维度，组织推荐并遴选工业互联网发展试点示范项目，加快拓展工业互联网平台融合应用的深度与广度。试点示范一手抓供给侧解决方案培育，聚焦新技术融合、数据集成应用、模式业态创新3个方向，遴选试点示范解决方案；一手抓需求侧应用案例推广，聚焦工业企业痛点，遴选工业互联网创新应用案例，推动创新与需求相结合、引导工业互联网加速落地。

（四）跨行业跨领域平台遴选打造产业龙头和品牌

《关于深化“互联网＋先进制造业”发展工业互联网的指导意见》中明确指出：“到2020年，工业互联网平台体系初步形成，支持建设10个左右跨行业、跨领域平台。”因此，跨行业、跨领域工业互联网平台的遴选工作是国家层面工业互联网政策落地的重要体现。

在跨行业、跨领域平台遴选工作中，工业和信息化部持续完善平台评价方法，开展平台服务中小企业能力评价，创新性地引入参评企业互评、平台登录核验等环节，并于2019年8月面向社会公示了2019年跨行业、跨领域工业互联网平台清单，十大双跨平台正式落地。2019年十大双跨平台名单见表4–1。

表4-1　2019年十大双跨平台名单

序号	平台名称	单位名称
1	海尔COSMOPlat工业互联网平台	青岛海尔股份有限公司
2	东方国信Cloudiip工业互联网平台	北京东方国信科技股份有限公司
3	用友精智工业互联网平台	用友网络科技股份有限公司
4	树根互联“根云”工业互联网平台	树根互联技术有限公司
5	航天云网INDICS工业互联网平台	航天云网科技发展有限公司
6	浪潮云In-Cloud工业互联网平台	浪潮云信息技术有限公司
7	华为“沃土”（FusionPlant）工业互联网平台	华为技术有限公司
8	富士康BEACON工业互联网平台	富士康工业互联网股份有限公司
9	阿里巴巴supET工业互联网平台	阿里云计算有限公司
10	徐工信息“汉云”（Xrea）工业互联网平台	江苏徐工信息技术股份有限公司

1. 海尔COSMOPlat工业互联网平台

为顺应时代发展，更好地满足用户碎片化和个性化的需求，海尔布局工业互联网，颠覆传统的工业体系，实现由大规模制造向大规模定制的转型，赋能中小企业转型升级。在此基础上，海尔集团基于“人单合一”的大规模定制模式推出了COSMOPlat工业互联网平台，并把集“技术创新+模式创新+

管理创新”于一体的大规模定制模式，解构为交互、研发、营销、采购、生产、物流、服务七大模块，进而封装成可复制、可推广的云化解决方案，实现制造能力和工业知识的模块化、平台化，并向智能化生产、网络化协同和服务型制造等模式延伸。当前，COSMOPlat 工业互联网平台正从家电行业向汽车、建陶、服装等行业延伸，并形成了较为成熟的解决方案。

工业互联网是海尔集团的“一把手工程”，海尔集团董事局主席、首席执行官张瑞敏高度重视工业互联网工作，举全集团之力推进 COSMOPlat 工业互联网平台的建设和应用推广。海尔工业互联网平台的切入点是以用户体验为中心，为企业提供大规模定制整体解决方案，实现由大规模制造向大规模定制转型，最终构建企业、用户、资源共创共享的新型生态体系，赋能中小企业转型升级。基于 COSMOPlat 工业互联网平台，可为企业和用户提供包括互联工厂建设、协同制造、设备资产运维、供应链金融、知识共享、检测与认证等在内的提质增效、资源配置优化和模式转型的服务，实现大规模制造到大规模定制的转型。

2. 东方国信 Cloudiip 工业互联网平台

东方国信是专注于大数据核心技术的上市公司，凭借自主研发，已发展成为中国大数据行业龙头企业。东方国信以“大数据 +”为战略，服务于通信、金融、工业、智慧城市等 10 多个业务板块。在内部大数据技术体系发展和外部制造业应用需求的双重驱动下，东方国信将工业互联网作为重点业务发展方向。东方国信充分利用大数据技术优势，通过自主研发、并购重组、生态构建和产融合作，发展工业互联网。基于深厚的大数据技术沉淀和工业领域经验积累，东方国信自主研发了跨行业、跨领域的工业互联网平台 Cloudiip，打造了 20 多个专业云，服务全球多个国家和地区的上千家大型工业企业，在炼铁、能源等领域形成一批解决方案。

东方国信以“深耕工业，掘金数据，互联万向，智造未来”为发展理念，以建设自主可控具有国际竞争力的工业互联网平台为发展目标。Cloudiip 工业互联网平台定位于“六双（双点、双线、双网、双向、双跨、双创）一链”：以解决企业问题和价值需求为导向，直击设备管控和工艺优化两个业务痛点，紧抓工业机理模型和大数据两条主线，融合物联网和互联网“两张网”，面向使用者和开发者两个方向，提供跨行业、跨领域的服务能力，支撑大众创业、万众创新，推动涵盖设备、产线、工厂、集团、行业、生态、政府的全链条资源优化配置和数据智能流动，构建资源富集、开放共享、创新活跃、高效协同的工业互联网平台生态体系。

3. 用友精智工业互联网平台

用友基于自身企业管理软件业务的技术和客户优势，建设了精智工业互联网平台，以拓展企业的业务版图，实现向生产端的服务延伸。平台以产业链协同为切入点，通过与制造企业、科研机构等多方紧密合作，共同研发工业互联网平台解决方案，并在精智平台进行部署。平台定位于数字化工业应用级基础设施和工业互联网产业的共享平台，旨在通过打造生态圈，服务工业企业数字化、网络化、智能化发展和模式转型升级，发展个性化定制、网络化协同制造等新模式，推动制造资源、工业技术知识、工业大数据的开放、共享，促进产品质量、生产效率、经济效益与生产力的提升。

用友精智平台的目标是联合5000家以上合作伙伴，服务100万家以上工业企业，连接1000万个以上工业设备，发展成为全球领先的跨行业、跨领域的工业互联网平台，形成制造强国、网络强国战略的有力支撑。用友以智能工厂、企业互联网、产业协同、企业金融等方面为切入点，形成企业软件（ERP+MES+PLM）到企业云服务平台（企业互联网平台），再到工业互联网平台，最终建成跨行业、跨领域、跨区域平台的发展路径。

4. 树根互联“根云”工业互联网平台

三一集团因生产设备大多费用昂贵，客户采用首付或零首付方式分期购买，对三一集团造成了严重的收入隐患，为实时追踪、管控设备，避免资金流失，增加客户黏性，三一集团决心打造工业互联网平台。三一集团于 2016 年 6 月投资孵化树根互联，基于三一重工物联网团队，继承吸收了三一集团在工业互联网领域历时多年、投入超过 10 亿元的技术经验积累，结合云计算、大数据、物联网、人工智能等前沿技术，创新打造“根云”工业互联网平台。

“根云”工业互联网平台的发展目标旨在打造一个自主、安全、可控的跨行业、跨领域的工业互联网平台，围绕平台建设包含“设备端—平台端—应用端—标准—开发者—金融—新兴技术”在内的完整工业互联网生态圈，具体包括：物联边缘侧建设、IaaS 平台建设、PaaS 平台建设、SaaS 平台建设、统一运营支撑平台、统一运维支撑平台、人工智能、区块链等新兴技术的研究。

5. 航天云网 INDICS 工业互联网平台

航天云网面向航天高复杂产品研发制造内在需求，重点围绕数字化研发工具普及、生产设备网络化改造、制造能力开放共享等方面开展探索，逐步形成设备“三哑”改造、云制造等服务模式与理念。为更好地对内赋能并对外形成新的服务业务，航天云网整合集团内部服务中形成的各类数字化解决方案，于2017年推出INDICS工业互联网平台，构建INDICS+CMSS（工业互联网空间+云制造支持系统）服务架构，着力打造基于工业互联网平台的云制造产业集群生态。

航天云网的目标是构建以工业互联网为基础的云制造产业集群生态，兼容智能制造、协同制造和云制造3种现代制造形态，运用大数据和人工智能技术以及第三方商业与金融资源，服务于制造业技术创新、商业模式创新和管理创新。

6. 浪潮云In-Cloud工业互联网平台

浪潮经过30多年的发展，形成了以服务器相关硬件制造为基础、云计算大数据平台为核心、软件开发和咨询为抓手的全栈产品服务能力。随着当前互联网、人工智能等新兴产业的发展，浪潮也需要从传统产品、项目交付模式向基于大数据驱动的服务交付模式转型，以在产业变革中继续保持竞争力。浪潮整合先进制造经验、云计算大数据平台、企业信息化能力，组合成工业互联网平台向企业提供一体化的新型服务。平台以浪潮公有云为核心，将数据资源、制造工具、制造资源、工业知识、工业 App 等资源汇聚在云端，为客户提供工业互联网从端到平台、到应用的整体解决方案。浪潮基于云平台基础和合作伙伴的领域行业知识，以“平台 + 生态”的运营模式推动浪潮工业互联网平台发展，实现浪潮由建设商向运营商转型，提供满足不同行业、不同场景下数字化、网络化、智能化需求的各类解决方案。

浪潮云工业互联网平台是浪潮依托浪潮云构建的综合性赋能型平台，服务于工业企业、软件集成商、应用开发者等。浪潮推出“1+*N*”的工业互联网战略，通过工业互联网平台生态体系，为创新企业提供资源和市场，帮助工业企业实现互联网化转型，助力城市产业经济数字化和数字经济产业化。

7. 华为“沃土”（FusionPlant）工业互联网平台

为顺应全球数字化发展浪潮，利用自身在电子信息行业的制造经验和信息通信领域的技术能力拓展新业务、开辟新市场，华为将工业互联网平台及解决方案作为战略布局重点，列入其投资管理委员会（IRB）2016—2020 年重点工作，成立了集团级工业互联网专项工作组，投入相关研发人员约 1500 人，2015—

2017年累计研发资金投入约为12.2亿元。

华为布局的工业互联网平台具有4个方面优势：一是具有强大的网络连接能力，在无线、以太网、接入、光网络等领域国内份额第一和世界排名领先，同时也是工业TSN+OPC UA产业的核心推动者之一；二是具有深厚的平台技术积累，自研了AI、网络、存储领域的关键芯片，以及云、边缘计算的操作系统，形成了大数据集成和AI引擎服务能力；三是具有卓越的制造行业经验，基于电子信息行业的制造经验积累了大量的行业机理模型和工艺知识；四是具有突出的开源领先优势，提出了“利用开源、回馈开源、高于开源”的理念，在Docker、Linux、K8、Spark等关键领域是开源项目发起者，代码贡献排名在国内位居第一，在全球位居前三。

8. 富士康BEACON工业互联网平台

近年来，随着人力成本的上升和高技能工人的老龄化，传统代工制造模式亟须通过机器换人和工业知识软件化寻求新的突破。而无论是机器换人、智能工厂建设还是工业知识传承，都需要对生产过程的海量数据以全新的IT架构进行集成、分析与利用，发展工业互联网平台成为富士康源自内生需求而做出的战略选择。

富士康立足自身电子信息产品制造行业，基于自身在工业生产组织、工业生产过程管理、工业生产资源配置方面的优势，以设备维护和生产优化为切入点，打造 BEACON 工业互联网平台。目前，平台已逐步形成首先支撑集团内部关键环节的信息传输与交互、数据管理与应用、智能分析与决策，然后向外部企业提供“一站式”综合解决方案，整合上下游产业链，带动相关行业，全面推行智能制造，最终构建产业生态圈的发展路径。2018 年 6 月 8 日，富士康工业互联网股份有限公司成功在 A 股上市，融资规模达 271 亿元，是上交所 2015 年以来 IPO 最大的融资额，也是 A 股上 IPO 规模最大的非国有企业。

9. 阿里巴巴 supET 工业互联网平台

随着生产成本的上升和竞争压力的增大，传统制造企业亟待通过信息化、数字化、网络化改造实现转型升级，以提升企业的竞争力。阿里巴巴是中国领先的互联网企业，在人工智能、大数据、云计算等领域具备较强的技术优势和丰富的实践经验。工业互联网平台作为阿里巴巴原有产业基础与制造业场景的融合点，成为其向制造领域拓展业务的最佳切入方向。因此，阿里巴巴与浙江中控、之江实验室开展合作，依托自身在互联网领域、浙江中控在工业领域、之江实验室在基础技术研究领域的能力积累，共同研发 supET 工业互联网平台，为专业服务商或制造商提供基础性服务，并面向不同行业、不同区域特点进行推广应用，形成 *N* 个行业级、区域级平台，最终打造“1+*N*”工业互联网平台体系。

supET 平台以工业互联网基础服务为切入点，通过打造包容、开放、协作的工业互联网生态，让工业互联网专业服务商减少基础研发投入，从而以更低成本为制造业企业提供“一站式”的数字化、网络化、智能化服务，促进工业互联网和消费互联网融合发展。

10. 徐工信息“汉云”（Xrea）工业互联网平台

徐工信息“汉云”平台最早源自 2005 年的徐工移动资产在线管理平台，其上线之初的主要目的是支撑徐工集团的设备按揭销售业务，通过远程定位、远程监测、远程锁机等功能，实现对工程机械设备的联网管理，控制按揭风险。经过十余年的发展，徐工移动资产在线管理平台演化为徐工信息“汉云”工业互联网平台。

徐工信息“汉云”工业互联网平台定位于“源于制造，为行业赋能、企业赋值、设备赋智”。这是一个能为设备提供精准服务的平台。2018 年 3 月 12 日，徐工信息在全国中小企业股份转让系统举行了新三板挂牌仪式，成为国内首家挂牌的工业互联网平台公司。

应用推广路径

工业互联网平台建设和应用推广的过程，也是一个企业战略逐渐清晰、平台功能持续迭代、应用服务不断丰富、产业生态日趋成熟的过程，需要循序渐进地去推进。建成国际领先的工业互联网平台，大体上要经历单点突破期、垂直深耕期、横向拓展期和生态构建期 4 个阶段，共需要 15 ～ 20 年的时间。工业互联网平台生态建设的 4 个阶段如图 4–1 所示。

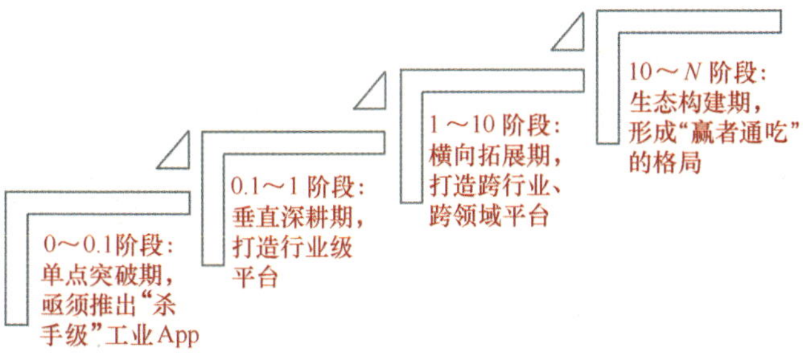

图 4-1　工业互联网平台生态建设的 4 个阶段

（一）单点突破期，亟须推出“杀手级”工业 App

总体来看，当前全球工业互联网平台建设均处在单点突破期，该阶段的主要标志是全球工业互联网平台都处在战略探索期，面临战略路径不清楚、商业模式不明晰等问题，试图通过“杀手级”工业 App 抢占市场先机。该阶段具有以下 3 点特征。

特征一，工业互联网平台呼唤“杀手级”工业 App 的出现。一部信息产业的断代史，就是一部“杀手级”应用持续引爆 ICT 产业生态的发展史。在桌面互联网时代，Office 的出现推动了 Windows 生态地位巩固和个人电脑的快速普及；在移动互联网时代，生活类 App 的群体性突破，推动了 iOS 和 Android 两大操作系统的持续繁荣。面对呼啸而来的工业互联网时代，无论是 GE、西门子等企业，还是我国的工业互联网平台企业，均把打造工业的操作系统作为战略的必争之地，但亟须推出“杀手级”工业 App 来牵引或引爆工业互联网平台的发展。

特征二，国外工业互联网平台企业正在接近“杀手级”工业 App。在战略进展不畅的情况下，国外几家知名企业的发展战略日渐落地，试图通过“小而精”的“杀手级”工业 App 引领工业互联网平台的发展，不断探索工业互联网平台建设的途径。GE 把重心聚焦在为航空发动机、燃气轮机、医疗器械、风电设备等提供性能优化服务上，西门子把战略方向聚焦在为数控机床开展预测性维护上，ABB 把精力聚焦在为机器人、电机和机械设备提供远程监测服务上。在此方面，我国工业互联网平台企业致力于工业 App 的研发，助力我国工业互联网平台的发展。

特征三，“三高一新”设备上云有望成为我国工业互联网平台企业催生“杀手级”工业 App 的切入点。综合国外知名企业的平台战略，不难看出，这些企业纷纷把推动高价值、高通用的工业设备上云作为工业互联网平台的切入点。因此，对于我国工业互联网平台而言，当务之急也是找到“杀手级”应用，也就是一定要找到一个切入点。围绕产业附加值高的高价值设备（例如工程机械）、节能降耗空间巨大的高耗能设备（例如炼铁高炉）、量大面广的高通用设备（例如电机）、工业互联网基因优势明显的新能源设备（例如风电）等“三高一新”设备，开发设备远程监测、故障预测预警、工况性能优化、资源调度配置等工业 App，有望推动工业互联网平台大规模应用。

（二）垂直深耕期，打造行业级平台

工业互联网平台的垂直深耕时间跨度为2018—2020年，甚至更长时间，该阶段的主要标志就是以“杀手级”工业App为牵引进行专业深耕，在垂直发展上做文章，打造行业级工业互联网平台，形成细分领域的工业操作系统。当前，很多平台称自己是“跨行业、跨领域的工业互联网平台”，但平台的核心业务主要集中在特定行业的局部环节，本质上是行业级平台，在垂直细分上仍需进一步深耕，距离行业级工业互联网平台还有很长的路要走，距离跨行业、跨领域的工业互联网平台的差距更大。行业级工业互联网平台的标志是拥有“行业级工业PaaS+端到端解决方案能力”，具有以下两个特征。

一是建成承载丰富机理模型的工业PaaS。工业PaaS是工业互联网平台的核心，没有工业PaaS，平台企业只能依托自身提供有限、封闭、定制化的工业App，难以依托第三方开发者开发海量、开放、通用的工业App。因此，打造行业级工业互联网平台，工业PaaS是必要条件，没有工业PaaS，就没有创新活跃的工业App开发生态。在这一阶段，工业PaaS向下可为连接各类设备提供统一的接口，实现不同设备之间的互联互通，向上可承载各种各样的工业 App，同时自身拥有细分行业的算法库、模型库、知识库等行业机理模型，供海量第三方工业 App 开发者调用。

二是具备完整的端到端行业解决方案能力。一方面，平台企业面向细分行业具备设备互联、边缘计算、工业数据建模分析、海量工业知识沉淀、高效工业 App 开发、开发者社区建设等一体化端到端改造能力。另一方面，平台面向细分行业生产全要素、全流程、全产业链、全生命周期的管理和服务开发形成一系列工业 App；同时，平台应具备工业 App 的再封装、再组态能力，快速形成个性化的行业整体解决方案，加快工业互联网平台在不同企业的落地。

（三）横向拓展期，打造跨行业、跨领域平台

工业互联网平台的横向拓展时间跨度为 2020—2025 年，该阶段的主要标志就是以行业级工业互联网平台为基础进行跨行业拓展，在横向发展上做文章，培育跨行业、跨领域工业互联网平台，打造综合性的工业操作系统。跨行业、跨领域的平台应具备“四个一”特征。

特征一，由一家资源整合能力强的龙头企业牵头。GE、西门子打造工业互联网平台的实践和路径表明，只有综合实力较

强的龙头企业主导，才有可能打造基于工业互联网平台的综合性产业生态。在这一阶段，平台企业应该具备整合控制系统、通信协议、生产装备、执行系统、管理工具、专业软件、平台建设等资源的能力，可提供业务流程咨询、软件部署实施、平台二次开发、功能上线调试、系统运行维护、人才管理培训等一体化的综合性服务。

特征二，有一个承载丰富机理模型的工业 PaaS。工业 PaaS 的核心是行业机理模型。在这一阶段，工业互联网平台企业需要联合科研院所等多方资源把我国 39 个工业大类、191 个中类、525 个小类的工业基础原理、关键基础材料、核心基础零部件（元器件）、先进基础工艺等基础共性知识和行业通用知识封装成积木式的数字化模型，供工业 App 开发者灵活调用，促进工业知识的沉淀、传播、复用和价值创造。

特征三，有一个开源开放的开发者社区。软件开源和硬件开放已成为不可逆转的趋势，掌控开源生态，将成为全球工业互联网平台的焦点。在这一阶段，开发者社区应该做到两类开源：一是平台企业开源自身高质量、广覆盖、易应用的开发工具、知识组件、算法组件、模型组件，构建资源富集、开放共享、创新活跃、高效协同的工业 App 开发生态；二是联合自动化企业开源各类标准兼容、协议转换的技术，实现工业数据在多源设备、异构系统之间的有序流动，确保工业设备“连得上”。

特征四，初步形成一个海量工业 App 和海量用户双向迭代的双边市场。工业互联网平台上的工业 App 和用户在达到一定规模时，会形成一个“建平台”和“用平台”双向迭代、互促共进的双边市场，平台将会在短时间内获得爆发式增长。在这一阶段，伴随着百万工业企业上云、百万工业 App 培育工程的实施，领军企业围绕“智能机器 + 云平台 + 应用 App”功能架构，整合“平台提供商 + 应用开发者 + 用户”生态资源，培育海量开发者，提升用户黏性的“入口之争”将愈演愈烈。

（四）生态构建期，形成“赢者通吃”的格局

工业互联网平台的生态构建期跨度为 2025—2035 年，该阶段的主要标志是工业互联网平台会形成“赢者通吃”的生态格局，工业互联网平台将成为准公共基础设施，具有以下两个特征。

一是“赢者通吃”。从英特尔体系到 Android、iOS 两大操作系统，从电子商务、搜索引擎到社交平台，过去 40 年的 ICT 产业发展史表明，工业互联网平台的竞争最终会演变为“赢者

通吃”“一家独大”“一枝独秀”的局面。当然，基于公有云的工业互联网平台不是制造业数字化、网络化、智能化的唯一解决方案，本地应用、私有云等解决方案将长期存在，但是工业互联网平台无疑是企业推进“两化”融合的“快车道”。

二是准公共性。在这一阶段，“赢者通吃”的工业互联网平台会推动全社会的信息流、技术流、资金流、人才流、物资流向云端汇聚，工业互联网平台将成为工业全要素连接的枢纽，成为工业资源配置的核心，因此工业互联网平台不再是某家企业的平台，而将成为国家的工业基础设施。

组织实施路径

工业互联网的发展涉及多方主体、多领域技术和知识，需要在强化企业主体地位的基础上，发挥行业龙头企业、产业联盟、服务机构、科研院所等各方优势，以应用需求为牵引，以价值共创为导向，建立跨界融合、协同推进的合作机制和利益共享机制，推动产、学、研、用联合开展技术、标准、应用研发和国际合作。

（一）产、学、研、用联合推动

各类企业是工业互联网发展的主体。装备和自动化企业、制造业企业、信息技术企业和工业软件企业的平台建设之路已经开启，将成为平台建设的中坚力量。但跨行业生态级工业互联网平台需要集中力量打造，通过财政支持、基金引导等方式，进一步推动全球先进技术和资源集聚，提高平台“集团化作战”能力，建立形成多主体之间协同攻关、标准合作、利益共享、规则共制的产业生态。

在具体举措上，要组建产业联盟和行业协会，引导中小企业广泛参与。鼓励中小型企业开展数字化改造，建立数字镜像，全面提升设备设施信息化水平，打牢平台发展基础。支持中小微企业业务系统的云化改造和云端迁移，实现大企业建平台与中小企业用平台的双向迭代、互促互进。培育一批中小企业成为工业互联网服务商，为制造企业提供工业互联网建设、工控安全相关咨询、规划、整体实施等服务，为制造业企业接入工业互联网平台打造良好的环境。

互联网企业、信息通信企业在相关技术领域具有一定的优势，对于突破平台能力关键短板、打造多层次平台体系、构建平台及解决方案持续创新的产业生态起到关键性作用。这些企业在网络、数据采集、存储、分析、集成、数据库、云端协同、机器学习等技术以及工业 App 开发上，有其核心能力，未来新一代人工智能、边缘计算、区块链等服务商也会加入进来。

在工业互联网平台试验验证环境和测试床的构建环节中，需要学校和研究机构的力量，这也是工业互联网起步阶段和长期持续发展的重要支撑。我国大量的前沿科技成果聚集在高校中，自计划经济时期建立起了细分行业的科研院所，前者在共性技术研发、后者在产业化应用领域，二者都有独特的优势，是工业互联网研究和产业化不可或缺的力量，它们会推动平台功能完善与能力的提升，加快平台在行业和区域内的规模化应用推广。未来，随着平台生态的成熟，更多的个人开发者、小型机构都会成为生态中的一环，预计将会出现不少的独立研发机构，使科技成果更快地转化为成熟产品。

行业龙头企业、产业联盟、服务机构、科研院所等各方发挥自己的优势，以应用需求为牵引，以价值共创为导向，建立跨界融合、协同推进的合作机制和利益共享机制，推动产、学、研、用联合开展技术、标准、应用研发和国际合作，不仅会推动和加速工业互联网的落地，还会带来工业互联网市场化服务体系的完善，构建起服务评价、应用诊断、咨询培训、评级采信等为一体的全流程服务体系，这些市场化服务反过来又会推动平台能力的提升，促进市场的良性发展。

（二）省部合作创新推动

省部合作机制是推动工业互联网发展的创新制度安排。省部合作机制有利于国家深度布局工业互联网的创新发展，可以充分调动省级政府的积极性，加速示范试点项目的推进和推广，加强对工作的统筹协调和组织领导，加速工业互联网的发展。在这一方面，沿海发达地区依托它们在互联网和产业方面的领先地位，具有明显的优势。广东省、上海市、浙江省在省部合作新模式上已经开始行动并取得了进展。

2016年10月27日，工业和信息化部与广东省人民政府签署了《工业和信息化部　广东省人民政府“十三五”期间推动工业和信息化发展战略合作协议》（以下简称《合作协议》），该《合作协议》提出，双方在“十三五”期间，从共同推进广东创新驱动发展、先进制造示范引领、信息化先导发展、产业转型升级、中小企业发展等6个方面加强合作，支持广东省先行先试，推动广东省由制造大省向制造强省迈进。双方建立会商工作机制，及时通报工作进展，开展专题研究，协商解决问题，促进合作取得实效。

2017年12月1日，工业和信息化部与上海市签署了战略合作框架协议，核心内容包括：工业和信息化部与上海市将在共同建设工业互联网产业联盟上海分联盟、打造工业互联网创新中心、建设工业互联网国家节点和工业互联网平台、营造工业互联网技术创新与产业化环境以及推进工业互联网宣传与推广、加强与国际工业互联网平台领域知名企业的国际交流合作等方面开展全面和深入的合作，打造工业互联网创新发展示范城市和全球先进“智造”高地。

2017 年 12 月 2 日，工业和信息化部与浙江省签署了《工业和信息化部　浙江省人民政府共同推进工业互联网发展合作协议》。按照该协议，工业和信息化部将与浙江省在培育工业互联网平台、深化融合应用、优化发展环境等方面开展合作。

通过上面的内容可以看出，省部合作在推动地方建设工业互联网示范基地、建立创新中心、打造工业互联网平台、开展试点示范、加强与国家级研究机构的合作和加强国际交流、大力引进国内外工业互联网创新资源、调动省部双方的积极性和加速推进工业互联网上将产生积极的影响。

（三）地方—园区—企业多方推动

目前，一些地区已经开始按照地方—园区—企业分层推进工业互联网平台。在定位上，地方政府平台主要面向行业级、企业级平台的运行监测、数据整合和安全管理等；园区平台更多面向产业集群资源整合、规模化设备和应用接入、产业链协同合作等；企业平台更多面向企业内部和供应链上下游协作、提质增效、节能降耗等。

地方政府可选择有基础、有条件的产业集群，整合平台商、服务商的力量，省、市、县三级联动，共同建设工业互联网产业示范基地，推进省内行业龙头企业与省内外互联网企业、基础电信运营商开展深度合作。重点打造一批在国内有较大影响力的跨行业、跨领域的工业互联网平台。支持省、市内骨干企业整合资源，加大投入，加快企业级工业互联网平台的建设；通过龙头企业引领支持企业全面上云，实现大企业建平台与中小企业用平台双向迭代、互促互进。

例如，广东省2017年发布了首批“广东省工业互联网产业生态供给资源池”，围绕数据采集、物联网、大数据、人工智能、应用服务、信息安全等领域，遴选了一批工业互联网服务商，加快工业互联网产业生态聚集。鼓励平台商和服务商加快开发一批面向工业应用场景的解决方案，为企业提供即插即用、低成本、快部署的应用服务，快速提升企业数字化管理和效能。同时，通过企业精准对接会、示范项目联合申报等方式，推动“资源池”企业协同合作，形成以平台为核心、各类服务商协同配合的应用服务体系，以及良性竞争、共同发展的推进机制，为工业企业提供更快、更好的服务。

广东省在相关政策的引导下，已经促成了一批工业互联网应用落地，吸引了一批国内外优秀的工业互联网服务商落户广东，初步形成了工业互联网产业集聚发展的良好态势。广东省加强与国家级研究机构的合作，大力引进国内外工业互联网创新资源，建设广东省工业互联网创新中心，组建广东省工业互联网产业联盟，打造协同创新、产业化应用的重要载体，全面提升广东省工业互联网的创新能力。

广东省、市、县（区）三级联动建设区域示范基地，以工业制造业集中、产业特色明显的产业集聚区为依托，省、市、县（区）三级联动，集聚政策资源、共同建设工业互联网产业示范基地。其中，首批工业互联网产业示范基地选择了广州、深圳、佛山和东莞4个地区。广州以开发区为载体，在区域示范基地的总体部署下，不到半年时间，成功引进了阿里巴巴总部、树根互联总部、航天云网等落户，初步形成集聚发展的良好态势。

依托产业园区可建设区域级工业互联网平台，鼓励细分领域领军工业互联网平台与国家新型工业化产业示范基地、国家级经济技术开发区、国家高新技术产业开发区以及各地特色产业园区资源对接，以特色各异、联动互补、统筹发展，深化区际分工，实现我国工业互联网平台的整体提升。

以济南高新区为例，高新区龙头企业浪潮打造工业互联网运营商并发布了工业互联网平台M81，以云和数据为核心，助力企业数字化转型。浪潮M81工业互联网平台以浪潮服务于企业信息化30年和50万家企业客户的成功实践为基础，联合思科、西门子等国际知名企业，利用云计算、大数据、物联网、人工智能等新技术，打造面向全球合作伙伴的国家级开放平台。据了解，为了充分调动企业上云的积极性并使用工业互联网平台，济南高新区已为园区企业发放了价值1000万元的上云服务券。

以赣州软件园发挥主观能动性，以科睿特软件股份公司为龙头企业，协同江西理工大学等高校，汇聚各协同单位的人才、资源、技术、平台等各项要素，建成集工业智能控制、电子商务、电子政务、物联网等专业领域的软件开发、科学研究、成果转化为一体的软件孵化基地，带动一大批科研成果在园区内转化为满足市场需求的信息化产品，并为中小企业提供信息化服务。

为加强公司及服务平台的市场、研发能力，科睿特还与江西航天云网科技有限公司、浪潮软件集团有限公司、中国联合网络通信有限公司赣州市分公司、中国电信股份有限公司赣州分公司和上海浪擎信息科技有限公司5家行业技术领先的公司建立战略合作，力争为平台提供更加优质的服务。同时，为优化平台的专业服务，公司与江西力睿工程技术有限公司、江西大源工程咨询有限公司、赣州智晟知识产权咨询服务有限公司等专业服务机构建立了友好合作关系。

（四）联盟聚合生态全面推动

工业互联网一定是多种技术、多方力量融合才能推进的，需要政府、企业、平台、服务机构、应用开发者等多方协同参与。在构建工业互联网开放价值生态中，产业联盟、行业协会将起到很大的作用。它们的作用在于建立完善的推进工业互联网平台建设评估、应用示范、试验验证的工作机制和工作体系，以及对各方工作的统筹协调和组织领导。从推进工业互联网产业来看，要尽早组建产业联盟和行业协会，设立平台发展基金，引导中小企业广泛参与，鼓励平台企业在产业聚集区落地；支持产业界制定共性关键标准，培育创新中心、开源社区等平台，培育工业 App 开发队伍，开展专业培训等。

2016 年 2 月，中国信息通信研究院作为主要发起者和理事长单位，在工业和信息化部的指导下牵头成立了“中国工业互联网产业联盟”。该联盟成为国内外工业互联网技术研究、产业推广及国际交流合作的重要平台。联盟会员企业范围基本涵盖了产业链上下游各环节和领域，包括信息通信企业、工业企业、高校院所、外企、安全公司和协会，同时，还吸引了包括 GE、施耐德等国际知名企业成为联盟会员。地方政府也在着手成立省级的工业互联网产业联盟，例如山东省已经率先成立了省级的工业互联网产业联盟。

工业互联网产业联盟作为我国工业互联网产业发展的引领者，社会影响力和关注度不断提升，吸引了各领域的企业加入并主动参与相关工作，规模仍在进一步扩大。一方面，联盟与美国国际工业互联网联盟（IIC）签署合作备忘录，加强紧密协作关系，与德国相关机构开展中德工业互联网联合研究、标准研制和试点示范等相关工作，提升我国工业互联网产业发展的国际影响力。另一方面，工业互联网产业联盟围绕时间敏感网络、NB-IoT、工业互联网平台、人工智能等新技术开展创新研究及测试验证，积极带动相关领域的企业进行工业互联网创新实践，加强产、学、研、用协同，构建工业互联网产业生态。

05

未来篇：

工业互联网，实现大国复兴百年梦想

随着新工业革命在全球范围内不断孕育兴起，工业互联网正在成为改变一个国家制造业的基石，发展工业互联网不仅是我国制造业升级的一个契机，也是国家战略的重要组成部分。工业互联网是科技竞争和未来发展的制高点，是实现两个强国战略和建设现代化经济体系的有力支撑。大力推动我国工业互联网建设，可以推动经济发展质量变革、效率变革和动力变革，增强我国经济质量优势，支撑供给侧结构性改革，培育新动能，推动“两个一百年”奋斗目标的实现。

对于参与工业互联网建设的各方力量，工业互联网蕴含着巨大的市场潜力。未来，随着工业互联网的不断发展和成熟，工业互联网的市场潜力将远远超过互联网的市场潜力。预计到2030年，工业互联网服务市场的产值将达到1.5万亿美元。政府和企业都应密切关注工业互联网的发展趋势和变化态势，紧跟潮流，引领创新，实现换道超车。

技术蓝图：三大领域举足轻重

对工业互联网平台而言，需要解决的问题是复杂而多元的，包括多行业的工业设备接入，不同技术标准的多源工业数据集成，海量数据的存储、管理、建模、分析，针对不同应用场景的工业应用 App 创新与开发，以及对全行业工业知识的迭代复用等，因此，技术体系的建立与发展现在是并且在将来也一直是工业互联网平台最重要的支撑体系之一。从数据、平台和应用 3 个层面来看，目前已经初步形成的工业互联网平台技术体系，主要包括数据集成和边缘处理技术、IaaS 技术、平台通用使能技术、工业数据建模和分析技术、工业大数据计算技术、应用开发和微服务技术以及平台安全技术。这七大核心技术体系构成了工业互联网平台当前的主要技术支撑。然而，对互联网而言，技术的发展并不遵从简单的线性规律，每次产业革命的爆发都离不开技术革命的爆发，在可见的未来，随着互联网对人类知识学习方式和生产方式带来的革命性改变，完全可以想象知识爆炸带来的技术爆发将是何等迅速，而在其中对工业互联网的发展起到举足轻重作用的将首推边缘计算、区块链和人工智能这三大技术领域。工业互联网平台关键技术体系如图5-1所示。

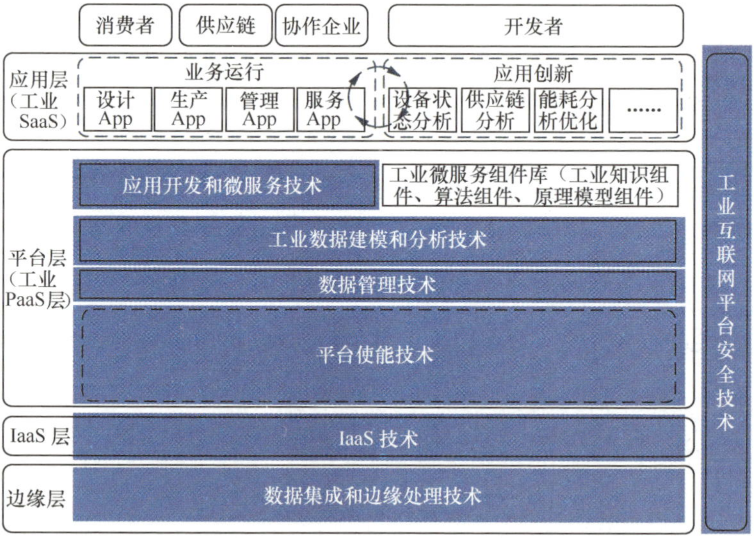

来源："工业互联网平台白皮书"

图5-1　工业互联网平台关键技术体系

（一）边缘计算技术强化工业互联网现场优化能力

边缘计算是在靠近物或数据源头的网络边缘侧，融合网络、计算、存储、应用核心能力的分布式开放平台，就近提供边缘智能服务，满足行业数字化在敏捷连接、实时业务、数据优化、应用智能、安全与隐私保护等方面的关键需求。它可以作为连接现实和数字世界的桥梁，实现智能资产、智能网关、智能系统和智能服务。边缘计算技术构成如图 5–2 所示。

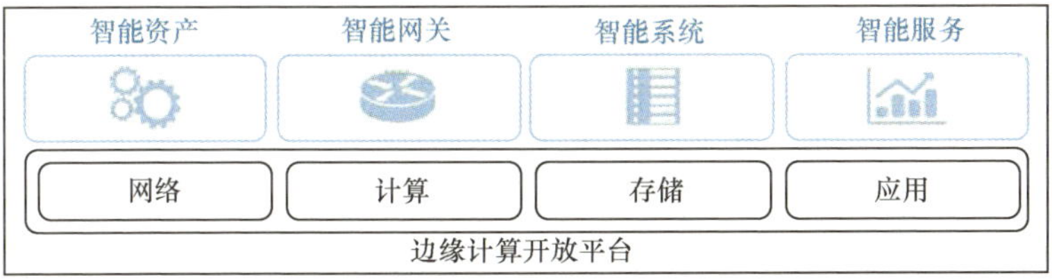

来源：中国信息通信研究院

图 5-2　边缘计算技术构成

边缘计算的应用程序在工业互联网平台的边缘侧发起。在工业现场的智能处理场景中，边缘计算在兼容异构总线连接、工业检测 / 控制 / 执行的实时性要求、现场异构数据优化，以及边缘侧安全与隐私保护方面呈现出巨大的优势，在业务流程优化、运维自动化与业务创新驱动应用方面能够带来显著的效率和成本优势。

工业互联网最核心的计算技术是云计算，在工业互联网平台的实际应用中云计算呈现成本低、扩展性强和可靠性高的核心价值，但是随着互联网与各行业的深度融合，未来需要云平台进行计算的需求将呈现爆发式增长，传统的云计算架构要在短时间内进行扩容以适应海量数据的计算需求是不现实的；同时一些新兴的计算场景，例如实时语音翻译、无人驾驶等应用场景对计算的响应时间有极高的要求，单纯依赖云计算也存在较大的困难，因此，在未来的工业互联网实际应用中，云计算也存在着亟待突破的瓶颈。在这样的情况下，边缘计算应运而生，它的核心理念就是将部分数据的存储、传输、计算和安全交由“边缘节点”来实现。值得注意的是，这个边缘节点的概念并不是指设备终端本身，边缘计算的概念是指在离终端更近的地方部署边缘平台，我们可以视之为“分散的云计算”，对大量的需要高实时响应或者各种不需要上传到云端进行计算的数据，可以在本地完成运算处理。这种计算模式除了具有云计算的优势外，同时具有低时延、高响应、安全性好的优点。边缘计算在整个计算中的位置如图5-3所示。

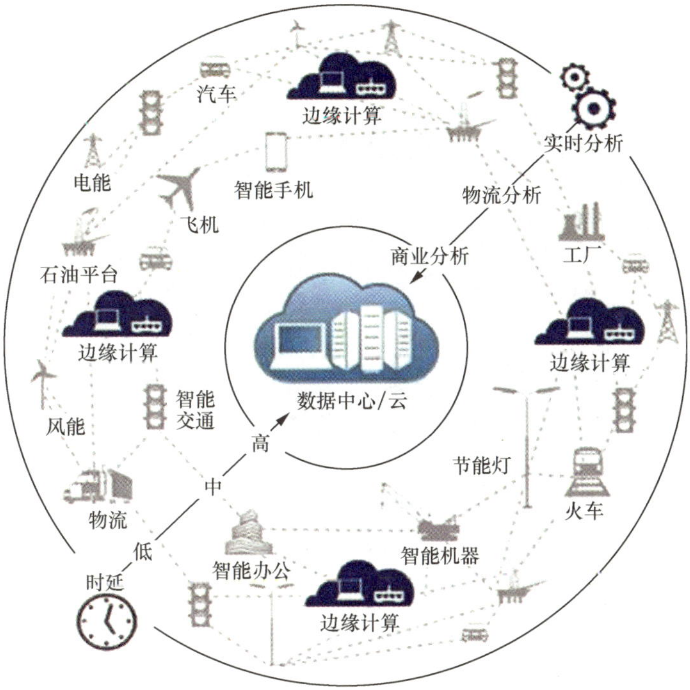

来源：中国电子网

图 5-3　边缘计算在整个计算中的位置

在中国，边缘计算产业联盟（ECC）于 2016 年 11 月 30 日成立。成立后的边缘计算产业联盟定义了设备、网络、数据和应用 4 个领域为边缘计算的计算对象，同时致力于推动运营、信息和通信三大技术的融合以及产业价值链的整合，希望为用户带来更多边缘侧的价值和机会。边缘计算参考架构 1.0 如图 5-4 所示。

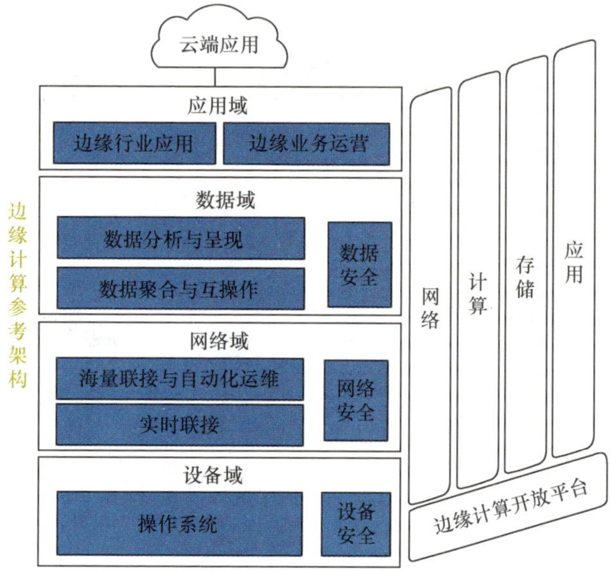

来源：边缘计算产业联盟（ECC）

图 5-4　边缘计算参考架构 1.0

根据互联网数据中心（Internet Data Center，IDC）的数据，在未来工业互联网的发展中，随着各种智能设备的广泛应用，超过 50% 的数据是需要在网络的边缘侧进行存储和分析的，边缘计算的市场规模预估会超过万亿美元，边缘计算将和云计算一起成为最值得关注的技术领域。

（二）区块链技术促进工业互联网数据安全与数据增值

从狭义来讲，区块链是一种按照时间顺序将数据区块以顺序相连的方式组合成的一种链式数据结构，并以密码学方式保证的不可篡改和不可伪造的分布式账本。

从广义来讲，区块链技术是利用块链式数据结构来验证与存储数据、利用分布式节点共识算法生成和更新数据、利用密码学的方式保证数据传输和访问的安全、利用由自动化脚本代码组成的智能合约编程和操作数据的一种全新的分布式基础架构与计算方式。

一般来说，区块链系统由数据层、网络层、共识层、激励层、合约层和应用层组成。其中，数据层封装了底层数据区块以及相关的数据加密和时间戳等基础数据和基本算法；网络层则包括分布式组网机制、数据传播机制和数据验证机制等；共识层主要封装网络节点的各类共识算法；激励层将经济因素集成到区块链技术体系中，主要包括经济激励的发行机制和分配机制等；合约层主要封装各类脚本、算法和智能合约，是区块链可编程特性的基础；应用层则封装了区块链的各种应用场景和案例。该模型中，基于时间戳的链式区块结构、分布式节点的共识机制、基于共识算法的经济激励和灵活可编程的智能合约是区块链技术最具代表性的创新点。

从本质上来讲，区块链技术解决互联网中每时每刻都在产生的各种交易的信任问题。区块链技术在工业互联网平台中的应用价值在于数据增值和数据安全。通过区块链技术的应用能够形成可信加密的数据库，确保更广泛的设备接入、更有效的终端管理、更全面的安全保障，支撑形成更丰富的平台应用，从而有利于工业互联网平台快速做大做强，实现跨行业、跨领域的融合，形成“建平台、用平台”双向迭代的优化机制。

区块链对于平台的数据增值效应体现在以下3个方面。

第一，带动终端接入规模的持续扩大。基于区块链技术可以合理地设计数据上传激励机制，解决终端接入平台所面临的数据确权问题，保障更多规模设备的平台接入与数据上传，保护相关方的知识产权和合法收益，从而带动终端接入规模的持续扩大，丰富工业互联网平台上的数据资源。

第二，推动平台应用功能的不断优化。区块链技术能够解决数据获取与开发利用中的不信任问题，从而支撑现有平台应用功能的不断完善，提升基于数据的优化价值。例如，在协同研发方面，通过搭建面向研发设计、生产制造的区块链网络，将部件信息、设备参数、产品模型、制造能力等关键数据写入区块链，能够实现全网的研发设计数据共享、生产制造能力交易；在产品溯源方面，通过搭建面向供应链各方的“区块链协同平台”，把原料来源、生产环境、物流运输以及认证许可等信息写入区块链，能够解决现有产品追溯体系中存在的数据造假问题；在供应链金融方面，通过建立结合区块链技术的“供应链金融平台”，连通核心企业、多级供应商、保理公司、银行等相关机构，能够打通供应链金融中的信任传导机制，提升资产流动性，降低企业融资成本；在保险、风险防控方面，通过将高端机械、精密仪器、复杂设备等关键运行数据及租赁用户身份数据“上链”，构建基于区块链技术的防篡改、伪造的分布式“账本”，防止信息不对称骗保、篡改原始数据虚假理赔等问题出现。

第三，促进平台间的互联互通互操作。探索制定基于区块链的平台间互联互通标准，带动形成基于区块链的平台利益共享与结算机制，在高安全、高可靠、高信任的前提下，开展平台间数据交易与业务协同，实现跨平台交易结算，推动平台间的数据共享与知识复用，促进多个平台间的互联互通与互操作。例如，可借鉴三大电信运营商跨网结算机制，建立基于区块链的工业App跨平台调用、结算机制。

区块链对于平台的数据安全效应体现在以下两个方面。

第一，提升单个平台的安全管理水平。将区块链技术应用于工业互联网平台数据安全防护体系中，基于区块链身份验证、授权机制、智能合约等技术，实现身份认证及操作行为追溯、数据安全存储与可靠传递，能够提升工业互联网平台对终端设备的有效管理能力和数据安全防护水平。

第二，构建多中心的综合管理体系。以10个左右工业互联网平台及公共服务保障平台为中心节点，基于区块链技术可建立信息区块的数据链，赋予不同中心节点数据管理、测试管理等不同权限，能够强化对工业互联网平台的综合管理能力。例如，在数据流转管理方面，基于区块链的共识机制技术，推动工业互联网平台的数据和业务“上链”，实现各个平台数据区块的透明可控和行业信息的动态监管；在测试验证管理方面，基于区块链的可追溯性，推动不同试验测试环境和测试床将测试数据、测试成果“上链”，监测与追溯平台试验测试，避免重复测试，并加速测试用例、微服务、工业 App 等成果的应用推广。

（三）新一代人工智能技术激发工业互联网赋能潜力

人工智能是计算机科学的一个分支。它是研究、开发用于模拟、延伸和扩展人的智能的理论、方法、技术及应用系统的一门新的技术科学。人工智能的研究领域通常包括机器人、机器学习、语言识别、图像识别、计算机视觉、自然语言处理和专家系统。

工业互联网发展的首要基础是物联网的发展，海量的工业数据通过物联网上传至工业互联网平台，如何对这些数据进行智能化分析进而实现采购、生产、物流、营销的决策优化是工业互联网平台最重要的功能。随着全球工业互联网的发展，我们完全可以想象到在实际的工业互联网平台应用中爆发增长的数据将给平台带来多大的计算压力。在这种情况下，传统的数学统计与拟合方法将越来越难以满足制造企业海量数据的分析与深度挖掘。因此，随着人工智能技术的不断进化，它在工业互联网的技术体系中将起到无可比拟的作用。在未来，机器人、机器学习、图像识别、计算机视觉等人工智能技术将成为众多工业互联网平台的标准配置。

目前，人工智能与工业互联网的结合主要体现在设备层、边缘层和平台层3个层面中，其中与平台层的结合实践更多。主要有两种：第一种是将人工智能功能系统/架构直接集成到工业互联网架构中；第二种是把人工智能算法封装在工业微服务模块中，或是直接在工业App里面植入机器算法。工业互联网与人工智能的融合探索如图5-5所示。

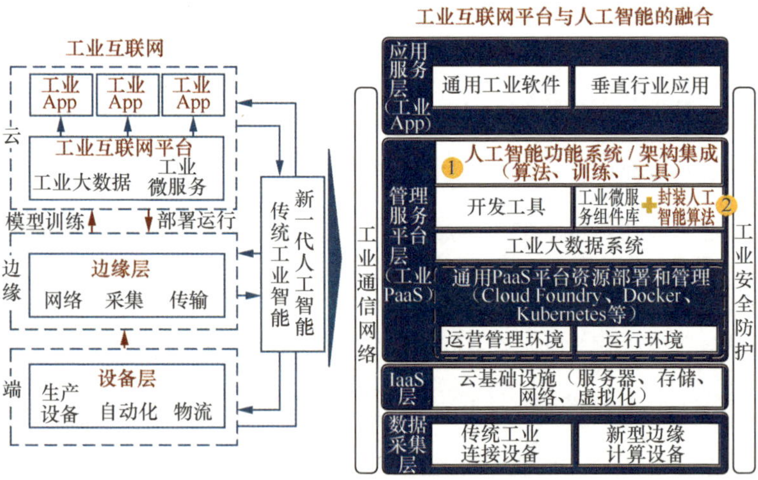

来源：《工业互联网发展态势与展望》，余晓晖

图5-5 工业互联网与人工智能的融合探索

在可见的未来，人工智能技术的发展将进入新一代人工智能阶段，其主要特征是数据驱动下深度强化学习的直觉感知、基于网络的群体智能、人机和脑机交互的混合智能和跨媒体推理等。由于智能化是工业互联网后续发展的重点之一，新一代人工智能技术必将与工业互联网深度融合，不断促进工业互联网系统总体技术、平台技术和制造全产业链应用技术（特别是智能设计、智能生产、智能仿真试验、智能服务等技术）的快速发展，增强制造企业竞争力，让全球制造业受益于人工智能的不断发展。

产业蓝图：三大趋势引领变革

随着以互联网、物联网、大数据、云计算、人工智能等为代表的新一代信息技术与传统制造业的加速融合，制造业正在发生革命性的变化。新一代信息技术的发展能够在信息获取、信息传输、信息处理、信息控制等方面突破原有的制造业瓶颈，逐步达到目前及未来在工业数据处理与智能决策方面越来越复杂的要求，从而缩短研发周期，创新发展更为先进的制造技术，改进生产组织方式，构建更为智能化、柔性化的生产体系，促使制造业逐步由规模化制造向个性化、绿色化、智能化制造转变，从而在降低成本的同时，高效地满足消费者对产品个性化、差异化的需求。随着这些新技术的不断发展，例如边缘计算、区块链等技术的出现和成熟应用，在制造模式、生产方式和组织形态方面的产业变革也将随之不断深化。

（一）新的制造模式正在酝酿

随着传统制造模式进入发展瓶颈期，国际金融危机催生工业化浪潮以及互联网技术的飞速发展，制造业变革成为各国迫切的共同需求，全新的制造模式正在制造业内部和外部酝酿成型。以“智能工厂”与“企业 IT 系统”为基础，制造业的制造模式正在向个性化定制、网络化协同和服务化延伸、智能化生产的方向转变。

1. 个性化定制

随着互联网、大数据和云计算技术的不断发展，制造型企业能够借助这些技术全面地洞察客户需求，同时利用智能工厂的柔性化生产能力，将客户的需求直接转化为生产排单，改变传统的以产定销模式，从而真正地实现以客户为中心的个性化定制与按需生产，有效满足客户的多样化需求，解决制造业长期存在的库存和产能问题，实现产销动态平衡。个性化定制依赖企业与客户的深度交互和智能工厂的先进制造技术，它可以保证企业在保持规模经济性的同时能够为客户提供个性化的产品和服务。因此，个性化定制正在成为“互联网 +”制造模式的新热点，在未来，按需生产的个性化定制模式将成为众多制造企业努力求变的新方向。

2. 网络化协同

企业内的协同制造在航空、汽车等行业已有十几年的历史。然而，随着互联网、大数据、云计算等新一代信息技术的发展，“协同制造”被赋予了新的内涵。传统的协同制造大多局限于以某个骨干型企业为中心的制造体系中，协同的广度和深度是有限的，而互联网技术的成熟让协同制造进化为“网络化协同”，特别是工业互联网的发展能够让制造企业借助近乎无限的信息传输与处理手段来发展企业间协同研发、众包设计、供应链协同等新的协作模式，参与协同的企业的广度与深度都与传统企业不可同日而语，从而通过网络化协同的模式有效降低了资源获取成本，大幅延伸资源利用范围，打破企业协同的封闭边界，让企业生产制造从单打独斗的形态向产业协同的方向加速转变，促进产业整体竞争力的提升。

3. 服务化延伸

服务化延伸是指企业通过向产品添加智能模块，实现产品运行数据的实时采集，进而能够利用云平台对产品运行的大数据进行深度分析，从而为产品的使用者提供多样化的后续服务，帮助制造型企业实现由卖产品向卖服务的转变，进而有效地延伸企业价值链条，扩展利润空间。在未来，过剩的生产力必然导致制造型企业以产品为中心的传统经营模式向以服务为中心的新型经营模式的转变，在这种趋势下，我们可以看到越来越多的制造型企业正在向产品服务化延伸的模式转变，通过构建智能化服务平台满足客户多样化的产品使用需求，增加产品的附加值。智能化服务平台也构成了企业新的业务核心，为企业创造了新的收入和利润来源。制造模式的服务化延伸正在构成企业新的核心竞争力。

4. 智能化生产

智能化生产是指利用先进制造工具并结合先进的信息数据处理技术对生产流程进行智能化改造，实现数据的跨系统流动、采集、分析与优化，从而完成设备性能感知、过程优化、智能排产等智能化生产方式。智能化生产聚焦于生产领域，但不仅仅是生产领域的变革，它是一次对研发、生产、产品、渠道、销售、客户管理等全链条的变革。在生产端，智能化生产以规模化、标准化、自动化为基础，同时包含柔性化、定制化、可视化、低碳化的新特性；在消费端，智能化生产则会出现革命性的变化，客户的洞察将会通过智能化生产模式直接作用于产品的研发、生产和使用过程，这才是智能化生产的完整概念。

（二）制造企业服务化转型

在传统的制造模式中，企业很难监测自身生产设备的运营状况，也很难掌握产品在交付客户以后的使用状态，因此传统制造型企业的价值链条通常结束于产品进入营销环节之前。然而随着制造业产品复杂程度的提高，消费者对服务方面的需求不断增强，服务要素投入在制造型企业生产经营活动中的比重也需要不断增加，同时移动互联网、大数据、云计算、物联网、人工智能等新型信息技术的发展也确保了制造企业的服务化转型，在新的市场环境中制造型企业能够向客户提供“制造＋服务”的一体化解决方案。通过这种新型生产经营方式，制造型企业能够重构自身的价值链和商业模式，制造业和服务业的融合发展也就顺理成章地成为产业变革的新发展方向。这种新的产业形态既是基于制造的服务，又是面向服务的制造，它是制造业自身价值链的延伸，对制造型企业在激烈的市场竞争中应对客户需求的变化、构建自身新的核心竞争力有着举足轻重的作用。

从横向对比来看，无论是美国的先进制造业计划、德国的工业 4.0，还是中国的制造计划，都将服务型制造或制造业服务化作为未来制造业发展的方向之一。

自 20 世纪 80 年代以来，纯粹的制造环节在工业产品附加值的构成比重越来越低，而研发、工业设计、物流、营销、品牌管理、知识产权管理、产品维护等服务占比越来越高。具有全球影响力的优秀制造型企业，例如 GE、IBM 等企业都在进行“以生产为中心”向“以服务为中心”的转变。企业通过这种转型实现了核心业务的重构，在新的客户需求中发现了收入和利润增长的新源泉，也通过这种转型找到了新的发展空间，利用产品附加值的增加，延伸且提升了企业的价值链，进而在竞争中重新取得优势。目前，制造型企业的服务转型并不局限于研发、制造、销售产品和简单的售后服务，而是向客户（包括企业客户和消费者）提供越来越多的个性化定制、综合解决方案提供、智能信息服务等高附加值服务内容。

在未来，我们相信信息技术的发展将加快推动制造业服务化的进程。以“互联网 +”为核心的信息技术具有高渗透性、带动性、倍增性、网络性和系统性的特点，其能够推动制造业和服务业融合发展。互联网技术的应用，从根本上改变了服务产品无形性、不可存储性、生产和消费同时性等传统属性，使得服务变得有形化、可存储、可交易，极大地提高了制造业与服务业的关联性和协同性，成为制造企业增强核心竞争力的重要手段。信息技术的快速发展从根本上加快了制造业服务化的进程。从产业链的角度来看，未来制造业服务化转型的主要模式包括如下几方面内容。

1. 围绕产品提供附加服务模式

“互联网 +”通过连接客户和制造企业，方便制造业企业提供多元化服务，从研发、设计、生产到售后的各个环节来实现产品的增值。随着大规模加工制造和工艺的日趋成熟，标准化工业制成品的大规模、大批量生产越来越容易，产品同质化的竞争愈演愈烈。在新的市场竞争环境中，制造型企业纷纷利用互联网工具拉近与终端客户的距离，寻求基于产品功能的增值服务，实现产品运行的稳定性、效益最大化，以实现与传统企业的差异化竞争优势。例如，海尔主导开发的智能家电创新技术，内置自动售后服务、远程安防监控、物联网自动控制等互联网功能，进一步提高了产品的附加值，也拓展了产品的盈利空间。

2. 创新产品交易便捷化模式

在信息技术的推动下，智能制造、创新设计等革命性的制造方式，众包、电商、网购、网银等新的业态都在提高产品交易的便捷化水平。基于以互联网为核心的信息技术的广泛应用，制造型企业可以通过多元化的金融服务、精准的供应链管理、便捷的电子商务等多种方式提高产品、服务的交易效率、便捷程度，提升制造型企业的综合竞争力。

3. 进一步整合产品与服务

随着制造业产品的不断完善，客户的需求已经从单一的产品向产品及服务方向升级。为客户提供产品的集成及全面的解决方案，成为制造型企业赢得市场的重要因素。“互联网 +”利用模式和功能创新，向客户提供从规格、研发、设计、制造、维修的一体化服务及系统化的产品整合，可以帮助制造型企业扩展业务，实现产业的进一步升级。

4. 根据用户需求打造专业服务模式

“互联网 +”推动制造型企业从基于产品的服务向基于用户需求的服务转变。制造型企业通过应用其在价值链上游的运营优势，提供与自身产品紧密相连的专业化服务。制造业服务化与服务业制造化相向发展，使得企业价值链重构为一条既包含制造业价值链增值环节，又包含服务业价值链增值环节的融合型产业价值链，与原有单纯的服务业价值链和制造业价值链相比，具有更广阔的利润空间和增长潜力。

（三）产业组织扁平化网络化

纵观工业经济发展的历史，制造模式与生产方式的转变必然会要求产业组织形态适应性地转变。例如，前三次产业革命所带来的由个体生产向集体组织生产的转变，由分散手工工场向机器大工业纵向一体化的转变，以及产业纵向解体和网络组织的产业组织变革。在未来，随着以互联网为代表的新一代信息技术对传统制造业的渗透，具有明显的分散化和个性化行动特征的新型创业方式不断产生，这种分散化的企业借助于互联网能够实现更加快速而频繁的信息互通与互动，相互之间能够建立比以前更为密切的联系，从而带来协作方式的巨大变化，相对应的新工业革命时代的产业组织将呈现明显的 3 个变化趋势。

一是组织结构扁平化与网络化。随着数字化、智能化制造技术、物联网等在制造业中的应用，工厂和企业之间可以实现业务流程横向以及纵向贯穿整个价值链的端到端的集成，企业间的集成将不再依赖改变所有权的实现。以智能工厂为核心的全球生产网络将使社会生产表现出显著的网络经济特征，使产业组织形态由大企业主导型和供应链主导型向产业生态主导型转变。企业之间横向联系，实现技术、产品、业务的优势互补，整体组织形式由大规模生产向分布式生产转变。例如，ARJ21 支线飞机全机结构零部件 31000 多个，中国商用飞机制造公司组建了项目广域协同平台，实现了全球 10 多个国家、104 家供应商之间的协同研发和制造。不同企业形成了相互协作、相互依存的利益共同体。未来，这种利用网络完成生产和研发的协作将是企业的一种常态化行为。

二是企业规模两极化与企业边界模糊化。数字化、网络化的智能技术将大幅度提高企业的生产效率，而分散合作的生产方式和扁平化的组织结构使企业利用全球化的资源以低成本，大规模的方式生产个性化定制产品，企业规模壁垒的大幅度降低为初创企业和中小企业带来良好的发展机遇，初创企业和中小企业因此获得更广阔的发展空间，个体制造也能够利用互联网获得更多的发展机会。同时，传统生产系统进行升级和改造，大企业仍然具有小企业无法比拟的资金、市场及品牌优势，尤其在新技术引进及生产网络集成动态资源获取能力方面拥有优势。因此，企业规模将趋于两极化，一方面是企业功能的进一步强化，另一方面是大企业优势的进一步突显。新工业革命带来分布式、发散式的网络化生产方式，同时市场需求的异质性和多变性也要求企业积极打破边界。

三是生产组织的专业化。企业把非核心功能环节从内部链条中剥离，以提高核心竞争力。在互联网技术的推动下，企业的生产组织将进一步向专业化演进。不同于传统大规模生产分工模式下企业围绕某一产品或领域专门的专业化，在互联网的帮助下，企业柔性生产、定制化制造能力大幅增强，是一种升级版的生产专业化。同时，除了生产环节的专业化，未来生产组织的专业化还包括专业化管理和专业化经营。未来产业发展格局日新月异，企业将进一步加大在专业化管理和专业化经营方面的投入，以适应变化加速的市场与分工环境。

战略蓝图：历史突破实现超越

当前，全球面临着以信息通信技术深度应用为主要特征的新一轮科技革命，谁能够抓住新技术推动产业加速变革，谁就能在未来产业竞争中占领制高点。面对当前制造业竞争格局演进的新趋势，我国企业应该积极探索工业互联网平台的建设与发展，围绕数据采集、平台建设、应用软件开发等领域全面布局，面向数字化、网络化基础改造升级开展平台技术研发，制订解决方案，并逐步打造完整的工业互联网平台产品，帮助我国实现从制造网络化到网络化制造，从制造大国到制造强国的转变。

（一）体系化布局工业互联网生态

为应对新一轮的科技革命和产业变革，我国立足于转变经济发展方式的实际需要，围绕创新驱动、智能转型、强化基础、绿色发展、人才为本等关键环节，以及先进制造、高端装备等重点领域，提出了加快制造业转型升级、提质增效的重大战略任务和重大政策举措，力争到2025年从制造大国迈入制造强国行列。

1. 网络体系

我国很多企业的网络改造多集中在企业管理层面。即使部分企业完成了网络化改造，目前的技术仍不能完全满足工业互联网的需求。同时，工业企业外网的升级还需要电信运营商努力推动，以满足发展需求。下一阶段，推动工业企业内网改造升级、加快工业企业外网建设、推进工业领域全面部署IPv6、构建工业互联网标识解析体系等将是重点推进方向。

2. 平台体系

工业互联网平台正步入规模化扩张的战略窗口期。工业互联网平台的发展机遇稍纵即逝，为避免桌面互联网、移动互联网平台被跨国公司垄断，我国亟待加快构建中国工业互联网平台。全球正处在产业生态构建的关键窗口期，打造符合中国特色的工业互联网平台时间紧迫、任务艰巨、使命伟大。下一阶段在围绕建设工业互联网平台、提升我国工业互联网平台运营能力等方面，我国仍有很多工作需要不断推进。

3. 安全体系

安全体系方面目前仍面临着较大挑战。一方面是由于互联网与工业体系融合发展带来的全新的安全挑战，工业互联网的安全与传统的互联网安全和工控安全相比，其范围、复杂性、风险度和安全带来的影响要大得多，而其中的数据安全、平台安全等问题也更突出。另一方面，目前处于工业互联网的发展初期，很多工业企业还没有意识到安全部署的必要性与紧迫性，安全防控与管理工作亟待加强。未来，围绕工业互联网设备安全、控制安全、网络安全、平台安全和数据安全，提升安全防护能力、建立数据安全保护体系和推动安全技术手段建设，将是工业互联网发展的重要课题。

4. 应用生态

为做好“大型企业集成创新、中小企业应用普及”两个方面的工作，我国需要各方共同努力，解决“如何用好平台、如何探索出基于垂直领域的工业互联网应用路径”等问题。其中，鼓励大企业将平台、资源等向中小企业开放，引导中小企业将自身设计创意、制造能力等对外开放，进而推动大中小企业融合发展、促成良性产业生态，具有非常重要的意义。

5. 技术产业体系

如何突破工业互联网的核心技术，在工业软件、系统集成与服务、自动化、平台等领域形成我国的技术竞争力，进而打造涵盖新网络、新平台、新智能、新软件、新技术、新产品等领域的产业技术体系，是未来需要重点考虑的问题。

（二）构建网络化制造新体系

发展实体经济的重点是制造业，难点也是制造业，当前制造业沿着制造业网络化和网络化制造两条不同的发展路径演进。制造业网络化是对现有工业体系的循序渐进式的改良，因循自下而上，从数字化、网络化到智能化的线性发展路径，需要漫长而艰巨、十年甚至几十年的过程。网络化制造是“互联网+先进制造业”的发展方向，是制造业和互联网深度融合的高级阶段，是自上而下、对制造业生产关系到生产组织方式再到生产力的重塑与变革，是对商业运营逻辑、企业管理方式、生产制造模式乃至工业体系的全面优化，驱动制造业的“换道超车”与质变飞跃。

网络化制造的本质是对企业生产过程中各环节的解耦重组、对企业与客户关系的打通整合，以及对制造与服务模式的创新变革。企业各生产环节的解耦重组，依托信息技术可全面采集、分析与决策企业的研发、采购、制造、物流、服务等各个环节的数据，构建面向企业特定需求的基于网络的制造系统，突破空间对企业生产经营范围和方式的约束，实现企业间的协同和各种社会资源的共享与集成，高速度、高质量、低成本地为市场提供所需的产品和服务。打通整合企业与客户的关系，依托信息技术建立企业与客户紧密交互的平台，实现客户参与企业制造过程、追溯产品生产流程；企业及时了解客户需求、优化产品设计，打通生产与消费，对接供给与需求，解决企业与客户由信息不对称造成的不平衡性，实现基于客户体验式消费和产品个性化定制的企业价值提升。对制造与服务模式进行创新变革，依托信息技术打破传统固化的制造与服务模式，将人的创意与网络化的制造系统相结合，能够“孵化”出各类新模式、新业态，实现以数据驱动和软件定义为基础的智能化制造与服务化增值，推动制造业供给侧改革，为制造企业创造新的价值。

网络化制造是当前世界主要国家的战略布局方向，网络化制造需要新的驱动力和支撑基础，各国纷纷开展布局，聚焦工业互联网平台建设和发展网络化制造，竭力构筑未来产业竞争的先发优势。美国发挥其信息技术优势，依托工业互联网产业联盟，加快前瞻布局和生态打造，推动工业互联网在制造、能源、交通等多领域的横向覆盖。德国突出生产过程的数字化、网络化、智能化，推进工业互联网在智能制造领域的纵向延伸，重在强化本国高端制造的长期优势。GE、IBM、微软、英特尔、SAP、博世、西门子等一批领先企业已在全球部署各自工业互联网平台。全球新工业革命领域的国际竞争正进入强强联合、竞合并存的新阶段，体系化布局工业互联网平台、构建网络化制造新体系已是事不宜迟。

（三）创新关系未来，改革关乎发展

近十年，信息技术突飞猛进。云计算、物联网、大数据、人工智能等足以改变世界的革新技术接连不断地登台亮相，有些技术正在转化为实用产品。但这些新技术只是一个个孤立的“点”，而人类生活的变革需要的是将无数个“点”连接成崭新的“平台”。这样的“平台”在工业领域便是工业互联网平台。

工业互联网平台的冲击性在于，它将企业未曾体验过的众多高新技术组合成了迈向未来的台阶。沿着台阶走下去，便真的有可能实现划时代的转折。

其实，促成工业互联网的多数元素并非全新事物，而是近几年甚至十几年前就已经出现了，但这些旧有的事物放在一起就有了新鲜的活力：传感器技术实现智能设备的自知自治；网络通信技术实现泛在网络的互联互通；大数据技术实现中心数据的实时实效；云计算和云服务技术实现开放服务的相辅相成。这些技术就像《神笔马良》故事中马良手中的画笔，可以让我们用全部想象力把未来变成现实。

工业互联网是结构性、蛙跳式、融合式的战略技术。它改变的是工业基础设施，而不是表面应用。它带来的是技术革命，而不是技术渐进。制造业中有非常多的互联网应用场景，孕育了非常大的市场机会。未来，所有制造业企业都会在云端用人工智能技术处理大数据。互联网与制造业企业融合的结果，就是所有制造业企业都是大数据企业、云计算企业、人工智能企业。尽管每个垂直行业和企业投资启用工业互联网的目的、场景不尽相同，但是它们实施架构的逻辑和步骤是相似的，它们的试错成本和经验是可以共享的。

创新是发展的第一动力，发展工业互联网也一样，我们在走一条前人没有走过的路，在优化和强化顶层设计的同时，激发企业、高校、科研院所，包括客户等创新主体的创新热情和活力，聚四海之气、借八方之力，深化国际交流合作，以全球视野谋划，在更高起点推动工业互联网相关领域的自主创新，努力实现关键核心技术自主可控，把创新主动权、发展主动权牢牢掌握在自己手中。工业互联网的实现过程要长一些，它是在政府、创新活动和企业的合力下完成的，没有人能在这个过程中停下来休息。

企业或适应或衰亡，生存下来的企业不是最强大的，而是最适应发展的。虽然企业在实施工业互联网的同时会有投资风险和技术融合难点，也可能遭遇失败，但是“创造性破坏”会让每个工业互联网的先行实施企业在新一轮的工业转型中前进更快、跳跃更高、离成功更近。它们将打破传统工业市场，它们将创造出新的垂直行业，它们将改变数字工业经济的“游戏”规则，越早加入实施，越能快速适应工业互联网带来的冲击。Gartner 预计，50% 的物联网解决方案在不久的将来会被更新和替换。

这不是一本教你如何获得商业成功的书。但是，在写作此书的过程中，笔者通过研究发现了一个现象：那些能够生存和发展的企业，是最愿意改变自我的企业，它们比自己的竞争对手更早发现互联的世界带来的新变化，并做好了应对准备。工业互联网的趋势无疑将对现有的商业模式、组织结构和业务流程产生巨大影响，也会给企业带来新的机遇和挑战。

当前，我国正处于从“站起来”“富起来”走向“强起来”的时代。“强起来”的时代要建立一个现代化强国，强大的综合国力是以构建强大的实体经济和技术创新为基础的，工业是立国之本，制造业是实体经济的基石。在实现从制造大国迈向制造强国的伟大征途中，发挥互联网优势、推动工业互联网发展成为重要方向，是把握产业变革契机、推进工业领域供给侧结构性改革、引领中国经济新航向的重要途径。

后 记

当前，新工业革命风起云涌，互联网、大数据、人工智能和实体经济加速融合，一场变革即将到来。在这新工业文明的前夜，我们展望未来，需要深刻认识到工业互联网的蓬勃兴起仅是一个开端，工业体系的变革将超乎我们的想象，大国将被赋予强大的能量，实现历史的跨越。

工业互联网是一个复杂的系统工程，从概念、架构、技术、标准、模式到路径，需要阐述一个完整的理论体系；工业互联网又是一个融合的新生事物，从工业知识到信息技术，从制造工艺到软件开发，需要描绘一个复合的知识图谱。本书旨在客观地展现工业互联网的发展全景和赋能路径，通过总结归纳工业互联网相关工作中的经验，在宏观上对感兴趣的读者有所启迪，微观上对业内人士有所指导。

参与本书编写的人员都是直接从事工业互联网相关工作的专业人士。为了拿出既高质量、系统性又浅显易懂的书稿，大家在工作之余聚集一起，发挥各自的资源优势，经过半年的策划、编写与反复研讨，形成了此书。在编写本书的过程中，感谢工业和信息化部信息技术发展司领导的鼓励和指导，为本书的编写明确了定位和方向；感谢中国信息通信研究院、国家工业信息安全发展研究中心、中国电子信息产业发展研究院、中国电子技术标准化研究院相关领导的关心和支持，他们为本书的编写投入了大量的资源；感谢阿里巴巴、东方国信、浪潮、海尔、航天云网、用友、徐工、树根互联、华为、紫光等企业为本书提供了翔实的一手资料，这些资料成为本书最有价值的内容篇章。最后，感谢编写团队付出了大量的心血，尤其是田洪川、杨楠、闫君峰，同时还特别感谢薛继斌、蒋斌川、罗宇为编写本书付出的努力。

由于工业互联网还是一个新生事物，作者对相关内容的研究还不够，对部分观点的把握还存在着不足，敬请各位读者不吝赐教，我们将在图书的修订过程中不断修改和完善。

王建伟

2021年6月18日
于北京

参考文献

[1] 工业互联网体系架构（版本 2.0）. 工业互联网产业联盟（AII），2020.4.

[2] 魏毅寅，柴旭东 . 工业互联网：技术与实践 [M]. 北京：电子工业出版社，2017.

[3] 王建伟 . 大化无痕：两化融合强国战略 [M]. 北京：人民邮电出版社，2017.

[4] 刘云浩 . 从互联到新工业革命 [M]. 北京：清华大学出版社，2017.

[5] 司晓，等 . 互联网 + 制造：迈向中国制造 2025[M]. 北京：电子工业出版社，2017.

[6] 垂直行业工业互联网实施架构白皮书（讨论稿）. 工业互联网产业联盟（AII），2018.2.

[7] 深化“互联网 + 先进制造业”：发展工业互联网平台 . 中国信息通信研究院，2018.3.

[8] 中国工业大数据技术与应用白皮书 . 工业互联网产业联盟（AII），2017.7.

[9] 工业互联网安全框架（讨论稿）. 工业互联网产业联盟（AII），2018.2.

[10] 工业互联网平台白皮书 . 工业互联网产业联盟（AII），2017.

[11] 工业互联网体系架构（版本 1.0）. 工业互联网产业联盟（AII），2016.8.

[12] 《关于深化“互联网+先进制造业”发展工业互联网的指导意见》.

[13] 《广东省深化“互联网+先进制造业”发展工业互联网的实施方案》，粤府〔2018〕23号.

[14] 《广东省支持企业“上云上平台”加快发展工业互联网的若干扶持政策（2018—2020年）》.

[15] 《河北省人民政府关于推动互联网与先进制造业深度融合加快发展工业互联网的实施意见》,冀政发〔2018〕8号.

[16] 《河南省智能制造和工业互联网发展三年行动计划（2018—2020年）》，豫政〔2018〕14号.

[17] 《山东省人民政府关于贯彻国发〔2016〕28号文件深化制造业与互联网融合发展的实施意见》,鲁政发〔2017〕17号.

[18] 《浙江省人民政府关于深化制造业与互联网融合发展的实施意见》，浙政发〔2017〕9号.

[19] 《上海市工业互联网创新发展应用三年行动计划（2017—2019年）》，沪府办发〔2017〕15号.

[20] 《福建省人民政府关于深化“互联网+先进制造业”发展工业互联网的实施意见》，闽政〔2018〕7号.

[21] 边缘计算参考架构2.0（2017）. 边缘计算产业联盟和工业互联网产业联盟联合发布，2017.11.

[22] 袁勇，王飞跃. 区块链技术发展现状与展望[J]. 自动化学报，2016,42（4）：481–494.